Viaje al corazón de Cuba

Viaje al corazón de Cuba

Carlos Alberto Montaner

PLAZA & JANÉS EDITORES, S.A.

Primera edición en U.S.A.: septiembre, 1999
Segunda edición en U.S.A.: diciembre, 1999
Tercera edición en U.S.A.: marzo, 2000

© 1999, Carlos Alberto Montaner
© de la presente edición: 1999, Plaza & Janés Editores, S. A.
  Travessera de Gràcia, 47-49. 08021 Barcelona

Printed in Spain – Impreso en España

ISBN: 0-553-06108-9

Distributed by B.D.D.

A Carlos Varona, Leví Marrero, Mario Villar, Miguel González-Pando, Felícito Rodríguez y Enrique Baloyra, seis amigos que no pudieron emprender el viaje de regreso.

Índice

I

Retrato del joven Fidel Castro

Fotografía de Fidel Castro dedicada al padre del autor.

No hay ninguna figura política viva que despierte la curiosidad antropológica que provoca Fidel Castro. Sus barbas y su chaquetón verde oliva pasarán a la iconografía del siglo xx junto al bigotillo de Hitler, el puro de Churchill y el bombín de Charles Chaplin. Desde hace medio siglo se ha instalado en las primeras páginas de los diarios y no ha habido manera de desalojarlo. Su capacidad de adherencia al bastón de mando ya ha pasado al Guinness: no hay ningún dictador iberoamericano —Franco incluido— que haya durado tanto. Lleva más de cuarenta años al frente del Estado cubano. Con una sonrisa socarrona, firmemente apoltronado, ha visto desfilar a nueve presidentes norteamericanos. A veces ha tenido la paciencia de sentarse a la puerta de su tienda a ver pasar los cadáveres de sus enemigos. Otras, se ha apresurado a ordenar sus ejecuciones. Cualquier medida es aceptable si de lo que se trata es de mantenerse en el poder.

Su infinita facundia es legendaria. Especialmente cuando hay más de tres personas reunidas y siente el incontenible deseo de demostrar su inmensa sabiduría. Esa urgencia enfermiza se multiplica exponencialmente con relación al volumen del auditorio. A más gente, discursos más largos y laberínticos. Si la tribuna es alta y la plaza grande, se le exacerba la locuacidad. Se desata. Llega a la fase crítica de la incontinencia oral. Entonces habla incesantemente. Pronuncia «charlas» de ocho horas, sin la menor concesión a su vejiga o a las de sus desesperados oyentes. Éste no es un dato ocioso: refleja lo poco que le importa el resto de la humanidad y la inmensa valoración que hace de sí mismo. Habla, además, de todo. De la caña de azúcar, de la cría de ganado, del neoliberalismo, del inminente colapso del mundo capitalista, de los ciclones y de cuanto tema científico, económico, ético o deportivo se le ocurre. Es un presidente repleto de esdrújulas: enciclopédico, oceánico, pedagógico, y su tono suele ser, además, apocalíptico. Quien no lo ha escuchado no se imagina el poder devastador que puede alcanzar la palabra. Un poder, a veces, de vida o muerte.

Esos largos discursos tienen, además, una trascendental función litúrgica: ahí, en ese torrente de palabras desordenadas se define lo que es verdad o mentira; ahí, en medio de expresiones coloquiales, de burlas y de cóleras, de explicaciones complejas y de simplificaciones tontas, se dibujan los contornos de la realidad, se seleccionan los enemigos del pueblo, los amigos, lo que se debe creer y lo que se debe rechazar. La palabra de Castro es el libro sagrado del pueblo, la biblia revolucionaria que sirve de marco teórico para poder establecer juicios de valor o para amparar o condenar determinadas conductas. Es la referencia dogmática que permite precisar si un pensamiento o una opinión tienen contenido revolucionario o lo contrario. Si Fidel lo afirmó, es correcto; si lo desaprobó, hay que rechazarlo. Es el conocido mecanismo de la filosofía escolástica: en el terreno religioso las cosas son ciertas o falsas de acuerdo con la opinión de las autoridades. Ése es el carácter infalible que poseen las verdades reveladas. En Cuba, Fidel es la única autoridad moral e intelectual. La lealtad al Jefe, además, se demuestra en la fidelidad con que se asumen las palabras y los juicios de Castro. Ser revolucionario es ser fidelista; y ser fidelista es repetir fiel y ciegamente el discurso de Castro, apoderarse de sus palabras y devolvérselas con la fidelidad de los gramófonos. Y en la repetición mecánica, en la mímica exacta, radica precisamente el talento de sus acólitos y una de las mayores gratificaciones emocionales que obtienen los caudillos: la creación de sociedades corales.

Pero no siempre es así. Fidel no es el oráculo sagrado permanentemente. Sentado es otra persona. Cuando el auditorio se reduce a un solo interlocutor, inmediatamente cambia la estrategia de comunicación. Lo peligroso es que su reloj circadiano, el mecanismo que regula su sueño y su vigilia, está invertido. Como los tulipanes, Castro florece por las noches. Se revitaliza e irrumpe en el escenario como un vampiro oral que sale de su ataúd a platicar durante varias horas. Es cuando surge el Fidel cautivador, aparentemente muy interesado en el otro. Puede parecer refinado y atento. Ya no conversa: pregunta. Entonces se convierte en un puntilloso inquisidor desesperado por saber exactamente cuántos alcaldes hay en la provincia de Málaga, el número preciso de automóviles que transitan los jueves por la carretera Panamericana, o la descripción detallada de cómo funciona una central hidroeléctrica. Castro tiene una idea clasificatoria del mundo en el que vive. Una actitud minuciosa, pitagórica, en la medida en que esos griegos esotéricos creían que la realidad podía reducirse a números. Castro tiene la cabeza llena de números. Es un anuario parlante que acumula datos e informaciones insustanciales, con las que luego ratifica sus conclusiones previas.

Porque ésa es otra: jamás está dispuesto a cambiar de opinión o a revocar decisiones. Que se equivoquen ellos, los demás. Él es un hidalgo tercamente convencido del lema caballeresco «sostenella antes que enmendalla». No enmienda sus errores, los sostiene, pues su mayor satisfacción psicológica se deriva de hacer su voluntad y de tener razón. Admitir que otra persona ha sido más sagaz, o que él cometió un disparate, le parece una forma espantosa de humillante degradación. Tras el hundimiento del comunismo y la desaparición de la Unión Soviética, han pasado por su despacho cien políticos amigos y docenas de acreditados economistas a explicarle que el estado marxista-leninista antes era un disparate, pero ahora resultaba imposible. Y todo ha sido inútil. Es indiferente a la realidad. Está aquejado de una especie de autismo político. Si el mundo entero le dice que está equivocado, él opina que el mundo entero vive en un error probablemente inducido por la CIA. No tiene remedio.

Esa incapacidad para aceptar debilidades o fracasos no sólo hay que entenderla como una deformación patológica de su carácter. Tiene que ver con el modo con el que Castro se relaciona con sus subordinados. Estamos en presencia de un caudillo. Alguien que exige una total obediencia y sumisión de los demás como consecuencia de su evidente superioridad moral e intelectual. El caudillo es único porque no se equivoca. Es infalible. De ahí que quienes lo obedecen depositen en él la facultad de analizar, diagnosticar y proponer soluciones. De ahí, también, la testarudez roqueña de los caudillos. En el momento en que exhiben sus miserias y su falta de juicio, se debilita la lealtad de los seguidores. Ellos ni quieren ni pueden ver a un jefe lloroso que baja la cabeza y pide perdón. Si le han entregado la facultad de pensar, y con ella el derecho a decir lo que verdaderamente creen, es por la excepcionalidad del líder. Si no son dueños de sus palabras, porque las han sustituido por las del guía amado, y ni siquiera de sus gestos, pues son víctimas de una tendencia instintiva a la imitación del maestro idolatrado, no pueden aceptar que esa persona, que les ha usurpado el modo de vivir, sea un sujeto corriente y moliente capaz de equivocarse como cualquier hijo de vecino. El pacto es muy sencillo: el alma sólo se entrega a los caudillos infalibles. Como Castro.

La psiquiatría tiene perfectamente descrita psicologías como la de Fidel Castro. Les llama *personalidades narcisistas* y están clasificadas entre los desórdenes mentales más frecuentes. Los narcisistas se autoperciben como seres grandiosos, poseedores de una importancia única. Encarnan la idea platónica de la vanidad humana. Por ello esperan que se les trate de una forma especial y distinta a los demás mortales. Ante la crítica o la censura, si provienen de un subalterno, reaccionan airadamente, con violencia verbal y física, pero si se originan en una fuente distante, aparentan la mayor indiferencia. Son ambiciosos y egoístas en grado extremo. Las normas son para los demás. Se suponen acreedores de todo tipo de trato favorable, pero no toman en cuenta las necesidades del prójimo. La reciprocidad es una palabra que no existe en sus vocabularios. Por eso sus relaciones interpersonales son muy frágiles y conflictivas. Les temen, pero no los quieren. Es casi imposible querer a un narcisista. Es difícil apreciar realmente a quienes no pueden demostrar empatía o compasión ante la desgracia de sus allegados. Es contranatura querer a quien define la lealtad del otro como una total subordinación a sus criterios, gustos y principios. Eso sería querer a quien te aplasta y devora.

Los rasgos de la personalidad narcisista casi nunca se presentan en estado puro. Con frecuencia los acompaña el histrionismo. Esto es, una forma de exhibicionismo que se expresa en las ropas extravagantes, la conducta excéntrica y un evidente desprecio por lo que se considera socialmente aceptable. Fidel, como ocurría con Hitler y Mussolini, otros dos narcisistas de libro de texto, tiene mucho de histrión. Su disfraz permanente de militar en campaña, su gesticulación espasmódica, la transfigurada expresión de su rostro desde la tribuna, lo definen como un histrión. Además de ser, está disfrazado de Fidel Castro. Pero el histrionismo es también una técnica de manipulación. Fidel comparece ante los cubanos como un hombre iracundo y agresivo. Ése es su mensaje corporal. Siempre está a punto de estallar, de declarar una guerra, de hacer algo tremendo. No sólo quiere impresionar. Quiere intimidar. Y lo logra. Quienes lo rodean, le temen. Aun los más próximos. Sobre todo los más próximos. Temen sus exabruptos, sus recriminaciones, sus gritos, pues Castro, que puede ser extremadamente delicado, encantador con un visitante extranjero, no vacila en recurrir a las peores groserías para censurar a un subalterno. Ése es uno de los más tristes signos de la sociedad cubana. Es un universo en el que todo el mundo tiene miedo. Menos una persona. Menos el caudillo que desde las alturas de su poder, trepado a su ego inmarcesible, maneja a los cubanos como le da la gana.

La niñez de un caudillo

Contemos la vida de este singular personaje. Sus primeros veinticinco años no tienen desperdicio y acaso despejen muchas incógnitas. El Comandante nació en Birán en 1926, un caserío desprovisto de gloria y de agua potable, situado en la provincia de Oriente, año —por cierto—, en el que pasó un devastador ciclón por la Isla. Menudo presagio. Su padre fue un gallego alto y corpulento como un roble llamado Ángel Castro, llegado a Cuba a fines de siglo en calidad de recluta del ejército español. Fue uno más de los 250 000 soldados que España colocó en Cuba para tratar tozuda e inútilmente de evitar la independencia de la Isla. Era un muchacho pobre y azorado, de los que no contaban con las trescientas pesetas que costaba la redención del servicio militar. Una víctima inocente más que un colonizador.

Ángel Castro perdió la guerra, pero ganó una patria nueva. Tras ser regresado a España, se las arregló para volver a la Isla. Su aldea gallega, fría y lluviosa, ya no le alcanzaba. Había descubierto un horizonte prometedor y una sociedad en plena expansión que se abría ilusionada a la aventura de la libertad política. Era un tipo duro y trabajador, como tantos de sus conterráneos, y enseguida se percató de que la joven república —inaugurada en 1902— resultaba un terreno propicio para cualquier persona laboriosa, entre otras razones, porque el precio de la feraz tierra cubana era bajísimo y las oportunidades de trabajo inmensas. Tanto, que en pocos años, a remolque del valor del azúcar, multiplicado durante la Primera Guerra mundial, le fue posible pasar de jornalero a capataz, y luego a propietario. Algo totalmente imposible en su Lugo natal de campanario y minifundio, pronto y para siempre olvidado.

El joven inmigrante se casó en primeras nupcias —qué frase más arcaica— con una maestra de nombre María Luisa Argote, y con ella tuvo dos hijos: Lidia y Pedro Emilio. Esta buena señora enfermó y murió joven, y fue reemplazada por una muchacha humilde, con fama de católica y buena persona, llamada Lina Ruz, que había llegado al hogar de los Castro en función de asistenta. De esta nueva unión surgieron siete hijos: Ramón, Angelita, Fidel, Juana, Emma, Raúl y Agustina. Con el tiempo, la fractura política que ha dividido a la sociedad cubana también afectaría a los hermanos. Lidia ha sido fidelista toda su vida. Pedro Emilio, abogado, y poeta extravagante —ya muerto—, hasta detenido estuvo por sus incómodas opiniones políticas. Ramón y Raúl se han mantenido devotos al héroe de la familia. Angelita parece estar más dedicada a pequeñas actividades comerciales que al reñidero nacional. Juanita está exiliada desde principios de los años sesenta, y no ha vacilado en denunciar enérgicamente la situación del país. Emma vive en México, discretamente horrorizada de los desastres generados por su hermano, y Agustina, católica y sentimental, sobrevive en La Habana, amable, pobre y sin privilegios, mientras reza día y noche por el desdichado destino de sus compatriotas.

Con los descendientes de ellos, incluidos los del propio máximo líder de la revolución, ha ocurrido lo mismo. Los hay profidelistas y antifidelistas. Algunos están en el exilio interior, los hay que entran y salen de la isla sigilosamente, y otros ya han logrado expatriarse con carácter definitivo. Lo único verdaderamente democrático que tiene Cuba es precisamente eso: la intensa división de la familia. Es tremendo oírle decir a una hija de Castro, a un hijo, a una nieta, a un sobrino o a un concuño, que su pariente es el ser que más daño les ha hecho a ellos como personas y como cubanos. En ese momento el odio político alcanza una rabiosa dimensión humana que sólo es observable en los infiernillos domésticos.

De este hogar peculiar vale la pena retener tres datos. El primero tiene que ver con lo que hoy llamaríamos *origen étnico*. Ángel Castro era un gallego, y, pese al aluvión de inmigrantes españoles que arribó a la Isla en el primer cuarto del siglo XX, o quizá por eso mismo, los criollos cubanos no eran muy hospitalarios con los recién llegados. El nacionalismo, aunque moderado, comenzaba a hacer estragos, y se expresaba de varias maneras agresivas. Una de ellas era el humor. El gallego, aunque casi siempre se trataba de una criatura laboriosa, era un tipo para burlarse de él. Siempre se le retrataba en el teatro vernáculo, y luego en la radio y la televisión, como una especie de imbécil al que los criollos le tomaban el pelo. Por otra parte, toda la estructura de poder político —no así del económico— estaba en manos de los cubanos que habían luchado en las guerras por la independencia, o, cuando menos, habían sido autonomistas. Esas guerras eran la fuente de la legitimidad social y el origen del abolengo político. Si Fidel Castro proyectaba ser un prócer, no hay duda de que había elegido a la familia equivocada.

El segundo aspecto importante está relacionado con las ideas políticas que Fidel Castro comenzó a absorber desde su cuna. Ángel Castro no debió de ser un hombre obsesionado con cuestiones ideológicas, y ni siquiera se le tenía por comunicativo y conversador —era, sobre todo, un incansable trabajador—, pero, español de 1898 al fin y al cabo, y soldado derrotado por los gringos, no debe de haber tenido muy buena opinión de Estados Unidos. Ése era el comprensible juicio de valor de los españoles de su generación. Tampoco le resultaban fáciles sus relaciones empresariales con los norteamericanos. Su finca de Birán colindaba con grandes propiedades azucareras yanquis, y eran frecuentes los problemas limítrofes. Desde la cuna, en su hogar rústico pero próspero, Castro comenzó a escuchar críticas contra Washington. Mientras una buena parte de los cubanos percibía a los estadounidenses como los aliados que los habían ayudado a desalojar a España del control de la Isla, los Castro, naturalmente, los veían como los adversarios arrogantes y prepotentes que habían hundido la flota del almirante Cervera en la bahía de Santiago de Cuba. Ahí, en el corazón del Castro niño, tenía que alojarse una incómoda disonancia que no era fácil de solucionar. En la escuelita le enseñaban que los norteamericanos contribuyeron a liberar a Cuba de los españoles. En su casa el padre le contaba que los norteamericanos los habían atropellado a cañonazos salvaje e ilegítimamente.

La tercera cuestión se derivaba de la sorda rivalidad ciudad/campo que permeaba las relaciones sociales de los cubanos. Fidel Castro no sólo era un pichón de gallego. Además era un «guajiro», un «paleto» al decir de los españoles. Es decir, un tipo rústico, criado en el ambiente rural de una de las regiones atrasadas de Cuba, imagen de la que también se burlaban los más educados y cosmopolitas habaneros. El hogar de Castro, esa primera casa, pese a la buena posición económica conquistada por don Ángel, no era un domicilio ordenado y elegante como los de Miramar o El Vedado, sino el caserón sin gracia ni distinción al alcance estético de un español laborioso y probablemente inteligente, pero sin otros estudios que su experiencia de labrador. La madre Lina —cuenta Pardo Llada, uno de los biógrafos de Castro— a veces convocaba a comer con un tiro de escopeta, y los comensales rara vez se sentaban en torno a una mesa. Un psicólogo moderno vería en todo esto un hogar desestructurado. A lo mejor sólo era una fórmula primitiva de comunicarse. De alguna manera, Fidel Castro jamás pudo escapar a ese origen montaraz de campo, caña y caballo. Tal vez eso explique, por ejemplo, su desprecio por las formalidades burguesas —esa odiosa corbata—, o su frialdad total ante la decadencia absoluta de las ciudades cubanas. Su impronta infantil, esa mirada original con que empezó a apoderarse de la realidad, le ha impedido escandalizarse de la destrucción sistemática y cruel de La Habana. No es capaz de verla, y mucho menos de sentirla. No le molestan los escombros. El universo de su primera infancia era una cosa polvorienta y agropecuaria. En todo caso, en su niñez, unas veces era el «gallego» y otras el «guajiro». En los dos calificativos podía advertir un leve matiz peyorativo.

Contar los primeros años del Castro niño no sirve de mucho, a menos que uno adopte una visión psicoanalítica, y no es éste el caso, pero no está de más consignar un par de datos. Fue un muchachito inquieto e inteligente. Tanto, que en los archivos de la Casa Blanca se conserva una carta escrita a los diez años por Fidel al presidente Roosevelt en la que trata de engañarlo pidiéndole un billete de diez dólares, porque supuestamente nunca ha visto uno, y a cambio le promete enseñarle dónde hay unas minas de hierro que pueden servir para fabricar los barcos americanos. Menudo niño. Su madre Lina, como casi todas las madres cubanas medianamente instruidas, vivía convencida de la importancia crucial de los estudios, así que prefirió enviarlo a Santiago de Cuba, la capital de la provincia, para que los curas le dieran una buena educación primaria. Lo hizo con Fidel y con todos sus hermanos y hermanas, quienes acudieron a los mejores colegios del país, aunque Ramón, el mayor, prefirió quedarse en la finca junto al padre.

Tras la primaria santiaguera vino la experiencia en La Habana. Mientras las niñas fueron matriculadas en las ursulinas, Fidel y en su momento, Raúl, fueron enviados a estudiar bachillerato al colegio Belén, dirigido por los jesuitas, una de las más reputadas escuelas de Cuba, y, probablemente, la mejor de cuantas tenía la Compañía de Jesús en América. Sólo que en aquella institución, además de una magnífica enseñanza, y de adquirir principios y valores, el adolescente Fidel recibió una primera visión política del mundo que le confirmaba ciertos juicios que, de manera más rudimentaria, había escuchado de labios de su padre. Los jesuitas españoles que lo formaban venían del trauma de la Guerra Civil. Eran franquistas. Creían en el orden y la autoridad por encima de todas las cosas. Sospechaban de las democracias burguesas, liberales, masonas y judaizantes. Eran anticomunistas, naturalmente, pero también antiamericanos y —como solía ocurrir con los falangistas— sospechaban de los valores humanistas occidentales.

Aparentemente, dos curas jesuitas fueron los directores espirituales de Fidel. Uno era el padre Armando Llorente, un español bondadoso y enérgico a cargo de las múltiples actividades al aire libre —las excursiones campestres a las que tan aficionado era Fidel—, y el otro un cubano casualmente apellidado Castro, Alberto Castro, muy inteligente, falangista, tremendamente elocuente y conversador, con una buena cabeza para la teología, que creó y orientó a una pequeña secta de estudiantes destacados a la que bautizó como *Convivium*, y en la que reclutó al «guajiro» Castro. Allí por primera vez escuchó Fidel el nombre de José Antonio, y allí le dijeron que España e Iberoamérica, gloriosamente vinculadas en la Hispanidad y en la tradición católica, tenían un destino unívoco en lo universal. Allí, además, aprendió a cantar el *Cara al Sol*, mientras soñaba con que los ejércitos de Hitler no serían nunca derrotados por las democracias de la decadente Europa. Eran los años de la Segunda Guerra mundial y Fidel, un muchachón espigado, seguía en un mapa con tachuelas los éxitos arrasadores de los blindados alemanes. Sus malos de entonces ya eran los gringos.

La educación jesuita —como se sabe— intenta forjar carácter. A veces lo logra y a veces fracasa. Probablemente eso lo decide el imponderable componente genético que acompaña al estudiante, o la calidad de los maestros que lo toman bajo su control, o el ambiente familiar de los primeros años. Vaya usted a saber. Pero lo cierto es que el colegio Belén dejó su impronta en Fidel. Participó, por ejemplo, en el Club de Debates, y aprendió el arte de organizar y pronunciar discursos. Practicó varios deportes —béisbol, baloncesto, campo y pista—, sin tener excesiva coordinación natural, como recuerda Roberto Suárez, su compañero de aula y equipo, limitación que aprendió a vencer con su estatura, su fuerza y su tenacidad, rasgo este último que cultivó hasta incorporarlo al núcleo central de su personalidad. Aprendió a vencer los complejos de su origen gallego y, sobre todo, guajiro, en un colegio en el que sus condiscípulos solían pertenecer a hogares refinados de criollos pudientes, despuntando en él una urgencia temprana y vigorosa de liderazgo. Quería mandar, y se le veía. Quería ser el jefe en todas las actividades a las que se sumaba. Su autoestima era enorme. También resultaba evidente que traía del campo los valores machistas de la sociedad rural cubana: la bravuconería, el estar siempre presto a la riña a puñetazos, la valentía personal. En ese período le entró el gusanillo de la política y, como tantos adolescentes, comenzó a pensar que algún día sería presidente de la República. Hasta se lo contó ingenuamente a uno de sus condiscípulos.

Donde la pedagogía jesuita tuvo menos éxito fue en el terreno espiritual. El propio Castro ha relatado, con cierta malicia, que la tentación de la carne, muy fuerte en la adolescencia tropical, cuando las hormonas dan un trallazo incontrolable, le impedían tomarse demasiado en serio la vertiente religiosa de su formación jesuita. La castidad y la continencia eran un precio demasiado alto para alcanzar la perfección. El catolicismo como religión, con sus castigos eternos y con su cielo apacible, no le resultaba convincente. La Historia Sagrada acabó por no parecerle historia ni sagrada. La fe infantil se le fue desdibujando en la medida en que tropezaba con la razón y con los instintos. Tampoco los jesuitas consiguieron hacerlo un intelectual, esto es, alguien que se aproxima a la realidad desde el mundo de las ideas. Él era, fundamentalmente, un hombre de acción. Un dínamo. Un fabricante y ejecutor de proyectos. Leía, era inteligente, por supuesto, no era mal estudiante, y acumulaba información con su excelente memoria, pero, según sus compañeros, estaba más cerca de san Ignacio que de santo Tomás.

Gángsters y revolucionarios

Cuando Fidel salió del bachillerato e ingresó en la Escuela de Leyes de la Universidad de La Habana se sentía dispuesto a ser el primero de la fila a cualquier precio. La Segunda Guerra mundial acababa de terminar y los aliados habían triunfado. El falangismo y los curas jesuitas pertenecían a un pasado anecdótico que había dejado de impresionarle. Ya el objetivo de Castro no era el deporte, sino el liderazgo de la Federación Estudiantil Universitaria (FEU), una organización que contaba con un enorme peso en la vida política cubana desde los años treinta, cuando se convirtiera en el factor clave del derrocamiento del dictador Gerardo Machado. De la FEU habían salido el 80 por ciento de los jóvenes políticos que dirigían la nación, pero esa influencia era de dos vías: en la medida en que la universidad se había introducido en la vida pública, la política se había introducido en la universidad, y hasta en las escuelas oficiales de bachillerato. Allí había corrupción, violencia, jefecillos armados, e imperaba el reino del matonismo revolucionario. Era la universidad de los gángsters, los líderes estudiantiles andaban con una pistola al cinto, y para ascender hacia la cúpula resultaba casi imprescindible cobijarse en alguna de las facciones más poderosas y temidas.

Para complicar aún más las cosas, en aquella revuelta universidad de los años cuarenta —surgida de la insurrección contra Machado de los treinta— confluían otras dos fuentes de violencia: los excombatientes de la Guerra Civil española, a la que más de mil cubanos fueron a pelear, casi todos en las filas comunistas de las Brigadas Internacionales, y los excombatientes de la Segunda Guerra mundial. Había, pues, héroes y villanos para todos los gustos, y todos ellos tenían sus grupos afines dentro de la universidad. Fidel, por ejemplo, enseguida trató de acercarse al Movimiento Socialista Revolucionario (MSR), dirigido por un abogado llamado Rolando Masferrer, ex comunista, veterano de la Guerra Civil de España, donde fue herido en combate, y por un estudiante de ingeniería, Manolo Castro, a la sazón presidente de la FEU y amigo, por cierto, de Ernest Hemingway. El propósito de Fidel, entonces en los primeros años de la carrera, diciembre de 1946, era que Manolo Castro —con quien no tenía parentesco— lo apoyara para convertirse en líder de la Escuela de Leyes, y para lograr sus simpatías hizo algo realmente monstruoso: intentó asesinar a balazos a Leonel Gómez, un líder estudiantil de las escuelas secundarias que se decía enemigo de Manolo Castro, hiriendo a otro estudiante en la refriega, como recuerda Enrique Tous, compañero de Fidel en Belén y en la universidad.

Vale la pena detenerse en esta sangrienta anécdota. Fidel no es un niño de trece o catorce años, sino un joven de 20. Estudia Derecho y es egresado de una escuela religiosa donde durante mucho tiempo intentaron inculcarle la compasión y el amor al prójimo. Leonel Gómez no es su enemigo personal. Apenas lo conoce. No puede odiarlo, y, desde luego, tampoco ha intentado asesinarlo en medio de un ataque de ira. Se trató de un acto premeditado, frío, audaz, concebido como un medio de obtener los favores de una persona a la que le convenía servir, aun al precio de cometer un asesinato. Pero falla dos veces: Leonel no muere y Manolo Castro no le agradece el «favor». Por el contrario: le manda un mensaje despectivo con José de Jesús Ginjaume: «Dile a ese tipo que no voy a apoyar a un mierda para presidente de Derecho.» Fidel no se lo perdonará nunca.

No pudiendo guarecerse en el MSR de Masferrer y de Manolo Castro, Fidel recurre entonces a otra pandilla, la del propio Ginjaume, conocida como Unión Insurreccional Revolucionaria (UIR), anticomunista, anarcoide, cuyo primer dirigente era un paracaidista de la Segunda Guerra Mundial, Emilio Tro, hombre de una temeridad casi suicida, quien le toma simpatías a Fidel y le perdona la vida, pues Leonel Gómez también era militante de la UIR. Una vez dentro de la UIR, Castro, pistola al cinto, adquiere fama de gatillo alegre y de hombre violento. Pero todavía no tiene una historia política coherente. Es sólo un *tira-tiros* sin leyenda personal apreciable. Un guapo de bofetadas y *qué me estás mirando*. De pronto surge una oportunidad dorada: Masferrer y Manolo Castro, con el auxilio de medio Gobierno, preparan una invasión para liquidar al dictador dominicano Trujillo. Se entrenan en un islote del noreste de Cuba: Cayo Confite. El líder es el cuentista Juan Bosch, exiliado en Cuba y presidente del Partido Revolucionario Dominicano. Lo respaldan el venezolano Rómulo Betancourt, el guatemalteco Juan José Arévalos, el costarricense José Figueres. En el Caribe existe una especie de internacional revolucionaria. (El castrismo, en realidad, no inventaría luego el *internacionalismo*. Eso lo aprendió Castro en los años mozos.) Fidel visita a Bosch y le pide que le permita participar. Les manda un mensaje de paz a Masferrer y a Manolo Castro. Se hace prometer que no lo van a matar. «Déjalo que venga —acepta Masferrer—. En estas cosas siempre vienen bien un par de cojones.»

. No hicieron falta. El fallido episodio duró pocas semanas. El Gobierno del presidente Truman, ya embarcado en los comienzos de la Guerra Fría, le pidió a su colega de La Habana que desmantelara el campamento y enviara a los expedicionarios a sus casas. No estaba el horno caribeño para esa clase de conflictos. El enemigo era Moscú, no los dictadores locales. Fidel perdía, pues, la oportunidad de labrarse una biografía revolucionaria en consonancia con sus juveniles ardores guerreros. Sin embargo, no se dejó atrapar como al resto de la tropa. Cuando el barco de guerra en que regresaban detenidos se acercó a la costa, prefirió tirarse por la borda y nadar. La leyenda posterior diría que fue un gesto de rebeldía para no ser apresado. La verdad es diferente: temía que, abortada la invasión, sus enemigos Manolo Castro y Rolando Masferrer aprovecharan la confusión para eliminarlo. Al fin y al cabo, Emilio Tro, su protector en la UIR, había sido asesinado por pistoleros asociados al MSR el 15 de septiembre de 1947, precisamente cuando Fidel se adiestraba en Cayo Confite. Él podía ser el próximo pandillero muerto.

Pero no fue él. Fue Manolo Castro. El 22 de febrero de 1948, en una calle de La Habana vieja, un grupo de pistoleros de la UIR lo acribilló a balazos. La prensa inmediatamente señaló a Fidel Castro. Se conocía la rivalidad que los separaba. Y era cierto, incluso, que Fidel Castro había intrigado en el seno de la UIR para que ejecutaran tanto a Manolo Castro como a Rolando Masferrer, a quien sí intentara asesinar con varios disparos que no dieron en el blanco. Pero la verdad histórica es que Fidel no mató a Manolo. Cuando lo llamaron por teléfono para que participara en el atentado, no estaba disponible. Cuando fueron a buscarlo, no lo encontraron. Si alguna responsabilidad tuvo, ésta fue de carácter intelectual: instigó el crimen, pero no lo cometió. Fidel pudo, sin muchas dificultades, probar su coartada. Hemingway no lo creyó y escribió un cuento, *The shot*, sobre su amigo muerto, en el que el asesino está inspirado en Fidel Castro. No sería la única vez que el joven Fidel sirviera de modelo para una turbulenta figura literaria: por aquellos años el novelista Rómulo Gallegos, exiliado en Cuba, se fija en Castro para perfilar a uno de los gángsters de *Una brizna de paja en el viento*.

Antes de ocho semanas el joven Fidel Castro aparecía otra vez en los periódicos, pero ahora en medio de una monumental revuelta. El 9 de abril de 1948 se producía *el Bogotazo*. La capital de Colombia era sacudida por incendios, crímenes y violentas revueltas populares como consecuencia del asesinato del líder Jorge Eliecer Gaitán, un político muy popular y carismático del Partido Liberal colombiano. ¿Qué hacía Fidel Castro en ese remoto escenario de muerte y desolación? Había acudido a un congreso estudiantil secretamente financiado por Perón, como parte de una delegación cubana dirigida por el presidente de la FEU, Enrique Ovares, entonces un líder de izquierda próximo a los comunistas —más tarde preso político del castrismo—, y en la que también participaban Alfredo Guevara, comunista y presidente de la Facultad de Filosofía, primer marxista que alecciona a Fidel en el abc de la doctrina, y Rafael del Pino, otro estudiante violento, muy amigo de Fidel, quien muchos años más tarde acabaría suicidándose en una cárcel cubana tras sufrir toda clase de maltratos por parte de los guardianes al servicio de su antiguo compañero.

Las razones por las que Juan Domingo Perón financiaba ese congreso de estudiantes radicales había que buscarlas en su enfrentamiento con Estados Unidos. En la fecha del asesinato de Gaitán, la OEA era refundada en Bogotá bajo la orientación anticomunista de Washington, y el presidente argentino, campeón de la *tercera vía*, pretendía equilibrar a la derecha americana con una buena manifestación revolucionaria de inspiración izquierdista/nacionalista. Nadie pensaba que podía ocurrir algo tan dramático como el asesinato del principal dirigente de la oposición, y mucho menos que como resultado de ese hecho iba a estallar una especie de feroz guerra civil que provocaría miles de muertos y la pérdida de decenas de millones en dólares de propiedades destruidas. Fidel Castro, curiosamente, le había pedido a Ovares que lo incluyera entre los invitados al viaje para «enfriarse» un poco tras la muerte de Manolo Castro. Su propósito, en ese caso, era huir de la violencia y tratar de proyectarse como un líder universitario en el terreno político, porque no había conseguido que sus compañeros de la carrera de Derecho lo apoyaran en las elecciones estudiantiles.

Pero Castro tenía una especie de imán para los conflictos. Precisamente, poco antes de que Gaitán recibiera a la delegación de estudiantes cubanos, un asesino lo liquida a tiros, y tan pronto se conoce la noticia comienzan los desmanes. Fidel tiene ahí su bautizo revolucionario, y es muy interesante lo que entonces hace este joven de 22 años: en lugar de permanecer en su hotel, puesto que no conoce la ciudad, o de ponerse en contacto con la embajada de su país, se suma a la insurrección popular, entra en una comisaría de policía y arenga a la tropa para que participe en el alzamiento.

No le arredra ser un absoluto desconocido o ignorar totalmente la realidad colombiana. Se ve en el ojo de un ciclón, y en lugar de tratar de ponerse a salvo, aprovecha la oportunidad para convocar a la Revolución. Naturalmente, nadie le hace caso. Poco después lo detienen, pero las autoridades cubanas, más preocupadas por Ovares —el verdadero líder estudiantil del grupo—, hace gestiones para evacuar a los universitarios, y consiguen sacarlos del país en un avión que transportaba reses. Fidel regresa a Cuba en medio de la mayor excitación. Ha olido de cerca la Revolución. Ha visto casas y automóviles incendiados; ha contemplado tiroteos y ajusticiamientos. Y todo eso le ha revuelto la adrenalina. El hombre de acción que lleva dentro ha sentido las emociones más fuertes y gratificantes que hasta entonces había experimentado.

Pero no sólo se trata de una sensación física. A esa edad, a los 22 años, Fidel, como tantos jóvenes de su generación, era un *revolucionario*. Ésa era la palabra clave. Ya tenía una vaga percepción marxista de la sociedad. No es que hubiera leído El *capital* —a esa edad muy poca gente lo ha hecho—, sino que pensaba que el capitalismo era un sistema explotador, causante de la pobreza de los pueblos, y se sentía profundamente antiimperialista, pues el malvado imperialismo yanqui resumía los males del sistema económico y la arrogancia colonial impuesta por las cañoneras. De manera que era algo más que un muchacho agresivo armado con una pistola. Era eso mismo, pero también se sentía como el cruzado de una causa redentora de la humanidad. Estaba dispuesto a abrirse a balazos el camino del poder y de la fama política, pero para echar las bases de un mundo mejor, más justo y, por supuesto, enfrentado a los despreciables norteamericanos.

Es en ese momento cuando Fidel comienza a acercarse a la política nacional, y lo hace inscribiéndose en una formación populista, el Partido Ortodoxo, de corte socialdemócrata, dirigido por un senador muy querido, Eduardo Chibás, que con una escoba como símbolo hace enérgicas campañas en contra de la corrupción. Chibás procede de familia rica y educada, y es firmemente anticomunista, pero también se proclama antiimperialista y nacionalista. En realidad se trata, como decían los comunistas de la época, de un burgués reformista y honrado, pero dentro del partido, especialmente entre los más jóvenes, hay un sector radicalizado en el que Fidel se mueve con agilidad, y en el que comienza a ejercer cierta influencia.

Fidel continúa, por supuesto, su carrera de abogado, pero sin la menor distinción académica. Su padre, que no hizo en la vida otra cosa que trabajar en beneficio de sus hijos, lo mantiene generosamente. Fidel es uno de los pocos estudiantes que posee auto. Aprueba las asignaturas gracias a su magnífica memoria y en virtud de una obvia capacidad para organizar sus pensamientos por escrito y oralmente, pero ha descartado la idea de ser un gran abogado. Su pasión no es la ley. Ése es el instrumento. En Cuba los políticos eran abogados o militares. Fidel no pensó nunca dedicarse seriamente a la abogacía. Quería llegar al Parlamento, pero sólo como una escala en su imparable viaje hacia la Casa de Gobierno. En un momento dado, incluso, hasta trató de acelerar el proceso. La escalofriante historia revela mucho la voluntad de poder del joven Castro. Era 1948 y el presidente Ramón Grau, en su último año de un gobierno tan democrático como corrupto, accede a recibir a una delegación de estudiantes que protestaba ruidosamente por el precio del transporte. En la delegación está Fidel. Son media docena de universitarios y esperan en el antedespacho del presidente. Es el tercer piso del palacio y la sala en la que aguardan posee un balcón. De pronto Castro se pone de pie y les hace a sus compañeros una propuesta insólita: «Tiremos a Grau por el balcón y proclamemos una república revolucionaria; en el 33 los estudiantes tomaron el poder. Debemos repetir esa gesta.» «Tú estás loco, Fidel», le contestan sus amigos en un tono de incredulidad. En ese momento se abre la puerta y entra Grau, risueño y conciliador. Fidel es el primero que lo saluda. El presidente no nota nada extraño. Nunca pensó que un minuto antes quien le apretaba la mano había pedido su asesinato.

A trompicones, siempre estudiando la víspera de los exámenes, Fidel termina la carrera. Estamos a mediados de siglo. Dos años antes, un compañero de la facultad, también con vocación y talento políticos, Rafael Díaz-Balart, luego su archienemigo, le presentó a su hermana, una preciosa muchacha llamada Mirta, estudiante de Filosofía. Se enamoran y se casan. Poco después tienen un hijo. No hay nada inusual en el asunto, salvo que el viejo Ángel, por medio del hermano Ramón, continúa sosteniéndolo. Castro no tiene experiencia laboral y no es capaz de mantener a su familia. Su pasión es la política, el debate, la intriga partidista, la tertulia. Tras graduarse, intenta ejercer como abogado, pero apenas domina el derecho procesal, y, por encima de todo, no le interesa. Dentro del Partido Ortodoxo, sin embargo, ha ido escalando posiciones. Habla por radio cada vez que puede, escribe artículos en la prensa, se hace notar. Da un valiente paso: se separa públicamente de su pasado gangsteril, y elige para ello un peligroso procedimiento que vuelve a colocarlo en los cintillos: denuncia por medio de la prensa a sus ex compañeros y a sus ex adversarios. Viaja a Nueva York y por unas semanas acaricia la idea de estudiar Ciencias Políticas en la Universidad de Columbia. En realidad, no quiere estar en Cuba. Teme, y con razón, que lo maten otros pandilleros políticos. Y desea, realmente, alejarse de ese mundo letal y delictivo. Su propósito ahora es subrayar su perfil de político serio. A Chibás le repugnan los pandilleros y Fidel quiere demostrarle que ya ha dejado de serlo. Aprovecha todos los medios a su alcance para atacar la corrupción que se le atribuye al gobierno de Carlos Prío, democrático sucesor de Ramón Grau. Ahora es todo un abogado que pretende llegar a la Cámara de Representantes. Las elecciones tendrían lugar en 1952. Fidel lucha para que lo postulen. Chibás no lo acepta en el círculo de sus íntimos, pero permite su participación.

El 5 de agosto de 1951 sucede algo insólito: Chibás termina su programa de radio dominical con el más dramático y espectacular de los gestos: se da un tiro en el abdomen frente a los micrófonos. Quiere sacudir la conciencia de los cubanos. Es —así lo tituló— su «último aldabonazo». ¿Por qué ese intento de suicidio? Estaba apesadumbrado por no haber podido probar unas acusaciones de corrupción que le había hecho a un ministro de Prío. Había perdido credibilidad y se sentía en ridículo. ¿Quería inspirar lástima? Quizá. ¿Quería matarse? No resultaba evidente. Un tiro en el corazón o en la cabeza no hubiera dejado duda. En el vientre era grave, pero no necesariamente mortal. No obstante, acabó siéndolo. Un tratamiento equivocado terminó por rematarlo. La agonía había durado unos cuantos días. El país estaba conmocionado. La popularidad del Gobierno, en los suelos. El entierro fue el mayor que ha conocido la historia de Cuba. Fidel, sin embargo, no vio disminuido su instinto por el poder. En el hospital, cuando los jefes del Partido Ortodoxo preparaban el recorrido del cadáver hasta el cementerio, se oyó la voz afónica y un tanto nasal del joven candidato a congresista: «¿Por qué no desviamos la manifestación hacia el palacio y le damos un golpe de Estado a Prío con el muerto?» Nadie le prestó la menor atención a tan indelicada propuesta en tan inoportuno momento.

Chibás fue enterrado, el Partido Ortodoxo eligió como su sustituto a Roberto Agramonte, un prestigioso catedrático de Sociología, y parecía que el país mantenía el rumbo democrático, en medio de los sobresaltos de una nerviosa sociedad que no conocía el sosiego político. Las elecciones tendrían lugar en el verano de 1952, y Fidel contaba con buenas posibilidades de salir electo al Congreso. Pero no fue así. Fulgencio Batista, el ex sargento convertido en general, hombre fuerte de Cuba entre 1933 y 1940, presidente legítimo de 1940 a 1944, ante la imposibilidad de recuperar el poder por medios electorales —las encuestas apenas le concedían un 10 por ciento de los votos— dio un golpe castrense el 10 de marzo de 1952, puso en fuga al Gobierno, y comenzó una dictadura de siete años. El día de la asonada militar ocurrieron dos fenómenos de gran trascendencia para Cuba. Batista otra vez se convirtió en dictador, y Fidel Castro dejó de ser un político que se movía dentro del cauce de las instituciones democráticas para convertirse en un revolucionario armado. De alguna manera extraña, mientras le contaban que Batista se había apoderado de los cuarteles le vino a su memoria el enérgico recuerdo de *el Bogotazo*. Sintió el olor de la pólvora. Acusó a Batista ante los tribunales por haber violado la Constitución de la República y empezó a planear la resistencia. Habían comenzado los tiempos de la Revolución. Se sentía extrañamente feliz. Él, en verdad, era un revolucionario, no un político.

II

El telón de fondo

Portada de la revista Blanco y Negro, *Madrid, 1898.*

Naturalmente, este personaje, Fidel Castro, se dio en un país preciso y en una circunstancia concreta. La cosmovisión adquirida por Castro en sus años formativos sólo era posible en Cuba. Y si no se poseen los fundamentos de esa historia, aunque sea a vuelapluma, la comprensión de lo que luego aconteció en esa isla siempre será muy deficiente. Especialmente cuando se tiene en cuenta que Castro explica su quehacer político no como un fenómeno excepcional incardinado en su propio tiempo, sino como la lógica continuidad de un largo proceso histórico arraigado en sucesos transcurridos a principios del siglo XIX cuando Adams, Jefferson o Monroe especulaban con la fantasía de apoderarse de Cuba para incorporarla a la Unión Americana. Intentemos este vertiginoso recorrido.

Colón calificó a Cuba como «la tierra más hermosa que ojos humanos vieron». Tal vez no era para tanto. El genovés tenía cierta inclinación al halago desmesurado. Algo parecido dijo de Puerto Rico y de la costa venezolana. Su diario es una especie de manual de relaciones públicas. Y era justificado. El Almirante estaba decidido a convencer a los reyes de España —al fin y al cabo socios en el terreno comercial— de las bondades de sus descubrimientos. Pero no andaba tan descaminado. Cuba es una bella isla de palmeras, sol y buenas playas. Incluso, tal vez no sea una isla, sino un archipiélago. Todo es confuso y ambiguo en torno a este país. A veces los noticieros dan la impresión de que se trata de una pequeña excrecencia geológica surgida en el Caribe. Y eso no es exacto. El territorio es menos diminuto de lo que parece. Cuenta, *grosso modo*, con 110 000 kilómetros cuadrados y 1 200 de largo. Si una punta de la Isla se colocara en Lisboa la otra tocaría Marsella. Tiene aproximadamente la extensión de Austria y Suiza combinadas. Bélgica, Holanda y Dinamarca caben dentro de sus fronteras, y su perímetro no es muy diferente del que posee el cercano estado norteamericano de Florida. Su población, incluyendo exiliados, balseros y otros perseguidos políticos, alcanza los trece millones de habitantes, de los cuales once sobreviven en la patria de origen, y dos, golpeados por la nostalgia, andan dando vueltas por el planeta, aunque la mayor parte ha conseguido avecindarse en Estados Unidos.

La historia de Cuba difiere de la de América Latina —al menos de una buena parte de ella— en varios aspectos cruciales. No había civilizaciones indígenas complejas como las mesoamericanas o las andinas. Los indios que encontraron los españoles pertenecían a la vasta familia de los arahuacos, pobres y atrasados, y no tenían asentamientos urbanos considerables ni densas estructuras sociales. Dejaron algunas palabras en el castellano —huracán, canoa, bohío y otras pocas—, y su única contribución al mundo parece haber sido el tabaco y la costumbre de enrollar sus hojas, colocarlas en la nariz, prenderles fuego y aspirar el humo. Lo hacían, se supone, para provocar ciertos estados de alteración mental asociados con experiencias religiosas. En todo caso, muy pronto fueron arrasados por los maltratos y las enfermedades traídas por los europeos, para las que los indios no tenían defensas naturales, o resultaron absorbidos y asimilados por unos invasores jóvenes e incontinentes que casi siempre se habían dejado a sus mujeres en el Viejo Mundo. Sólo a uno de ellos, a Vasco Porcallo, cruel y rijoso, le atribuyen doscientos hijos habidos con decenas de indias asustadas y obedientes.

La Isla, que muy pronto se quedó sin indios, no tardó mucho en quedarse sin oro, y los otros metales que iban apareciendo en cantidades exiguas no podían competir con las increíbles minas mexicanas o las del altiplano andino, así que el destino de Cuba pronto quedó determinado dentro de unas coordenadas muy precisas: era una especie de enorme base de operaciones desde la cual se lanzaban expediciones al continente. Era parada y fonda. Era puerto marinero. Pero también, poco a poco, fue convirtiéndose en una plantación azucarera en la medida en que se extendía por Europa y por las colonias inglesas de América la inusual costumbre de endulzar los alimentos. Pero sucedía que el cultivo y procesamiento de la caña es uno de los más laboriosos de cuantos se conocen en el mundo agrícola, y los españoles, sin indios para realizar esa rudísima tarea, decidieron recurrir a los esclavos negros. Cuba entonces empezó a ser el trágico destino de centenares de miles de negros cautivos que llegaban a la Isla para ser molidos junto con la caña que lograban cosechar en jornadas de veinte horas diarias de trabajo forzado. La cifra es pavorosa: mientras duró la esclavitud, desde comienzos del siglo XVI hasta fines del XIX, en números redondos, un millón de negros fueron triturados por la sociedad cubana. La vida «útil» —la única que tenían— de estos esclavos cañeros, medida con una frialdad aterradora por los hacendados de la época, era de poco más de cinco años.

La posición privilegiada —*Llave del Golfo*, le decían desde tiempos de Felipe II— que le otorgaba a Cuba importancia estratégica, determinaba otras consecuencias: era astillero y almacén, lo que simultáneamente le fue dando vida al comercio (y al contrabando), y a la creación de unos cuantos centros urbanos importantes. Pero también había sus desventajas: en la estela de la flota española que carenaba en La Habana o en Santiago en sus viajes de ida y vuelta a las Américas, navegaban acechantes los piratas, corsarios y las naciones enemigas. Esto llevó a España a fortificar la Isla, a dotarla de grandes cuarteles y a radicar en ellos a miles de soldados. Creció la burocracia y la sociedad española comenzó a desovar cargos y dignidades para administrarla. Trece grandes duques, marqueses y otros nobles deambulaban por el país en carruajes de lujo. Florecieron impresionantes palacetes. En Cuba rueda el tren antes que en España: en 1837 se inaugura la línea entre La Habana y Bejucal. La Iglesia tenía una enorme influencia, y, en general, la utilizó en una dirección positiva: creó instituciones educativas, y entre ellas, la primera universidad. Un sacerdote, Félix Varela, sería la referencia intelectual más importante de los primeros criollos independentistas. La colonia se fue enriqueciendo con bastante rapidez. Surgió una burguesía criolla, descendiente de la española, pero como, generalmente, no podía acceder a los cargos del Estado, se refugió en las plantaciones y en las profesiones liberales, lo que la hizo más rica y sabia.

A fines del siglo XVIII la historia de Cuba es un fragmento excéntrico de la historia de España, pero no puede entenderse si no se conoce lo que ocurría en la Península. Pocos años más tarde, con su dulce ritmo, una habanera aseguraría que «La Habana es Cádiz con más negritos / Cádiz es La Habana con más salero». Buena síntesis. La verdad es que los criollos cubanos se parecen mucho a los liberales españoles. Leen los mismos libros, solicitan las mismas cosas, ven el mundo y juzgan sus problemas de similar manera. Son, como ellos, afrancesados, librecambistas, y dicen creer, como ellos, que se puede llegar al conocimiento por medio de la razón. En 1762 La Habana es capturada por los ingleses. A los pocos meses le devuelven al rey español la soberanía de la Isla, y, a cambio, los británicos se quedan con otras posesiones ibéricas en Norteamérica. En esos meses de dominio inglés Cuba se abre al comercio internacional y se inicia un fulminante período de expansión económica que, con altas y bajas, durará un siglo largo. Tal vez el siglo de oro de la historia cubana. No fue sólo el impulso aperturista de los británicos. También pesó mucho el ilustrado despotismo de Carlos III y el atinado consejo de hombres como Floridablanca o Jovellanos.

Criollos, liberales y anexionistas

A principios del siglo XIX, cuando Napoleón invade España, y, poco después, comienzan en América las guerras de independencia, los cubanos todavía no están psicológicamente listos para incorporarse a esa aventura. Son muy pocos los que piden segregarse de España y es mucha la ferocidad con que responden las autoridades españolas. Los criollos son todavía demasiado españoles. La mayor parte lo que solicita es autogobierno, impuestos bajos y libre comercio, pero no aspira a la secesión. Quieren la libertad, pero no quieren la independencia. Le tienen miedo. Y hay, además, una razón tan práctica como mezquina para ello: temen que la independencia provoque la insurrección de los esclavos negros. Ya ha habido algunos conatos de revueltas entre los esclavos, sofocadas a sangre y fuego. Los criollos han visto lo que ocurrió en la vecina Haití y en Santo Domingo. Y hasta se han beneficiado de ello, porque miles de colonos blancos de aquellos parajes han tenido que refugiarse en tierras cubanas, y los que no han salvado algunos capitales dinerarios han traído valiosos saberes técnicos. Son, por ejemplo, grandes caficultores.

Según transcurre el siglo XIX aumentan las tensiones entre los criollos, cada vez más poderosos y educados, y el Gobierno de la metrópoli. Fernando VII, que en España no quiere oír hablar de constitucionalismo y libertades, no piensa tratar de manera diferente a los cubanos. España ya ha perdido casi todo su imperio en América y se empeña en salvar a *la perla de las Antillas, la siempre fiel isla de Cuba.* La colonia es declarada «plaza sitiada» y así se gobierna. Los capitanes generales tienen un poder casi omnímodo. Si son benévolos e ilustrados, así tratarán a los cubanos. Si son autoritarios y crueles, responderán a sus instintos. Entre unos y otros prevalece, sin embargo, la idea de que es peligroso abrir la mano. Los veteranos del Continente, los derrotados por Bolívar y San Martín, muchos de ellos repatriados a Cuba, suelen asegurar que el poder de España en América comenzó a resquebrajarse cuando las autoridades redujeron su control. La mano dura es el consejo que transmiten a Madrid: «palo y tentetieso» es la expresión más escuchada.

Ante esas circunstancias, muchos criollos, representantes de lo que entonces podía llamarse *la cubanidad*, comenzaron a mirar en otra dirección: los flamantes Estados Unidos, cuya gesta independentista no sólo admiraron, sino ayudaron con dinero y soldados. Las relaciones económicas ya eran mayores con los norteamericanos que con los españoles. Algunos cubanos preferían mandar a sus hijos a estudiar a Filadelfia o a Boston antes que a Madrid, predilección que Carlos IV trató de impedir mediante un decreto real. El desarrollo norteamericano era impresionante. La escuela, el tren y el juez llegaban con los norteamericanos. Eran la modernidad, el progreso. Pero los cubanos habían visto algo aún más prodigioso:

la rapidez y la habilidad con que la joven nación se había tragado la Louisiana francesa y la Florida española. Habían vuelto a verlo en el caso de Texas y en la mitad norte de México. Estados Unidos, dueño de un poderoso metabolismo, parecía poder absorber sin dificultades a otros pueblos vecinos a los que inmediatamente incorporaba a su avasallador desarrollo. Y si los criollos cubanos blancos lo que ansiaban era la libertad —sin abandonar la esclavitud de los negros, por supuesto—, y si no estaba en sus planes crear un Estado independiente, ¿no era mucho más razonable sumarse a la joven potencia emergente que seguir siendo parte de un decadente imperio? Incluso, cómo pensar en la independencia si el panorama latinoamericano de entonces, plagado de tiranos y espantosas guerras civiles, confirmaba que la independencia, como había sentenciado Bolívar, era «arar en el mar». El camino era obvio: había nacido el anexionismo. Cuba surgía como una nación en busca de otro Estado más hospitalario al cual adosarse. Pero ni siquiera era un fenómeno únicamente cubano. En todas las islas y en otros territorios de la cuenca del Caribe ocurría (y ocurre) un fenómeno similar. Los yucatecos y los dominicanos pidieron la anexión a Estados Unidos. Incluso, décadas más tarde, durante el aquelarre de la Primera República española, hasta los líderes de la revuelta de Cartagena, en Murcia, enviaron su telegrama a Washington pidiendo incorporarse a la bandera de las franjas y las estrellas. En el State Department corrieron hacia un mapa mundi para averiguar dónde estaba ese maldito cantón de Cartagena.

A mediados del siglo XIX surgieron los primeros conflictos bélicos en territorio cubano. Estados Unidos acababa de arrebatarle a México la mitad de su territorio norte y los progresistas de la época lo aplaudían. El espasmo imperial del Destino Manifiesto tiene entonces grandes simpatías. A Marx, por ejemplo, le parecía que ésa era una noticia feliz para los proletarios. Los anexionistas cubanos fomentaron en ese momento las primeras expediciones contra España organizadas y lanzadas desde Estados Unidos. Las mandaba el general venezolano Narciso López, ex oficial del ejército español. La tropa, en cierta extensión, estaba formada por veteranos de la guerra de México. Los primeros «¡Viva Cuba libre!» que se escuchan en la Isla tienen acento inglés y húngaro. *Libre* para ellos no quería decir independiente. El pueblo permanece indiferente. Los expedicionarios son extranjeros sin ninguna implantación en el país y sin la menor capacidad de convocatoria. Las tropas españolas, en las que hay numerosos cubanos, aplastan a los invasores. Los supervivientes son fusilados al amanecer. Más que patriotas en el sentido convencional del término, encajan en lo que por aquellos años se llamaba *filibusteros*. El americano William Walker, invasor solicitado por los nicaragüenses, sería el filibustero más famoso. Su tropa de choque la formaban 200 exiliados cubanos dirigidos por el general Domingo Goicuría, anexionista, filibustero, y, sin embargo, patriota cubano de pura cepa. Eran tiempos de rarísimas aventuras y extrañas combinaciones ideológicas.

Una década más tarde cambia la percepción de Estados Unidos por parte de los criollos cubanos. Entre 1861 y 1865 tiene lugar la Guerra Civil norteamericana, y Lincoln pone fin a la esclavitud. En la Isla todo el mundo sabe que el fin de esa institución monstruosa es cuestión de tiempo. Lo que se discute es el cómo, el cuándo y la cuantía de las indemnizaciones a los propietarios de esclavos. En Estados Unidos, golpeados por los conflictos internos, disminuye la vocación imperial. Los mexicanos ahora ven a Washington como un aliado frente a la invasión franco-española que intenta entronizar la corona de Maximiliano, un noble austriaco. El anexionismo se debilita y cobra fuerza el autonomismo. Los liberales cubanos y sus correligionarios españoles intentan entenderse. Los criollos cubanos quieren libertades y autogobierno. Pretenden que sus voces se oigan en el Parlamento español. El modelo que tienen en la cabeza es el canadiense. Los españoles radicados en Cuba, los *integristas*, ven cualquier concesión como un paso peligroso hacia la independencia. En España temen perder a Cuba. Es uno de los territorios más ricos del planeta. Abundan los poetas, los novelistas y dramaturgos, los polígrafos eruditos, hasta uno que otro sabio e investigador original. La sociedad ha generado suficientes excedentes como para sostener una cultura que posee cierta densidad. Con las rentas cubanas se han financiado las guerras carlistas y otros sangrientos desvaríos españoles. Los lazos económicos entre Madrid y La Habana son fortísimos. Unos cuantos capitales peninsulares se hacen en Cuba. Muchos de los políticos y militares españoles pasan por la Colonia a llenarse los bolsillos. Robar fuera de casa parece menos indigno. La Isla es muy próspera e inclinada a la modernidad. Por el enorme y lujoso Teatro Tacón de La Habana desfilan los mejores cantantes y artistas europeos. En ese mismo recinto, un catalán ingenioso pone a prueba el primer teléfono que registra la historia. Pero ni lo patenta ni continúa las investigaciones.

Liberales e independentistas

En 1868, con pocos días de diferencia, estalla la guerra en Cuba y la revolución en Madrid. En la isla, el líder de los insurrectos es un abogado bayamés, Carlos Manuel de Céspedes, propietario de un pequeño ingenio azucarero. Los dos episodios tienen una clara relación, pero los cabecillas a ambos lados del Atlántico no logran ultimar los acuerdos. Comienza en la Isla la llamada *Guerra de los Diez Años*. Entre los insurrectos prevalecen dos actitudes: hay independentistas que quieren romper sus nexos con España y crear una república; hay también anexionistas que desean convertir a Cuba en un estado de la Unión americana. El general Ignacio Agramonte, la más vistosa figura de los *mambises*, como se les llama a los rebeldes en los primeros años de la guerra, se lanza al monte con la bandera norteamericana cosida en la chamarreta. La Constitución que enseguida escriben está inspirada en la de Estados Unidos. Al principio, ni siquiera se plantea con claridad el tema de la emancipación de los esclavos. Pero en la medida en que se prolonga el conflicto se fortalecen las tendencias independentistas y abolicionistas. Los negros son liberados y muchos se unen a los rebeldes. Otros muchos, unidos a criollos que no quieren la independencia, pelean junto a España. En el bando colonial hay hasta un general negro procedente de Santo Domingo. Es una guerra cruel y devastadora presidida por una lacerante paradoja política: la riñen cúpulas liberales a ambos lados de la contienda.

En 1878, exhaustos, los adversarios firman la paz en un sitio rústico llamado Zanjón. Los términos son honrosos y probablemente no había otra salida. Algunos mambises dirigidos por Antonio

Maceo intentan continuar la guerra, pero a las pocas semanas fracasan y tienen que capitular. Los cubanos no han podido triunfar. Han hecho enormes sacrificios y han dado prueba de gran heroísmo, pero las disensiones internas y la dura resistencia del ejército español han resultado definitivas. Los muertos se cuentan por decenas de millares y el país ha perdido gran parte de su riqueza, especialmente en las provincias orientales. Sin embargo, la guerra ha servido para tres cosas fundamentales: ha contribuido a forjar la nacionalidad cubana eliminando la opción anexionista del panorama político, ha integrado a los negros en esa nacionalidad, y ha creado una casta de héroes, presidida por el dominicano Máximo Gómez y por el general mulato Antonio Maceo, cuya memoria y ejemplo gravitarán varias décadas sobre la sociedad cubana. En un plano moral, quizá hasta nuestros días.

Estamos en los años ochenta del siglo XIX. Si la anexión a Estados Unidos había dejado de ser apetecible, y si la conquista militar de la independencia no parecía posible, *la cubanidad*, muy fortalecida, retornaría a otro cauce de expresión ya presente en los sesenta: el autonomismo. Muchos independentistas se pasan al autonomismo. Hoy les llamaríamos *posibilistas*. El autonomismo era la mayor cantidad de independencia que permitía la tozuda realidad. Estos autonomistas se inscriben dentro de un partido liberal que buscaba, de nuevo, libertades y autogobierno, y volvía a proponer como modelo el exitoso ejemplo canadiense. No había que romper las amarras con España ni interrumpir el comercio. Todo lo que había que hacer era fundamentar esos vínculos en el mutuo consentimiento y en los procedimientos democráticos. Tanto en España como en Cuba esa razonable propuesta comenzó a tener eco. Pero junto con las adhesiones se levantaban las protestas de siempre. Para muchos españoles (y para algunos criollos) Cuba, más que una parte de España, era una propiedad de España. Algo que ellos habían descubierto y civilizado, y, por lo tanto, les pertenecía como le pertenece una casa a quien la construye. No se abría, pues, espacio político a los cubanos en la conducción de sus asuntos.

Esta injusta situación sirvió de caldo de cultivo a un nuevo impulso independentista. Ahora el arquitecto es un joven abogado,

poeta y periodista, notable orador, dueño y señor de una prosa
nerviosa y enrevesada, clásica y modernista al mismo tiempo, José
Martí, hijo de españoles, nacido en La Habana en 1853, y exiliado,
salvo un brevísimo paréntesis, toda su vida de adulto, especialmente en Estados Unidos, país al que admiró profundamente, pero del ·
cual temía su vocación de dominio continental. Liberal y román-
tico, garibaldiano, Martí quería crear una república independiente,
democrática y plural, concebida dentro de la fórmula jeffersonia-
na de numerosos propietarios agrícolas. Rechazaba el desorden y
apreciaba a los comerciantes emprendedores y exitosos. Para esos
fines —organizar la nueva y final guerra de independencia—, creó
el Partido Revolucionario Cubano en Nueva York, Tampa y Cayo
Hueso, a principios de los noventa, e inmediatamente convocó a los
viejos guerreros de la lucha anterior, y a las bisoñas generaciones
a las que había bautizado como *pinos nuevos*, para dar juntos la
embestida final contra España, pero siempre dejando en claro que
su acendrado nacionalismo no era excluyente ni antiespañol.

Los resultados de los empeños martianos pueden calificarse
como mixtos. Logró poner de acuerdo a los viejos héroes —una
cosa casi milagrosa—, y organizó clandestinamente el alzamiento
dentro de Cuba, pero las primeras y cruciales expediciones fueron
interceptadas por la marina norteamericana en virtud de la Ley de
Neutralidad, perdiéndose con ellas grandes cantidades de arma-
mentos. Aún en esas condiciones, asediado por la sensación de
abandono y fracaso, acompañado por un pequeño grupo de seguidores, desembarcó en Cuba en una pequeña chalupa, donde ya
estaba en marcha la insurrección, y murió en el primer combate en
que participó. No obstante, había dejado en el exilio, como una
activa retaguardia, un eficaz grupo de independentistas que fue
capaz de llevar a cabo dos difíciles tareas: recaudar fondos para
abastecer a los rebeldes con numerosas expediciones clandestinas
de nuevos soldados, armas y municiones, mientras mantenía funcionando una especie de *lobby* político, agudo y con talento para
la intriga, encaminado a destruir la imagen de España y a obtener
de Washington la condición de «beligerantes» legítimos de acuerdo con el derecho internacional.

La guerra fue durísima y se extendió enseguida por toda la Isla.

Para tratar de dominar la revuelta, España recurrió al más severo de sus militares, un general pequeñito y enclenque, pero tremendamente enérgico, llamado Valeriano Weyler, quien en sus días de agregado militar en Washington durante la Guerra Civil, y luego en la Guerra de los Diez Años en Cuba, había aprendido que la táctica del terror y de tierra arrasada era la más eficaz en este tipo de conflicto irregular en que la población apoya al enemigo, así que se embarcó en una campaña bélica devastadora. Aunque sus adversarios no eran mancos, al principio pareció tener éxito y sus hombres consiguieron matar en combate al legendario general Antonio Maceo, pero las noticias de su brutalidad, selectivamente reproducidas por la prensa amarilla, y las fotos espeluznantes de los campos de concentración en donde recluyó a poblaciones campesinas enteras, provocaron el horror de la sociedad norteamericana, y comenzaron a escucharse voces que pedían la intervención para detener la matanza. Algunas de esas voces estaban realmente inspiradas por la compasión. Otras escondían cierta voluntad anexionista. Los *jingoístas*, nacionalistas a ultranza, convencidos de que a Estados Unidos le correspondía un destino superior, abrigaban la esperanza de apoderarse de Cuba, sueño en el que no estaban solos, pues los mexicanos de Porfirio Díaz, el eterno dictador vecino, pensaban también fagocitarse a Cuba. Circulaba entonces entre los norteamericanos un libro muy persuasivo que aseguraba que sólo prevalecían las naciones capaces de contar con una flota planetaria, como Inglaterra, pero la navegación a vapor exigía un rosario de bases carboneras para poder abastecer a esos buques. Para lograr ese objetivo, ¿qué fórmula mejor existía que la de arrebatarle a la vieja y cansada España los restos de su imperio en el Caribe y en el Pacífico?

En 1898 la guerra en Cuba había perdido intensidad, pero no estaba, ni con mucho, apagada. En el terreno político, sin embargo, habían ocurrido cambios espectaculares que indicaban el agotamiento de la metrópoli. Antonio Cánovas del Castillo, el *premier* español, tenaz defensor de no ceder un milímetro en Cuba, había sido asesinado a fines del año anterior por un anarquista italiano pagado por los insurrectos cubanos, y ahora gobernaba en Madrid el liberal Práxedes Mateo Sagasta, bastante más flexible y dispuesto a hacer concesiones. Una de ellas, la primera, recibida con un respiro de alivio de los cubanos y un alarido de furia de los integristas, había sido sacar del mando a Weyler, sustituyéndolo por un Capitán General con instrucciones de potenciar el Gobierno de los cubanos autonomistas, algunos de los cuales estaban en el exilio, adonde fueron a buscarlos, y comenzar a discutir fórmulas de paz con los independentistas. Pero frente a esa actitud «blandengue» —palabra utilizada en la prensa— los españoles integristas iniciaron una serie de actos de protesta y vandalismo contra periódicos de criollos y contra intereses norteamericanos a los que acusaban de haberse puesto junto a los cubanos «traidores». Ante esa situación, para calmar los ánimos, y como advertencia, Estados Unidos le propuso a España la visita de uno de sus buques de guerra al puerto de La Habana. A cambio, España enviaría otro similar a Nueva York. No se trataba de agraviar a Madrid, sino de amedrentar a los intransigentes españolistas que impedían un desenlace pacífico al conflicto cubano.

El buque que llegó a Cuba era un acorazado clase B fabricado en los astilleros norteamericanos. El primero que construían con técnica genuinamente estadounidense. Lo llamaron *Maine*, como el estado norteño. No era el mejor barco de la Armada, pero se trataba de un buen buque de guerra, con unos impresionantes cañones. La noche del 15 de febrero de 1898 voló en pedazos y murieron varios oficiales y unos 260 marinos. El capitán, que estaba a bordo, resultó ileso. ¿Cuál fue la causa? Hay más de sesenta hipótesis y ninguna ha sido probada. En aquel momento España dio toda clase de explicaciones y con el informe de unos especialistas en la mano aseguró que no habían sido sus fuerzas, pues la explosión, de acuerdo con ellos, se originó dentro del buque. La marina norteamericana inició de inmediato una investigación y llegó a la conclusión contraria: se trató, afirmó, de una mina o de un torpedo, pues la explosión, según sus ingenieros navales, había sido de afuera hacia dentro. Aunque Washington no culpó oficialmente a España, la opinión pública norteamericana sí lo hizo. El viejo grito de guerra contra México, *«remember the Alamo»* se convirtió en *«remember the Maine».* Comenzaron los preparativos bélicos. Estados Unidos le dio un ultimátum a España para que renunciara a

Cuba. En un último intento le ofrecieron a Madrid una recompensa de trescientos millones de dólares si abandonaba la Isla. España, ofendida, no aceptó la oferta, entre otras razones, porque en Madrid prevalecía la superstición de que la pérdida de Cuba arrastraría a la Corona en su caída. Como la guerra parecía inevitable, el *lobby* independentista cubano se movió rápidamente para impedir que Estados Unidos se apoderara de Cuba. Congreso y Senado aprobaron una resolución conjunta en la que se afirmaba que Cuba tenía derecho a la libertad política y a la independencia. Los insurrectos cubanos le notificaron a la Casa Blanca su entusiasta disposición a colaborar con las fuerzas invasoras. Poco después estalló la guerra hispanoamericana. Las flotas españolas fondeadas en Santiago de Cuba y en Manila, Filipinas, fueron hundidas en lo que tuvo más de ejercicio de tiro que de combate marítimo. Las tropas españolas situadas en las proximidades de Santiago pelearon brava e inútilmente. En pocas semanas España se rendía y el ejército norteamericano ocupaba la Isla. Terminaban cuatro siglos de dominio español en Cuba. Quienes entregaron las llaves de la ciudad de La Habana, por cierto, fueron los autonomistas cubanos, los únicos criollos que no parecían muy satisfechos con la presencia norteamericana. Los independentistas, con pocas excepciones —como ha señalado el historiador Rafael Rojas—, aplaudieron a rabiar. Sin embargo, la situación de los independentistas cubanos era ambigua. Los españoles habían perdido la guerra, pero no frente a ellos, sino frente a los norteamericanos. El Ejército Libertador, como se llamaba a los mambises, no tenía poder ni dinero, y muy pronto tuvo que disolverse, destino similar al ocurrido a su brazo político, el Partido Revolucionario Cubano. El Gobierno de la República en Armas no fue tomado en cuenta en el Tratado de París, firmado entre Washington y Madrid en diciembre de 1898, documento en el que se establecieron las condiciones de la paz. En esa reunión España le planteó a Estados Unidos que no le concediera la independencia a los cubanos, de la misma manera que no se la pensaba conceder a Puerto Rico. Estados Unidos explicó que había contraído un compromiso público con la independencia de Cuba y no podía revocarlo. Los españoles temían represalias y pensaban que sus intereses estarían mejor protegidos si Cuba se convertía en un estado norteamericano en vez de en una república independiente. Curiosa ironía: en ese momento los anexionistas eran los españoles. A los norteamericanos les preocupaba, realmente, la responsabilidad que contraían con las vidas y las propiedades de los españoles avecindados en Cuba. Ellos las garantizaban, pero cómo mantener esas garantías si se establecía en Cuba un estado soberano que podía ignorarlas. La solución fue crear una ley que legitimara la intervención norteamericana en Cuba ante determinadas conductas contrarias al Derecho o a la estabilidad social. Más que una ley era una espada de Damocles que amenazaba a los cubanos conminándolos al buen comportamiento. Esa ley, aplaudida por los españoles, solicitada por el presidente Roosevelt y presentada por el senador Orville Platt como una enmienda a una partida del presupuesto militar norteamericano, luego tuvo que ser añadida, a regañadientes, en forma de apéndice, la famosa Enmienda Platt, a la Constitución que los cubanos se dieron en 1901. Fue la condición que impuso Estados Unidos para transmitir la soberanía a los cubanos: crear, sin decirlo, una especie de protectorado. Lo que no sabían Platt ni los políticos norteamericanos era que los cubanos muy pronto comenzarían a utilizar el peso de esa amenaza para sus propias batallas políticas.

La República levantisca

La República, finalmente, se inauguró el 20 de mayo de 1902. La situación del país era difícil, pero muy prometedora. La población era de aproximadamente un millón trescientas mil almas. Casi cien mil exiliados habían regresado, y muchos de ellos poseían pequeños capitales o habían adquirido en el extranjero valiosas experiencias laborales. El nivel de alfabetización era mayor que el de la propia España, y los casi cuatro años de intervención norteamericana habían servido para organizar la administración pública y para echar las bases de un sistema sanitario que en ese momento ya era el más eficiente de Hispanoamérica. Un sabio cubano, Carlos Finlay, había descrito el complejo modo de transmisión de la fiebre amarilla, y los médicos norteamericanos, con el sacrificio de sus propias vidas, habían demostrado la validez de sus hipótesis, aunque sin darle al criollo el crédito científico que merecía. El mayor flagelo de Cuba —esa terrible enfermedad— comenzaba a desaparecer. Cientos de maestros fueron llevados a Harvard para adquirir destrezas pedagógicas. El presidente electo fue un protestante recto y terco, ex coronel de la Guerra de los Diez Años, episodio en el que su madre murió de desnutrición en un calabozo español, ex presidente de la República en Armas, maestro y propietario de escuela en Estados Unidos durante su largo exilio, y sucesor de José Martí —quien lo distinguía tremendamente— al frente del Partido Revolucionario Cubano. Era el candidato favorecido por Estados Unidos y se llamaba Tomás Estrada Palma. Gobernó honradamente, en medio de todo género de dificultades con una clase dirigente ávida de poder y sin experiencia política o administrativa —casi todos curtidos veteranos de la guerra—, pero en 1906 trató de reelegirse mediante procedimientos dudosos, dando lugar a un alzamiento de vastas proporciones —la guerra de 1906— y, como consecuencia, a una segunda intervención norteamericana, esta vez arrastrada a la Isla por los dos bandos en pugna. Teddy Roosevelt, ex combatiente de la guerra cubana, presidente de Estados Unidos, más maduro, menos impulsivo, y Premio Nobel de la Paz por su mediación en el reñidero ruso-japonés, intentó sin éxito mantener a su país al margen del conflicto. No pudo, y comenzó a darse cuenta de que la espada de Damocles, esto es, la Enmienda Platt, era un arma de dos filos que también colgaba en el Salón Oval de la Casa Blanca.

Otra vez Estados Unidos pacificó a la Isla, pero en este caso los métodos no fueron muy ortodoxos. Comenzaron por comprarles los caballos y las armas a numerosos alzados —una táctica ingeniosa, pero poco honrosa—, y luego siguieron «apaciguándolos» con privilegios y sinecuras. El único hijo de José Martí, un valiente muchacho que en la guerra había peleado a las órdenes de Calixto García, se convirtió en el edecán de William Taft, procónsul norteamericano en Cuba y más tarde presidente de su país, lo que colocó al joven Martí en camino del generalato y, en su momento, de la jefatura del Ejército. Dato que no era de extrañar, pues casi todo el círculo íntimo de Martí —Estrada y Gonzalo de Quesada—, quizá por la experiencia norteamericana, era lo que hoy calificaríamos de *proyanqui*.

La corrupción, que tenía una vieja y robusta raíz ibérica, reverdeció instantáneamente tras la segunda intervención. En 1909 se celebraron elecciones nuevamente y salió electo un popularísimo general de la última guerra: Jose Miguel Gómez. Era uno de los mambises que había participado en más batallas —llegó a librar 17 escaramuzas en un solo día—, famoso por su habilidad como estratega militar, puesto que jamás fue derrotado, pero conocido como «Tiburón» por sus mañas políticas. Gómez fue el sucesor de Maceo tras su muerte en combate y, de cierta forma, heredero del viejo prestigio del Partido Revolucionario Cubano creado por Martí, antecedente del que él y sus correligionarios se sentían y proclamaban legatarios, puesto que casi toda la estructura de esa organización se había fundido con el Partido Liberal creado por «Tiburón» en 1905.

En el terreno económico la situación del país no era alarmante. Continuaban llegando inversiones del exterior, generalmente de Estados Unidos, mientras fluía una incesante riada de laboriosos inmigrantes españoles, casi todos gallegos, canarios y asturianos que veían en Cuba unas oportunidades que no encontraban en España. El Gobierno, a su vez, fomentaba esa inmigración para «blanquear» a la sociedad cubana con una mayor proporción de blancos que mulatos o negros, pues el balance racial era una de las mayores preocupaciones de los blancos desde tiempos de la colonia. El gobierno liberal de Gómez fue acusado de corrupción por los conservadores —se había formado una estructura política bipartidista, sólo atemperada por la tendencia incontrolable de los liberales a quebrarse en facciones—, pero el suceso más grave y bochornoso de esos años fue la *Guerrita de los negros*, desatada en 1912 cuando unos veteranos de color, primero intentaron inscribir un partido fundado en la raza, y al no poder hacerlo se alzaron en armas. El incidente se saldó con tres mil negros muertos, de los cuales las tres cuartas partes fueron sacados de sus casas y asesinados por el ejército. Tres personajes adquirieron fama de duros en aquella penosa contienda: el general José de Jesús Monteagudo, que dirigió la represión, el general Gerardo Machado, ministro de Gobernación, y Arsenio Ortiz, un implacable oficial que años más tarde sería uno de los mayores criminales políticos de la historia de Cuba. La matanza de negros fue detenida por presiones de Estados Unidos, que amenazó con intervenir otra vez si no se le ponía fin a la masacre.

A Gómez lo sucedió en la presidencia otro prestigioso general, Mario García-Menocal, líder de los conservadores, ingeniero graduado en Cornell y exitoso empresario azucarero. Durante su primer mandato (1913-1917) Menocal vio el auge económico provocado por los precios del azúcar durante la Primera Guerra mundial, convirtiéndose Cuba en el país del mundo con mayor índice de comercio exterior per cápita. Se le llamó a esa etapa la *danza de los millones*. Se creó la moneda nacional. Surgieron barrios completos con magníficos palacetes y caserones. La electricidad y la telefonía se extendieron por el país. Se inauguraron clubes exclusivos, cabarets, grandes hospitales y se multiplicaron las escuelas. La Habana se embelleció notablemente. Pero también hubo escándalos: con toda justicia, se revirtieron las acusaciones de corrupción que antes los conservadores les hacían a los liberales. Tan grave como la falta de honestidad era la violencia política de unos líderes que recurrían a las armas de fuego o al machete con una frecuencia inusitada que luego quedaba impune como consecuencia de los compadrazgos y el clientelismo. En 1917, repitiendo casi exactamente el episodio de 1906, pero con un desenlace diferente, el conservador Menocal se hizo reelegir en unos comicios que parecían haber ganado sus opositores liberales —nunca pudo demostrarse fehacientemente—, lo que motivó el comienzo de otra peligrosa guerra civil, conocida por *la Chambelona* en virtud de una canción muy popular. Inmediatamente sobrevino el amago de intervención de unos Estados Unidos demasiado preocupados por la guerra europea, en la que ya estaban inmersos, como para permitir que su principal abastecedor de azúcar se entregara al caos y al desorden. Wilson, el entonces presidente norteamericano, apoyó a Menocal y forzó a los liberales a aceptar el supuesto fraude electoral, y el combativo ingeniero, apodado «el Mayoral», pudo terminar su mandato y entregar el poder al abogado y literato Alfredo Zayas, personaje inteligente y poco escrupuloso a quien un periodista de la época, sin mencionar su nombre, le dedicó un libro de nombre revelador: *Manual del perfecto sinvergüenza*.

Hermano del famoso general Juan Bruno Zayas, Alfredo fue el

primer presidente que no provenía de los altos mandos del Ejército Libertador, aunque se le reconocía su condición de opositor al dominio español. Probablemente no fue más corrupto que Gómez o que Menocal, pero los cubanos, que apreciaban su inteligencia y su *bonhomía*, sospechaban de sus permanentes intrigas y de su carácter de inquieto tránsfuga político. Había pactado con Estrada Palma, con Gómez, con Menocal, y con los tres había reñido y cambiado de bando. Quería llegar al poder a cualquier costo, pero cuando eso sucedió, en 1921, se produjo una caída en picado de los precios del azúcar que súbitamente redujo a la mitad el presupuesto del Estado y contrajo monstruosamente la economía. Al contrario de lo que le sucedió a Menocal, que sólo vivió un año de crisis, los cuatro de Zayas fueron agónicos en el terreno económico, y muy disputados en el político y bajo la interferencia constante de un embajador norteamericano que hasta participaba de las sesiones del Consejo de Ministros.

En ese período los jóvenes intelectuales se convirtieron en un grupo de presión que reclamaba seriedad y buen gobierno desde una perspectiva, digamos, de izquierda. La Revolución rusa había tenido lugar y los primeros comunistas asomaban la cabeza organizadamente. La universidad estaba bajo la influencia de ellos. Comenzaba a hablarse de Julio Antonio Mella, un joven y carismático marxista. La conflictividad laboral era inmensa y había generado manifestaciones de pandillerismo. La sociedad había desarrollado cierta xenofobia y equivocadamente le atribuía la crisis al arribo permanente de españoles. Nada menos que ochocientos mil habían cruzado el Atlántico tras el establecimiento de la República. En proporción a su población, era el país del mundo que más inmigrantes había recibido en el siglo xx. Pero, secretamente, las clases dirigentes cubanas habían logrado su propósito de dulce limpieza étnica: ya el 70 por ciento del censo se calificaba como *blanco*, aunque la palabra no tuviera exactamente la misma acepción en La Habana que en Berlín. En 1925, el último año del mandato de Zayas, quien también tuvo que enfrentar levantamientos armados, los cubanos estaban hartos de la politiquería, de la violencia, de la incontrolable llegada de extranjeros, y de la corrupción, atribuyéndoles a estos últimos dos factores la aguda crisis económica que vivía el país. En 1925 los cubanos querían colocar en la Casa de Gobierno a un presidente de mano dura, honesto y nacionalista que pusiera fin a todos los desmanes. Había que acabar con el «relajo». Creyeron encontrarlo en otro general liberal, heredero político de José Miguel Gómez, en cuyo gabinete había figurado. Se llamó Gerardo Machado y provocó la primera gran catástrofe de la República.

Gerardo Machado Morales fue uno de los generales más jóvenes durante la guerra contra España. Era fundamentalmente honrado en asuntos económicos, progresista en cuestiones laborales —redujo los horarios de trabajo y aumentó los salarios mínimos—, y profundamente nacionalista. Formó un gran gabinete. Fue el primer presidente que se enfrentó públicamente a Washington —su antecesor, como queda dicho, gobernó al dictado del embajador norteamericano—, pidió enérgicamente la abrogación de la Enmienda Platt, promulgó leyes contra la inmigración y favoreció la industria nacional con tarifas proteccionistas. Fue, también, un notable constructor de obras públicas: hizo la carretera central, el Capitolio —una copia más elevada y suntuosa que el emblemático palacio situado en Washington—, dotó a la universidad de nuevos y nobles edificios, aumentó el número de escuelas y mejoró los sistemas de alumbrado y agua potable. Creía que gobernar era crear infraestructuras. Pero tenía varios gravísimos defectos: era autoritario, despreciaba la vida ajena y carecía del menor respeto por las formas democráticas. Ordenó el asesinato de periodistas y políticos adversarios. Se suponía predestinado para mandar a los cubanos. Burló la Constitución para alargar su mandato presidencial. Trató de limitar la participación de los cubanos en la vida política y creó un cuerpo policiaco que comenzó a utilizar procedimientos represivos calcados de los que Mussolini empleaba en Italia por los mismos años: palizas, calabozos y palmacristi contra sus adversarios. Fue el primer dictador que conoció la República. Esto provocó una violenta reacción en la sociedad, pero totalmente diferente a los antiguos conatos insurreccionales de 1906, de 1912 o de 1917. Ya no era una revuelta. Era una revolución. Sus cabecillas se planteaban un cambio total del sistema de gobierno y se reclamaban herederos del movimiento liderado por Martí en el siglo XIX, luego traicionado por los «generales y doctores». Se hablaba de

lucha de clases y de antiimperialismo. Surgía una notable veta anti-
yanqui. Una parte de la oposición, paradójicamente, se sentía cerca
del nacionalismo fascista. Otra, veía en el comunismo la solución de
todos los males. Los demócratas comenzaban a perder peso específico. En cualquier caso, la vida política cubana se había radicalizado
totalmente, cambiando los paradigmas desde los que se juzgaban los
problemas del país.

La insurrección contra Machado se aceleró a partir del año
1930 y culminó en 1933. No hay duda de que el *crash* norteamericano del 29, que provocó una intensa depresión económica, precipitó el final. Contra Machado hubo expediciones militares, terrorismo y atentados. A la cabeza de la revuelta estaban los estudiantes
y la burguesía profesional. Machado respondió a todo y a todos con
gran ferocidad. Pero fue perdiendo el apoyo de Washington, de los
grupos económicos más poderosos, y, sobre todo, de un ejército que
ni siquiera podía cobrar sus salarios porque la hacienda pública
estaba en bancarrota. Su último año correspondió, además, con el
primero de Franklin Delano Roosevelt, un presidente decidido a
limitar el intervencionismo militar de su país, quien anunciara la
«política del buen vecino», entre otras razones, porque la Casa
Blanca, tras sus calamitosas intervenciones en Cuba, Haití, Nicaragua y República Dominicana, había aprendido que los poderes
extranjeros no pueden imponer el orden y el buen gobierno con los
fusiles de los marines. Cada intervención que llevaban a cabo terminaba por ser una trampa costosa, sangrienta y contraproducen-
te, y el inicio de otra dictadura, de manera que optaron por sustituir la fuerza militar con una diplomacia agresiva que lograra los
mismos objetivos de control y estabilidad regional. Con ese propósito enviaron a Cuba a un brillante diplomático. Tenía que mediar
entre Gobierno y oposición para lograr la renuncia de Machado sin
traumas mayores, consiguiendo una transmisión organizada de la
autoridad, sin desórdenes y sin poner en peligro los intereses económicos norteamericanos, propósito que era, en última instancia,
su principal objetivo. El mediador, Sumner Welles, hizo su trabajo con dedicación y capacidad de maniobra, pero fracasó. Súbita e
inesperadamente cobró cuerpo una conspiración entre los estudiantes y los mandos bajos del ejército —la *revolución de los sargentos*—

que puso en fuga a un Machado que culpaba a «los gringos» de
haberlo traicionado, mientras la oposición los responsabilizaba de
haberlos tratado de traicionar. En el momento de la caída de Machado hubo toma de ingenios azucareros y se habló de *soviets* campesinos. Era anecdótico, pero revelaba cierto trasfondo social y
político muy propio de la época.

Batistianos, auténticos y ortodoxos

La Revolución de 1933 descubrió el nombre y la imagen de un
hombre fuerte llamado Fulgencio Batista. Se trataba de un sargento taquígrafo al que el destino colocó en el lugar preciso y en el
momento exacto. Era un mulato aindiado, inteligente, pero básicamente inculto, aunque nunca le faltó curiosidad intelectual. Fue
corrupto y no tenía una clara idea del Estado, mas podía ser prudente, se callaba cuando convenía, y sabía escoger buenos colaboradores para administrar el país. Años después, un desesperado
biógrafo, queriendo adornar su vida profesional, escribió, admira-
do, que «Batista, a los 17 años, dominaba los secretos de la taqui-
grafía». Sus limitaciones, sin embargo, eran menores que su instinto
por el poder y que su notable capacidad para parecerles útil a los
factores importantes. La burguesía local y Washington vieron en él
al militar que podía poner orden. Estados Unidos, con cierto alivio,
abrogó la humillante Enmienda Platt, como gesto de buena voluntad hacia la nueva etapa y para librarse de esa espinosa responsabilidad. Cierta izquierda lo percibió como un hijo de la entraña
popular —él se consideraba un hombre de izquierda—, y la sociedad, cansada de sobresaltos, lo aceptó resignadamente, aunque no
faltaron los atropellos, los abusos y los asesinatos de opositores.
Desde los cuarteles, colocando civiles en la presidencia, a los que
luego quitaba a su mejor conveniencia, gobernó de 1933 a 1940,
período en que, poco a poco, el país se fue estabilizando y la economía comenzó a remontar las dificultades con que comenzó la
década. Sin embargo, ya no era el mismo tejido político. La generación de la Guerra de Independencia había dado paso a la de 1930,
y ésta traía otra lectura de los problemas de la sociedad. El ejérci-

to, cuyos mandos habían estado bajo el control de una cierta aristocracia militar criolla descabezada por Batista, se había acanallado en manos de soldados y sargentos que ascendían por los rangos militares en función de la proximidad al jefe. Batista, mestizo que había sido cortador de caña, obrero ferroviario y conscripto humilde en un ejército controlado por los grupos dirigentes, salió del poder muy rico y socialmente «pulido», aunque la alta clase blanca, inclaudicablemente racista, nunca lo admitió como uno de los suyos. Era sólo un «mulato lindo» —así le decían— que había escalado posiciones con la punta de la bayoneta. La revolución del 33 también fue eso: los de abajo se superpusieron a los de siempre.

En 1940, tras siete años de movido interregno dictatorial, Fulgencio Batista, aliado con los comunistas, a dos de cuyos dirigentes incluyó en su gabinete, se postuló para presidente y ganó las elecciones sin cometer fraude. Cosechaba el cansancio de los cubanos tras el caos machadista y posmachadista, y, especialmente, los frutos del buen gobierno de su último hombre de paja, el coronel Laredo Bru, cuyo mayor pecado —y no fue pequeño— consistió en no permitir el desembarco en La Habana de casi mil judíos que huían del nazismo a bordo del barco *San Luis,* pese a que tenían visas, obligándolos a regresar a Europa, donde casi todos fueron exterminados durante el Holocausto. Sin que sirva de consuelo, hay que advertir que el gobierno de Franklin D. Roosevelt tampoco les permitió tocar tierra norteamericana.

Ese mismo año de 1940 los cubanos abrogaban la excelente Constitución de 1901 —que para poco había servido— y, bajo la batuta de un político honrado y brillante, Carlos Márquez Sterling, promulgaban una nueva de corte socialdemócrata, redactada con la mentalidad intervencionista y dirigista de la época, en la que hasta se fijaban los salarios de los maestros. Al año siguiente Estados Unidos entró en guerra contra el Eje y el precio del azúcar comenzó a subir. La economía de la Isla cobraba bríos. La atmósfera era auspiciosa y reinaba cierta euforia en el país. La oposición, dirigida básicamente por los grupos que derrocaron a Machado y luego se opusieron a Batista, tenía como líder a un médico, catedrático de Fisiología, amanerado y solterón, brillante y cínico, que se había convertido en la figura más querida y popular de Cuba tras los escasos meses que había gobernado, poco después de la caída de Machado, hasta que fue derribado por Batista, cuando perdió el aprecio de Washington y del ex sargento. Se llamaba Ramón Grau San Martín y los campesinos lo querían tanto que colocaban su imagen en altares y le encendían velas. Su guardia de hierro, sin embargo, estaba formada por los líderes estudiantiles que participaron en la revuelta de los años treinta, ya crecidos y apresuradamente graduados en una universidad lamentablemente degradada.

Curiosamente, Grau representaba para los cubanos algo que ya se había visto en la elección de Machado: la esperanza en un gobernante honrado, que no robara y que pusiera orden en el país. Pero ahora, como consecuencia de la Revolución del 33, existían otros elementos. De Grau y de su Partido Revolucionario Cubano, nombre al que habían agregado el adjetivo «auténtico», como para señalar que ellos sí eran los herederos de Martí y de los mambises del siglo XIX, los cubanos esperaban justicia social. Esperaban un gobierno que repartiera las riquezas que se podían ver en una sociedad donde coexistían notables contrastes entre los que mucho tenían y los *desposeídos*. Incluso, en ese calificativo, utilizado entonces profusamente como sinónimo de pobre, se escondía toda una visión de las relaciones económicas. El pobre no era el que nada tenía, sino el que había sido «desposeído»; el que había perdido algo que tuvo, o aquel al que no le habían dado lo que le pertenecía. De Grau, pues, se esperaba que gobernara en beneficio de las grandes mayorías, y que lo hiciera con un ademán populista que le cuadraba a la perfección. Su promesa de campaña fue que con su gobierno cada cubano tendría en el bolsillo un billete de cinco pesos, moneda que entonces se equiparaba al dólar.

La frustración fue grande. En 1944, tras una hábil campaña, Grau llegó al poder, y muy pronto los cubanos descubrieron que el orden y la honradez no iban a ser los signos de identidad de su gobierno. Entre sus colaboradores, aun cuando no faltaban personas competentes y honestas, había un grupo grande de revolucionarios profesionales, algunos de ellos patológicamente violentos, personas cuyos principales méritos radicaban en la valentía con que habían luchado contra Machado y contra Batista, y en la hora del triunfo exigían su recompensa. Con una idea un tanto patrimonialista del Estado, Grau asignó parcelas de poder a líderes y grupos que lo habían llevado a la presidencia de la República, colocando en diferentes cuerpos represivos a revolucionarios que se odiaban entre ellos, lo que no tardó en traducirse en asesinatos y frecuentes tiroteos protagonizados por quienes se suponía que mantuvieran la ley. Pero más graves que estos actos salvajes —varias docenas de muertos—, más cercanos a la estética caponiana de Chicago que a cualquier otra cosa, fueron los escándalos relacionados con la corrupción. Las dependencias del Estado multiplicaron la práctica nefasta de otorgar salarios a personas que no trabajaban —*botellas*, les llamaban—, y muchas personas influyentes contaban con decenas y hasta centenares de estos puestos fantasmas. El ministro de Educación, José Alemán, fue acusado de apoderarse de una fortuna calculada en doscientos millones de dólares, mientras al propio presidente le imputaban el robo de otros ciento setenta y cinco, aunque nunca pudieron probarlo en los tribunales. «Y si se lo prueban, ¿qué hará usted?», le preguntaron alguna vez. «Los devuelvo», contestó con una sonrisa burlona.

No obstante la falta de honestidad y pese a la violencia, el autenticismo, impulsado por la bonanza económica que vivía el país, entonces en pleno auge, y apoyado por los poderosísimos sindicatos y por una buena labor en el terreno de las construcciones públicas, pudo ganar nuevamente las elecciones en 1948, pero al costo de sufrir una grave división. El senador «auténtico» Eduardo (*Eddy*) Chibás se separaba del partido y creaba la «ortodoxia» para rescatar la bandera de la honradez, la denuncia contra la corrupción y la lucha contra la injusticia social. El ortodoxo era un partido que recogía la visión ética que todos tenazmente les atribuían a los mambises —pese a los desastres cometidos por éstos en el primer tercio de siglo—, y que acusaba a los «auténticos» de haber traicionado los ideales puros de la Revolución de 1933. En todo caso, el presidente electo en representación del autenticismo, Carlos Prío Socarrás, era un abogado simpático e inteligente. Venía del liderazgo estudiantil de la lucha contra Machado, cuando fue preso político, y se le reconocía valor personal y posiciones moderadas. Mientras muchos de sus compañeros se habían dejado arrastrar por el marxismo, Prío siempre se mantuvo dentro de los márgenes ideológicos de la libertad. El rasgo más acusado de su personalidad era la cordialidad, aunque tenía otras virtudes notables, e hizo cierto esfuerzo por frenar las desvergüenzas del grausismo, mas sin demasiada convicción, porque sus propios hermanos fueron muy pronto acusados de apropiarse del dinero de la nación. Como le ocurrió a Grau, Prío tuvo que gobernar con sus compañeros de lucha, y muchos de éstos eran, francamente, bribones o matones. De manera que en su gobierno, a menor escala, se repitieron los episodios de gangsterismo político que empañaron el período de Grau, y no faltaron las justas imputaciones de corrupción, vehementemente descritas en la radio, la prensa y el Parlamento por la oposición ortodoxa de los chibasistas. No obstante, Prío tenía un sentido del Estado mucho más claro y moderno que su predecesor, y creó leyes e instituciones de crédito para impulsar el desarrollo desde el Gobierno. Eran los tiempos del auge avasallador del keynesianismo, y se pensaba que el Estado debía ser el motor del progreso colectivo. En 1948 pasaba por La Habana el argentino Raúl Presbich y hacía la defensa de la política de sustitución de importaciones y de la utilización del gasto público para manejar la economía. Era la semilla del pensamiento cepalista, aunque la institución, la CEPAL, la Comisión Económica para América Latina, tardaría aún cierto tiempo en crearse. En Cuba la *intelligentsia* económica y política, a veces sin saberlo, era keynesiana y cepalista. El entorno de Prío lo era.

El gobierno de Prío, sin embargo, aunque en muchos aspectos pudiera calificarse como progresista, padeció un enemigo que Grau no tuvo que enfrentar con la misma intensidad: los comunistas. Los comunistas, ambiguos y oportunistas en la lucha contra Machado, habían sido los aliados de Batista, el archienemigo de auténticos y ortodoxos, pero en ese momento, 1948, tras el bloqueo soviético a Berlín, se había declarado la llamada Guerra Fría, y Washington se aprestaba a reclutar aliados para poder librarla con éxito. Como la batalla era planetaria, y América Latina no podía evadirse, los estrategas del Departamento de Estado llegaron a la conclusión de que sus mejores compañeros de lucha eran los que entonces se encuadraban en la llamada *izquierda democrática*. Es decir, los partidos y líderes que sostenían un lenguaje populista, reivindicador de los intereses populares, con matices socialistas, incluso de orígenes marxistas, siempre que fueran respetuosos de las formalidades democráticas y enemigos, por supuesto, de Moscú. Eso era el partido venezolano Acción Democrática, Liberación de Costa Rica, el APRA peruano de Víctor Raúl Haya de la Torre y el autenticismo de Grau, y, sobre todo, de Carlos Prío. Prío, pues, imprimió a su gobierno un fuerte signo anticomunista, concertó su política exterior con Washington y con la izquierda democrática latinoamericana, y desplazó a los «camaradas» de los sindicatos, recurriendo a veces a medidas discutiblemente legales, aunque su gobierno siempre fue, en lo fundamental, respetuoso con los derechos humanos.

En 1952 el país vivía un período de bonanza económica impulsado por la guerra de Corea, disfrutando de unos niveles de prosperidad semejantes a los de Italia, mientras duplicaba la renta per cápita de España. Había, sin embargo, bolsones de pobreza en las zonas rurales y un alto índice de desempleo, o de empleo parcial relacionado con la zafra azucarera, que ese año había pasado los siete millones de toneladas. En todo caso, de acuerdo con los índices de la época compilados por la ONU, Cuba quedaba clasificada, tras Argentina y Uruguay, como la tercera nación más desarrollada de América Latina, y estaría situada en el vigésimo quinto lugar entre todas las del mundo, no sólo en los fríos aspectos de las informaciones económicas, sino también en los sociales: niveles de alfabetización, escolaridad, alimentación, consumo de electricidad, cemento, periódicos, etcétera. La Habana era una ciudad divertida y luminosa que recibía decenas de miles de turistas, con un denso tejido comercial y el país poseía una creciente industria que fabricaba unos diez mil objetos diferentes, aunque el azúcar seguía siendo la principal fuente de ingresos. No obstante, poco antes de terminar su mandato, la popularidad del gobierno de Prío estaba bajo mínimos. La ortodoxia, aún tras el suicidio de Chibás, parecía destinada a ganar las elecciones inminentes, pues el general Batista, el otro candidato importante en la contienda, apenas despertaba el interés de los votantes. Había pasado su momento. Pero el general, ante su inevitable derrota, pretextando los crímenes políticos —habían asesinado a un popular congresista y ex ministro, Alejo Cossío del Pino—, y acusando a Prío de corrupción y de una inverosímil confabulación con los militares para desconocer el resultado de las elecciones que tendrían lugar el 1 de junio, se puso al frente de un golpe de Estado, planeado por otros oficiales más jóvenes, y el 10 de marzo logró derribar por la fuerza al Gobierno legítimo de Cuba. La madrugada del golpe, y durante las horas que le siguieron, Prío trató febril e inútilmente de organizar la resistencia, pero muy pocos militares respondieron a su llamado, y, por encima de todo, pudo comprobar un hecho descorazonador: el grueso de la ciudadanía, anestesiado por las denuncias de corrupción, cansado de promesas incumplidas, hastiado de la «política», se mostraba indiferente ante el secuestro de sus libertades. Sólo un pequeño grupo de estudiantes parecía dispuesto a empuñar las armas para defender la democracia, pero estimularlos a la lucha hubiera sido llevarlos al matadero y ése no era el talante de Prío.

«Todos los políticos son iguales», se oía decir con desaliento en los pueblos y ciudades de Cuba. Tal vez Batista, que fue temido, pero nunca querido por los cubanos, podría poner cierto orden en el país. Así, con esa mezcla de resignación y escepticismo, fue recibido su ascenso al poder. Su nombre se asociaba con la autoridad de fusta y calabozo. El golpe costó un par de vidas humanas. Prío y su familia marcharon al exilio. En Miami, muchos años después, como Chibás, Prío también se mató de un balazo. Estaba deprimido, pero no se le notaba. La historiografía cubana le debe una exhaustiva biografía. Fue cordial hasta el último minuto de su vida.

III

La insurrección

Siete años duró la dictadura de Batista. Los mismos que duró la resistencia. Algo menos de 1 800 cubanos de ambos bandos murieron como consecuencia de la lucha.

Por parecidas razones, el derrocamiento de Prío fue percibido con temor por la embajada de Estados Unidos y por el aparato obrero, mientras los camaradas del marxista Partido Socialista Popular lo vieron con cierta ilusión: todos pensaron que con Batista, aunque fuera como comparsa, regresaban los comunistas al poder, como había sucedido en su primer gobierno. Pero no fue así. Hombre realista y pragmático, repelente a cualquier vestigio de subordinación a los principios, Batista había tomado nota de la existencia de la Guerra Fría —caliente entonces en Corea, por cierto—, y se apresuró a asegurarle al Departamento de Estado su absoluto compromiso en la lucha contra Moscú y contra sus vasallos del PC cubano. Algo realmente inexacto, pues los comunistas cubanos, víctimas de cierta mentalidad cipaya, vivían pendientes del Partido Comunista de Estados Unidos, convencidos de que la revolución bolchevique no podía llegar a la Isla hasta que previamente el proletariado del gran vecino del norte rompiera las cadenas. A esa tesis, que era una especie de *plattismo* de izquierda, se le llamaba *browderismo*, pues la relacionaban con el líder comunista norteamericano llamado Earl Browder.

Tras darle garantías a Washington de que su gobierno sería tan anticomunista como el de Prío —que tres días antes del golpe había firmado un convenio con Estados Unidos para coordinar la estrategia antisoviética—, algo que muy pronto demostraría al permitir que algunos de los aviones que bombardearían la Guatemala de Arbenz despegaran desde Cuba, y tras pactar con los líderes sindicales que no serían perseguidos ni las conquistas laborales anuladas, Batista se apresuró a dejar abierta la puerta de una evolución política de su régimen y propuso elecciones en 18 meses. Esta hábil maniobra inmediatamente dividió a la oposición —todo el arco político del país— en dos tendencias que se mantendrían a lo largo de los próximos siete años: los electoralistas y los insurreccionalistas. Había electoralistas en todos los partidos, y en todos había insurreccionalistas, de manera que comenzó una agria división en las formaciones políticas antibatistianas, con las consabidas acusaciones entre los «traidores» que se atrevían a negociar con el tirano, y los «irresponsables» que estaban dispuestos a llevar al país a una cruenta revolución sin ponderar las consecuencias. Esta disputa, sin embargo, no parecía afectar al grueso de una ciudadanía más bien apática que cuando miraba al entorno americano no veía un panorama muy distinto: prácticamente toda Centroamérica vivía bajo el control de los espadones. En Venezuela mandaba Pérez Jiménez; en Colombia, Rojas Pinillas; en República Dominicana continuaba el sanguinario Trujillo. En los años cincuenta parecía que la democracia no se había concebido para que la disfrutaran los desdichados pueblos latinoamericanos.

Es curioso leer los papeles de Batista tras su golpe militar. Él y su cúpula habían suspendido la Constitución del 40, sustituyéndola por unos Estatutos en los que se reclamaba la filiación histórica mambisa de lo que, en algunos momentos, también llamaban «revolución». La Revolución del 10 de marzo de 1952 se había hecho para continuar los ideales de la lucha de los mambises y de la revolución de 1933, para poner fin al gangsterismo y a la corrupción, y para establecer un régimen de justicia social. Hablaban de reforma agraria, de fabricar miles de casas para los pobres. Prometían más playas públicas y una profunda transformación educativa. Incluso, se aumentaron ciertos salarios, comenzando, naturalmente, por los de los militares, al tiempo que Marta Fernández, la segunda esposa del dictador, una señora alta y elegante, intentaba parecerse a Evita Perón entregando miles de regalos y bolsas de comida a familias pobres.

Mientras los electoralistas, en medio de las mayores disputas, ensayaban forjar alianzas y reinscribir sus partidos, disueltos por

decreto, para tratar de derrotar a Batista en las urnas, los insurreccionalistas se preparaban secretamente para dar la batalla armada.
Y el primer intento concreto lo lleva a cabo un abogado amante de
la filosofía, Rafael García Bárcena, profesor de la Escuela Superior
de Guerra, quien logra agrupar en su entorno a unos cuantos jóvenes valiosos que luego reaparecerían junto a Fidel: entre otros,
Frank País, Manolo Fernández, Carlos Varona Duquestrada, Faustino Pérez, Armando Hart y Mario Llerena. Castro no está entre
ellos, aunque se le ha propuesto conspirar con el grupo. Pero ha
sido invitado como un colaborador más, no como el líder, y él está
seguro de que su momento ha llegado al fin. Declina, pues, la in-
vitación y continúa con sus planes personales.

El golpe de García Bárcena —a quien amigos y enemigos le
imputaban veleidades autoritarias que bordeaban el fascismo— es
de una pasmosa ingenuidad: él y un grupo de sus seguidores se
presentan con las banderas desplegadas en el cuartel de Columbia,
el mayor del país, donde, aparentemente, había algunos oficiales
complotados, a tratar de convencer a la oficialidad de que hiciera
con Batista lo que éste había hecho con Prío. Y el resultado fue el
de prever: los fallidos golpistas fueron apresados, y algunos de ellos,
como el propio García Bárcena, sufrieron atroces torturas. El Movimiento Nacional Revolucionario —así llamaron a la organización— sellaba su fracaso con setenta detenidos, doce de ellos luego condenados a un año de cárcel, mientras su jefe recibía como
sentencia el doble de tiempo. Esto ocurría el 27 de abril de 1953,
al año largo del golpe de Batista, y ya había síntomas de que la
oposición comenzaba a recuperarse. En Montreal, Canadá, auténticos y ortodoxos, representados por Carlos Prío y por Emilio
Millo Ochoa respectivamente, deponían sus diferencias y el 24 de
mayo firmaban un pacto para coordinar sus fuerzas.

A Fidel Castro no le satisfizo ese acuerdo y lo denunció. El
pretexto era que no había incluido a los comunistas. La verdad es
que él llevaba cierto tiempo preparando a un grupo de seguidores
para intentar derribar a Batista por medio de un levantamiento
armado, y no le convenía que se consolidase un polo oposicionis-
ta en el que no se tuviera en cuenta a su incipiente y todavía bo-
rrosa organización. Oficialmente continuaba siendo miembro del

Partido Ortodoxo, y el noventa por ciento de los jóvenes que había reclutado también lo era, pero su objetivo secreto consistía en apoderarse de la militancia juvenil ortodoxa, entonces bajo la influencia de un honesto periodista llamado Mario Rivadulla, y poner tienda aparte, muy alejado de una cúpula chibasista que no lo apreciaba demasiado. Intuitivamente, Fidel Castro se daba cuenta de que él era la única figura del Partido Ortodoxo con la audacia que se requería para articular una insurrección armada, y no pensaba compartir su liderazgo con políticos menos dotados para la violencia revolucionaria.

El ataque al Moncada

En efecto, ya en enero de 1953, la víspera de la conmemoración del nacimiento de José Martí, de quien Castro, como casi todos los cubanos, incluidos los batistianos, se declaraba devoto seguidor, había hecho desfilar en La Habana a unas cuantas decenas de jóvenes con antorchas, en un decorado típicamente fascista, lo que no le impidió proclamar que integraban la Generación del Centenario, en alusión a los cien años del natalicio de Martí. ¿Quiénes son estos jóvenes? Fundamentalmente, miembros idealistas de la sección juvenil de la ortodoxia, generalmente de los estratos económicos medios y bajos del partido, a quienes ha atraído con la promesa de que pronto entrarán en combate. Entre ellos hay un líder juvenil obrero que da sus primeros pasos. Su nombre es Mario Chanes de Armas, y décadas más tarde pasaría a la historia no por su participación en el ataque al Moncada, ni por haber acompañado a Fidel en el desembarco del *Granma* —acciones revolucionarias en las que participó—, sino por haber sido el preso político latinoamericano (del castrismo, naturalmente) que más tiempo ha pasado en la cárcel: treinta años de cautiverio que no le bastaron para averiguar por qué su ex amigo se ensañó con él de una manera tan cruel. En cualquier caso, son insurreccionalistas, y entre ellos no hay más vínculo ideológico que el culto por Martí —cuya obra leen y discuten en grupo—, cierto radicalismo difuso y simplificador en el análisis de los problemas sociales, y la convicción de que a Batista hay que sacarlo del poder por la fuerza. Para comenzar la labor de adiestramiento militar recurren a un manual curioso: el que José Antonio Primo de Rivera utilizara para formar las milicias falangistas españolas. A nadie parece repugnarle el detalle.

El proyecto insurreccional que Castro ha maquinado es simple y posee algún antecedente histórico: se trata de atacar un par de grandes cuarteles, dominarlos, entregarle las armas al pueblo, convocar a un levantamiento general y conminar al Gobierno a la rendición sin condiciones. Algo así había intentado en los años treinta el revolucionario Antonio *Tony* Guiteras con el cuartel de San Luis, Oriente, pero con escaso éxito. En ese punto, tomados los cuarteles, se crearía un gobierno provisional, se restauraría la Constitución de 1940, grito de batalla de toda la oposición, y se celebrarían las elecciones que Batista había impedido con su asalto a las instituciones de la República. Si tenía éxito, Castro pensaba que una acción de esa naturaleza lo catapultaría a los primeros puestos del panorama político, aunque no se le ocultaba que su corta edad —apenas 27 años— le impediría hacerse cargo de la presidencia del país, pues la mentada Constitución exigía un mínimo de 35 para ocupar la primera magistratura. Pero de este plan precipitado y con poquísimas posibilidades de triunfar, lo que sí valía la pena destacar era un rasgo que va a estar presente en todas las grandes decisiones que Castro tomará a lo largo de su vida: llevar a cabo acciones arriesgadas contando con reacciones posteriores y factores sobre los que él no tendrá el menor control, confiando por encima de todo en su buena estrella y en su capacidad de improvisación. Castro va a fracasar en todo lo que planea y tendrá éxito en todo lo que improvisa. Ése parece el sino de su vida. En el improbable caso de que hubiese conseguido tomar los cuarteles, ¿qué le hacía pensar que los cubanos iban a secundarlo e iniciarían una revolución generalizada, cuando lo que se había observado durante el golpe de Batista era que la sociedad veía con bastante apatía los sucesos de la esfera pública? Castro era un *voluntarista*. Alguien que predice el futuro de acuerdo con sus deseos, sin tomar en cuenta las realidades, sosteniendo sus decisiones en una asombrosa temeridad que no conoce la prudencia ni la mesura.

Cuando Fidel comenzó a pedir ayuda económica para llevar a

cabo sus planes militares, prácticamente todo el mundo le dio la espalda, empezando por su propio padre, que apenas contribuyó con 140 dólares de la cifra de 3 000 que el hijo le había solicitado. Sin embargo, entre los propios conspiradores existía una mística de sacrificio realmente admirable: un médico próspero, el doctor Mario Muñoz, vendió una avioneta particular en 10 000 dólares e hizo un aporte sustancial a la causa. Jesús *Chucho* Montané donó la compensación por despido que le había otorgado la empresa para la que trabajaba. Y hasta contaron con fondos procedentes de lo que era una estafa de acuerdo con el código penal vigente: compraron a plazo algún automóvil y lo vendieron como si estuviera totalmente pagado. ¿Tenía sentido detenerse ante esas minucias del derecho burgués —pensaba Castro— cuando lo que está en juego es la libertad de la patria?

Con tan exiguos fondos, el armamento que se pudo adquirir era ridículo. Rifles viejos de principio de siglo, revólveres, escopetas de caza, carabinas calibre 22, de esas que se utilizan en las ferias para competir por los conejos de trapo, y una que otra pistola y ametralladora obtenidas entre las viejas amistades gangsteriles del propio Castro. El enemigo, en cambio, disponía de armas automáticas, blindados y de buen adiestramiento, pues en los últimos años se jugaba con la fantasía de que Cuba estaba dispuesta a mandar miles de hombres al conflicto de Corea —cuya paz se firmó, precisamente, en los días del ataque al Moncada—, y el ejército había recibido armas norteamericanas recientemente. Obviamente, cuando los conspiradores del círculo de Castro hicieron el inventario de las armas con que contaban, y cuando conocieron de labios de Fidel los objetivos y el plan de ataque, no faltaron voces sensatas que intentaran frenar esa locura: Mario Muñoz y Gustavo Arcos fueron los más elocuentes. Procedente de la ortodoxia, como casi todos, Arcos era un hombre joven, recto y valiente al que sus compañeros también le atribuían determinado liderazgo moral. Pero entonces uno de los complotados citó un verso del himno nacional, «morir por la patria es vivir», y súbitamente pareció que oponerse a ese plan absurdo sólo demostraba cobardía y falta de entereza. De manera que la operación se puso en marcha con cierto aire de euforia y júbilo, aunque los más responsables acudían seguros de que eran guiados hacia el despeñadero. Nueve de los revolucionarios, aconsejados por la prudencia, decidieron no participar, pero ninguno delató la operación.

Veintiséis de julio de 1953. Los dos cuarteles elegidos estaban en la provincia de Oriente. El Moncada, el segundo en importancia y tamaño de toda la República, quedaba en Santiago, y el otro en la ciudad de Bayamo. El ataque contra el Moncada lo dirigiría el propio Castro; el de Bayamo estaría a cargo de Raúl Martínez Ararás, un ortodoxo insurreccionalista que comenzaba a sospechar profundamente de la naturaleza de Castro. Los asaltantes eran unos ciento sesenta y llegaron en automóviles privados o en transporte público y se reunieron en una finca cercana a Santiago. Muchos no conocían la ciudad. Ninguno conocía los cuarteles que se proponían atacar, con la excepción de Pedro Miret, del círculo íntimo de Castro, quien había sido enviado a desarrollar una precaria labor de inteligencia que resultó absolutamente inútil. Había escaleras y garitas donde nadie las esperaba. El número de defensores y su estado de alerta era mayor que el previsto. Existían mecanismos de seguridad no identificados. Algunos asaltantes se perdieron en los vericuetos de la ignorada ciudad. Era de noche y época de carnavales, lo que añadía confusión. Las peores sospechas de Mario Muñoz —que resultó muerto—, y de Arcos, gravemente herido, se verificaron con creces: en ambos cuarteles el ataque resultó un completo desastre que le costó la vida a decenas de jóvenes, revolucionarios y soldados, pues ambos bandos pelearon con denuedo. Muchos de los asaltantes consiguieron escapar, y entre ellos, Fidel y Raúl Castro.

En el combate mueren ocho asaltantes y veintidós militares, pero cincuenta y seis prisioneros son salvajemente torturados y asesinados por los soldados, aunque hay, sin embargo, algunos casos de hidalguía entre oficiales y médicos del ejército que no permiten el aniquilamiento de los prisioneros a su cargo. Fidel y un grupo de sus seguidores, una vez fugados, se repliegan hacia una aislada zona en la falda de la montaña. La Iglesia católica, movilizada por la oposición, intercede por las vidas de estos supervivientes y le arranca a Batista la promesa de que, si se rinden o son capturados, no los matarán y los someterán a un juicio justo. El artífice de la gestión es el obispo de Santiago, monseñor Enrique Pérez Serantes, amigo del padre de Fidel. Los resultados de su misión se ven casi de inmediato: Fidel y sus hombres, sorprendidos por el ejército, se rinden sin presentar batalla. Los captores cumplen su palabra de no matar a estos prisioneros, y, sin maltratarlos, los encarcelan para preparar el juicio. Sin embargo, secretamente los altos mandos del ejército le dan órdenes a un oficial llamado Jesús Yanes Pelletier para que envenene a Castro. El oficial se niega y comunica las perversas intenciones del Gobierno, salvándole la vida al joven líder. Sólo que este oficial, poco ducho en cuestiones psicológicas, no sabía que los sentimientos de gratitud y reciprocidad apenas existen en las personalidades narcisistas: después del triunfo de la Revolución, tras cierto período en la guardia personal de Castro, Yanes Pelletier sería sentenciado a veinte años de prisión.

Treinta y dos asaltantes fueron llevados a juicio. Dos fuertes emociones embargaban a la opinión pública. La más intensa era de horror. Se sabía de un prisionero al que le habían arrancado los ojos en presencia de su novia y de su hermana. A otro lo habían arrastrado encadenado a un jeep hasta verlo expirar. Casi todos los asaltantes muertos fueron golpeados salvajemente antes de ametrallarlos o darles un tiro en la nuca, y luego habían manipulado los cadáveres para ocultar las torturas. La ciudadanía estaba asqueada. La otra emoción era de admiración por los sobrevivientes, y en especial por el joven abogado Fidel Castro. De pronto su pasado gangsteril se había desvanecido y comparecía ante la opinión pública como un nuevo Martí, o, por lo menos, como un nuevo Antonio Guiteras, aquel violento e idealista revolucionario muerto en un tiroteo con el ejército de Batista en 1935. De golpe y porrazo Fidel Castro, que no había logrado su objetivo de tomar los cuarteles, y mucho menos el de provocar un levantamiento popular, se había convertido en la persona más connotada de toda la vertiente insurreccionalista. Aunque todavía no se le percibía como un «presidenciable», ya era una figura de estatura política nacional que ilusionaba a buena parte del país. No a todo, y entre las excepciones estaban, precisamente, los comunistas cubanos que se apresuraron a descalificar el asalto en el *Daily Worker* de Nueva York: «Nosotros condenamos los métodos putchistas, propios de los bandos burgueses, de la acción de Santiago de Cuba y de Bayamo… La línea del Partido Comunista y de las masas ha sido la de combatir la tiranía de Batista seriamente y desenmascarar a los putchistas y a los aventureros que van contra los intereses del pueblo.» El brusco ataque a Castro y a sus compañeros no tenía en cuenta que los asaltantes estaban presos y no podían defenderse, ni que Raúl, el hermano menor de Fidel, era un militante de la Juventud Socialista, un marxista elemental pero ilusionado, que hasta había acudido a Praga, junto a otros camaradas, a uno de los acostumbrados festivales juveniles organizados por Moscú para organizar y disciplinar a sus huestes de simpatizantes con el fin de utilizarlos en la Guerra Fría. En ese viaje, por cierto, Raúl conocería a un joven miembro del KGB, Nikolai Leonov, hoy general retirado, a quien luego, casualmente, volvería a ver en México, y con quien forjaría una relación clave para entender el proceso de sovietización de Cuba.

Finalmente, hubo dos juicios, y en ambos el gobierno de Batista cometió la torpeza política de dejarle a Fidel Castro el escenario más destacado. En el primero, fueron juzgados todos los asaltantes, menos Fidel, que asumió la defensa de sus compañeros e hizo un vibrante alegato de cinco horas contra la dictadura de Batista y sobre el derecho a la insurrección que asiste a los pueblos cuando coartan sus libertades. El segundo fue a puerta cerrada, en un salón del hospital militar, y Fidel fue el único acusado y su propio defensor. De lo que allí se dijo nadie tiene un recuento exacto, pero con mucha posterioridad al juicio, en la calma de su celda, Fidel reconstruyó su discurso como mejor le convino, y a ese texto, generosamente revisado por Jorge Mañach, un culto intelectual que le agregó citas y le mejoró la sintaxis, le llamó *La historia me absolverá*, frase, por cierto, calcada de la defensa que Hitler hizo de sí mismo cuando fue acusado de graves desórdenes públicos ante los tribunales alemanes.

De esas palabras conviene no olvidar un par de aspectos. Uno es un párrafo, casi al final, cuando Castro se prepara para resumir sus alegaciones, y describe con bastante precisión el estado de ánimo del país ante los problemas de la nación: «Había una vez una República. Tenía su Constitución, sus leyes, sus libertades; presidente, Congreso, tribunales; todo el mundo podía reunirse, asociarse, hablar y escribir con entera libertad. El Gobierno no satisfacía al pueblo, pero el pueblo podía cambiarlo y ya sólo faltaban unos días para hacerlo. Existía una opinión pública respetada y acatada, y todos los problemas de interés colectivo eran discutidos libremente. Había partidos políticos, horas doctrinales de radio, programas polémicos de televisión, actos públicos y el pueblo palpitaba de entusiasmo. Este pueblo había sufrido mucho y si no era feliz, deseaba serlo y tenía derecho a ello. Lo habían engañado muchas veces y miraba al pasado con verdadero terror. Creía ciegamente que éste no podría volver; estaba orgulloso de su amor a la libertad y vivía engreído de que ella sería respetada como cosa sagrada: sentía una noble confianza en la seguridad de que nadie se atrevería a cometer el crimen de atentar contra sus instituciones democráticas. Deseaba un cambio, una mejora, un avance, y lo veía cerca. Toda su esperanza estaba en el futuro.»

A esa impecable reivindicación de las libertades formales perdidas por causa del batistato, Castro añadía todo un programa político de cinco puntos que hubiera llevado a cabo de triunfar su proyecto: 1) La restauración de la Constitución de 1940; 2) Reparto de tierras en propiedad a los campesinos radicados en minifundios; 3) Asignación del 30 por ciento de las utilidades de las empresas a los trabajadores; 4) Otorgamiento de una participación mayoritaria en los beneficios del azúcar a los obreros agrícolas en detrimento de los empresarios azucareros; y 5) Confiscación de los bienes malhabidos a los políticos deshonestos. Hábil jugada: Castro, utilizando la coartada de su defensa legal, había trazado un programa de gobierno dentro de la más rancia tradición populista latinoamericana, dirigido a estimularles el apetito a las nueve décimas partes de la sociedad. Sus seguidores fuera de la cárcel inmediatamente comenzaron a distribuir decenas de miles de copias entre la población. El embalaje aparente era la defensa de Castro en el juicio por los sucesos del Moncada; el mensaje real era pura propaganda política. Su derrota tras el asalto al cuartel Moncada se convertía así en un propicio escalón para el asalto al poder y en una tribuna para comenzar a perfilar su imagen de líder nacional.

Las condenas fueron severas. Castro recibió una sentencia de

15 años y sus acompañantes unas penas algo menores, mientras las mujeres del grupo resultaron absueltas. Pronto todos fueron trasladados al presidio de Isla de Pinos, en donde Castro, aunque aislado de sus compañeros en la enfermería, fue objeto de un trato casi cortés: recibía visitas, libros, vinos, quesos y carísimos puros a los que era un gran aficionado. Disponía de facilidades para cocinarse suculentas comidas, golosamente descritas en sus cartas, al tiempo que dirigía desde la cárcel, por medio de corresponsales clandestinos, una furiosa campaña de opinión pública destinada a forzar a Batista a concederles un indulto. El barraje publicitario tuvo éxito, entre otras razones, por la intensidad con que se llevó a cabo por sus amigos, los periodistas ortodoxos Luis Conte Agüero, José Pardo Llada, Ernesto Montaner, José Luis Massó y otra larga docena de influyentes comunicadores. Incluso, un compañero de escuela de Castro, militante del mismo partido, y también abogado, Manuel Dorta-Duque, contactó con un miembro de la CIA situado en Cuba, aparentemente llamado Lawrence Houston, y lo convenció de la más irónica de las teorías: si Castro no era liberado, los comunistas se convertirían en los cabecillas del antibatistianismo, algo totalmente contrario a los intereses de los cubanos demócratas y de los norteamericanos. Es probable que la embajada estadounidense también haya presionado a Batista para que dictara la amnistía de Castro.

Guevara, Guatemala y la radicalización

Mientras este drama sacudía a los cubanos, en otro país de la cuenca del Caribe estaba ocurriendo un episodio que luego se trenzaría fuertemente con el destino de la Isla: la caída de Jacobo Arbenz. En Guatemala, el coronel Arbenz, al frente de un gobierno legítimo, se enfrentaba con Washington por dos razones fundamentales: la primera era su creciente acercamiento a los comunistas, su compra de armas en Checoslovaquia (cuando Estados Unidos se negó a vendérselas); y la segunda, su enfrentamiento con las empresas bananeras norteamericanas, afectadas por la reforma agraria llevada a cabo en el país. Ante esta situación, y con el beneplácito de la llamada izquierda democrática latinoamericana, que no veía en Arbenz a un continuador del presidente Juan José Arévalos, sino a un «Napoleón del Caribe» sospechosamente prosoviético, como lo calificara el escritor Raúl Roa —más tarde Canciller de Castro—, la CIA montó una exitosa conspiración en la que enroló a diversos militares guatemaltecos y a aventureros procedentes de la guerra de Corea, que con muy poco esfuerzo destruyeron al Gobierno de esa nación centroamericana y pusieron en fuga a su presidente.

Las consecuencias «cubanas» de esa operación fueron múltiples y definitivas. En la Guatemala de esos días revolucionarios, un joven médico argentino había llegado al país para prestar su apoyo profesional y político a los radicales instalados en el poder. Se llamaba Ernesto Guevara, era inteligente, de familia acomodada, culto para su muy joven edad —apenas 28 años—, marxista, asmático, lo que tal vez había contribuido a forjarle una personalidad tenaz por el constante esfuerzo que suponía sobreponerse a los amagos de la asfixia, y, sobre todo, era un hombre duro y serio, nada dado a frivolidades, con tintes de fanático moral, convencido de quiénes eran los enemigos y de cómo había que tratarlos despiadadamente para poder triunfar en la batalla. No en balde, en su correspondencia anterior, medio en broma y medio en serio, se firmaba «Stalin II», mostrando con ello una faceta cínica o provocadora, propia de la persona que no rehuye escandalizar a los demás si lo hace en defensa de lo que realmente cree. Para Ernesto Guevara —todavía no era el *Che*— la batalla contra la burguesía y el injusto sistema capitalista era un combate de vida o muerte donde no se podía pedir ni dar cuartel. «El revolucionario —escribiría más adelante— debe ser una fría y perfecta máquina de matar.» Él todavía no se había estrenado como verdugo de sus enemigos, pero su experiencia guatemalteca le reafirmaba los peores instintos. Había visto como «los yanquis», asociados a sus «peones locales», desbarataban de un zarpazo a un gobierno reformista que no había sabido defenderse. De donde dedujo que a las puertas de los Estados Unidos sólo se podía llevar a cabo una revolución marxista decapitando muy rápidamente a la burguesía nacional, y, simultáneamente, buscando una alianza protectora con Moscú capaz de neutralizar a los enemigos.

Si Guevara sacó ciertas conclusiones que más tarde aplicó a la situación cubana, a la Agencia Central de Inteligencia le sucedió exactamente lo mismo. Los agentes y altos funcionarios de la CIA que planearon y ejecutaron la operación contra Arbenz, no sólo fueron ascendidos y felicitados por la administración de Eisenhower, que vio todo aquello como un triunfo contra los comunistas en el contexto de la Guerra Fría, sino que crearon un patrón de lucha para enfrentarse a los esfuerzos revolucionarios en las llamadas con desdén *repúblicas bananeras*. De manera que pocos años más tarde, cuando Castro tomó el poder y comenzó a escorarse a babor, en dirección de Moscú, los mismos oficiales de la CIA que anteriormente habían derrocado a Arbenz, desempolvaron sus viejos planes y comenzaron a actuar más o menos de la misma forma, sin advertir que el enemigo era sustancialmente diferente. El hueso cubano, sin duda, era más duro de roer. Y lo era, entre otras razones, porque los cubanos conocían de cerca la experiencia guatemalteca y la forma predecible en que actuaría la CIA.

Finalmente, Batista firmó el indulto en abril de 1955, y el 15 de mayo Fidel y los moncadistas abandonaban la prisión de Isla de Pinos. Habían pasado en la cárcel algo menos de dos años. Las circunstancias, sin embargo, no eran las mismas de antes. En noviembre del 54, en condiciones inaceptables para la oposición, Batista había celebrado unas elecciones totalmente manipuladas en las que, naturalmente, había salido triunfador. Se sentía legitimado para gobernar y recibía orgulloso la visita del vicepresidente Nixon y del jefe de la CIA, Allen Dulles, probable inductor de la posterior ilegalización del Partido Comunista. La oposición electoralista, por su parte, estaba desunida y desconcertada, mientras los insurreccionalistas, al margen del grupo de Fidel Castro, comenzaban a agruparse en dos tendencias que habían encontrado ciertos vasos comunicantes: los estudiantes universitarios y los priístas. La policía de Batista continuaba con sus crímenes esporádicos, algunos cometidos contra personas notables vinculadas a la oposición. Así cayeron Mario Fortuny y Jorge Agostini, viejos revolucionarios de la lucha contra Machado, amigos y colaboradores de Carlos Prío y de Manuel Antonio *Tony* de Varona, ex premier del gobierno de Prío con fama de hombre honrado, y especialmente de Aureliano

Sánchez Arango, ex comunista, catedrático de Derecho Laboral, persona dotada con una buena cabeza política, que intentaba organizar la insurrección contra Batista desde las filas del autenticismo, nucleando en derredor suyo a prestigiosísimos cubanos como el abogado Mario Villar Roces o el historiador Leví Marrero.

En las semanas que estuvo en La Habana, Castro mantuvo una frenética actividad política, pero sin descuidar los vínculos sentimentales. Se había divorciado de Mirta Díaz-Balart estando en presidio, y ahora mantenía relaciones amorosas con varias mujeres, y entre ellas parecía sentir un especial afecto por una señora casada con un médico distinguido, Naty Revuelta, quien por esas fechas quedó embarazada del famoso ex prisionero. Andando el tiempo, la niña fruto de esos amores, Alina Fernández —nunca quiso adoptar el apellido de su padre biológico—, tan pronto logró escapar de la Isla, escribiría con bastante talento, no exento de humor, un libro triste y demoledor sobre las relaciones con su padre. Como consecuencia de sus furtivos encuentros amorosos, y también de cierto legítimo temor a que la policía de Batista tratara de asesinarlo, misteriosa y secretamente Castro cambiaba con frecuencia de domicilio, durmiendo algunas veces en casa de sus hermanas, o en las de amigos, como Ernesto Montaner, quien le prestaba la habitación que tenía alquilada en el hotel Central de La Habana vieja, en donde también se reunía con antiguos compañeros de la UIR, como *Pepe Jesús* Ginjaume o con los periodistas de Bohemia, Bernardo Viera Trejo y Agustín Alles.

De México a Sierra Maestra

En realidad, Castro continuaba decidido a seguir el camino de la insurrección, y la mayor parte de las gestiones que hacía iban encaminadas a crear en Cuba una red de apoyo para su próxima aventura. Su plan, comunicado a muy pocas personas, consistía en salir al exilio, a México, y allí organizar una expedición parecida a la que veinte años antes el periodista Sergio Carbó lanzara contra Machado en el pueblo costero de Gibara, pero a diferencia de aquélla, que no estuvo coordinada con un levantamiento general, la que

Castro tenía en mente contemplaba un alzamiento múltiple, y quién sabe si hasta una huelga de grandes proporciones. En busca de colaboradores para esa tarea, había tomado contacto con los líderes estudiantiles de la Universidad de La Habana y con los de la Universidad de Oriente, encontrando más eco entre estos últimos, especialmente en un joven valiente hasta la temeridad llamado Frank País. Frank, maestro, protestante, una especie de cruzado revolucionario, militantemente anticomunista, se comprometió a auxiliarlo si Castro cumplía su promesa de desembarcar en Cuba. José Antonio Echeverría, el popular dirigente de la Federación de Estudiantes Universitarios de la Universidad de La Habana, católico y anticomunista, fue más reticente. Entre sus colaboradores más cercanos había varios estudiantes que detestaban mortalmente a Castro. Uno era Joe Westbrook, los otros, Faure Chomón, Jorge Valls y Fructuoso Rodríguez. Seguían viéndolo como un gángster. Ni siquiera lo estimaban demasiado dos viejos compañeros de la UIR, ahora próximos a Manzanita, como llamaban a Echeverría: Juan Pedro Carbó Serviá y José Machado (*Machadito*). Para suerte de Castro, con la excepción de Chomón y Valls, el resto de estos audaces revolucionarios del *Directorio* que no lo querían excesivamente fueron asesinados por la policía de Batista. Algunos, por cierto, delatados por un comunista de enrevesada psicología llamado Marcos *Marquitos* Rodríguez.

Una vez en México, Castro comienza pronto los preparativos para la «invasión», y da a conocer el nombre de su partido: *Movimiento 26 de julio*. Siente que ya ha vaciado a la ortodoxia de los hombres y mujeres de acción —entre ellas Martha Frayde, una médico combativa y dinámica—, incorporándolos a su facción, y quiere poner distancia entre su grupo y el resto de la oposición. Es el momento de darle carácter oficial a la ruptura con el Partido Ortodoxo, aunque trata de mantener buenas relaciones con su dirigencia. Conoce a un ex general de la Guerra Civil española, Alberto Bayo, más notorio por su derrota en Baleares que por sus triunfos, pero alguien, al fin y al cabo, con experiencia en combate, capaz de adiestrar a los soldados que Fidel recluta, o a sus ex compañeros del Moncada, que sigilosamente comienzan a reagruparse en México para preparar la expedición.

No obstante, la relación de mayor calado será con un médico aventurero que viene del fracaso guatemalteco. Es Ernesto Guevara y desde la primera reunión el argentino cae rendido ante el cubano. Fidel habla durante horas, como siempre, y le explica sus sueños para cambiar el país. Guevara enseguida advierte que no está ante un intelectual profundo, sino ante un audaz hombre de acción en el que, desde su punto de vista, existen los elementos perfectos para llegar a buen puerto: es un burgués de izquierda, radical y antiimperialista, vecino de la interpretación marxista. No tiene el menor respeto por la economía de mercado ni por los yanquis, a quienes detesta, mientras admira, sin grandes alharacas, a la Revolución Rusa. Su diagnóstico del mundo es caótico y desordenado, pero coincide con el análisis tercermundista de Guevara. Está, además, dispuesto a recurrir a la violencia, tanta como sea necesaria, porque carece de escrúpulos burgueses. Su hermano Raúl, por otra parte, aunque de manera muy esquemática, comparte con Guevara una visión marxista más estructurada, y hasta tiene un curioso contacto en la embajada de la URSS en México: el agente Nikolai Leonov, quien muy pronto se pondrá en contacto con los tres. Guevara empieza a pensar que el destino lo ha puesto frente a un personaje muy superior al coronel Jacobo Arbenz. Fidel es un verdadero líder a quien se le puede perdonar la superficialidad de sus análisis o la agotadora locuacidad que emplea en convencer a su interlocutor de las más peregrinas teorías. Entonces el revolucionario argentino, asceta e irónico, un tanto displicente por la poca densidad cultural de los cubanos que ha encontrado, acepta el liderazgo de Castro y se dispone a acompañarlo en la aventura. Se pliega humildemente. Después de todo, tal vez sea posible llevar a cabo una revolución comunista en América. Él no puede dirigirla. Todo lo que él puede hacer, muy sutilmente, es dirigir a Castro, y contribuir a darle a ese grupo una orientación ideológica coherente. Algo muy difícil de llevar a cabo, porque cualquier esfuerzo de manipulación tiene que hacerse desde el vasallaje y la subordinación. Para su fortuna, cuenta con la complicidad de Raúl, experto en el difícil arte de manejar a su hermano con el ademán sumiso de quien lo obedece complacientemente.

La misma amnistía que puso en libertad a Fidel Castro le sirvió a Carlos Prío para regresar a Cuba con el ánimo de fortalecer la causa electoralista. Si Batista no podía ser derrocado por las armas, el camino eran las urnas. Su objetivo, y el de toda la oposición democrática, consistía en que Batista admitiera la ilegitimidad de las elecciones de noviembre de 1954 y convocara a otros comicios, esta vez libres y con garantías para todas las partes. Los insurreccionalistas, fundamentalmente Castro y los estudiantes, quienes habían creado una organización para la lucha armada llamada *Directorio Revolucionario*, abierta a la participación de cualquiera, aunque no fueran universitarios, se oponían tenazmente: a Batista había que sacarlo del poder por la fuerza. El que a hierro mataba, a hierro debía morir. En todo caso, la causa electoralista cobró brío cuando la encabezó un viejo y honorable coronel de la guerra de Independencia, don Cosme de la Torriente, quien a sus 83 años se atrevía a pedirle a Batista un «diálogo cívico» para enterrar el hacha de la guerra en una mesa de negociaciones. Pero su esfuerzo resultó inútil: se estrelló contra la tozudez de un Batista que no percibía cómo los diferentes estamentos de la sociedad cubana iban inexorablemente cerrando filas en su contra, y chocó también contra la tenaz labor de zapa de un Castro empeñado en triunfar con las armas en la mano. El «diálogo cívico», pues, se ahogaba entre dos monólogos excluyentes: el de los golpistas que habían conquistado el poder por la fuerza y se sentían insolentemente seguros, y el de los insurreccionalistas que planeaban quitárselo del mismo modo violento. Pero esa doble intransigencia no parecía reflejarse en el panorama social. La economía marchaba bien, la riada de turistas aumentaba, crecían los polos de desarrollo en ciudades como Santa Clara u Holguín, en La Habana se fabricaban rascacielos, pero nada de esto repercutía en las simpatías de la sociedad hacia el gobierno. Más aún: la mayor cuota de rechazos a Batista se daba, precisamente, en los niveles sociales medios y altos, mientras su tenue zona de respaldo estaba localizada en los niveles sociales bajos.

Esta división se observaba de una manera curiosa entre los católicos y los practicantes de religiones afrocubanas. La Iglesia católica, que desde los años cuarenta había desarrollado una intensa labor en la estructuración de un laicado comprometido con la acción social, tenía a toda su batería de organizaciones colocada frente al gobierno de Batista: la JOC (Juventud Obrera Católica), la JEC (Juventud Estudiantil Católica), la JAC (Juventud de Acción Católica) y la ACU (Agrupación Católica Universitaria). Mientras predominaron las tendencias electoralistas, estas instituciones participaron activa y abiertamente en la lucha cívica y política frente a la dictadura, dieron a conocer nombres de jóvenes católicos muy respetados como Ángel del Cerro, José Ignacio Rasco y Andrés Valdespino, pero algunos de sus dirigentes no vacilaron luego en sumarse a la contienda armada cuando se hizo evidente que el desenlace vendría, precisamente, por el lado de la fuerza. Sin embargo, mientras ésta era, en líneas generales, la posición de los católicos militantes, los santeros, abakuás y otros creyentes en ritos afrocubanos, no parecían incómodos con el general Batista. Al fin y al cabo, la mayor parte de los soldados del ejército eran personas de raza negra que encontraban en la institución armada una forma de escapar de la pobreza extrema, y a Batista se le veía como un mestizo de humildísimo origen que había conseguido escalar la más alta posición del país.

Fracasado el «diálogo cívico», Fidel vio expeditas las puertas para la insurrección, pero no estaba solo en esa conclusión. Un grupo de militares profesionales, casi todos formados en academias norteamericanas, intentó sin éxito dar un golpe de Estado bajo la dirección del coronel Ramón Barquín. Se conocían como *los puros*. Por aquel entonces se multiplicaron los atentados y las bombas, algunas criminalmente colocadas en sitios públicos. El jefe de los servicios de inteligencia del ejército, el coronel Blanco Rico, fue liquidado por dos estudiantes, Rolando Cubelas y Juan Pedro Carbó Serviá, al salir de un céntrico cabaret habanero, y otra señora resultó herida en el atentado. A estos actos la policía respondía con más crímenes y torturas. Un grupo de auténticos, dirigidos por Reynol García, trató de apoderarse del cuartel Goicuría en la provincia de Matanzas, y varios asaltantes murieron en el intento o fueron ejecutados después de la captura. Tras el ataque fracasado hubo un aumento exponencial de la represión oficial. Como reza la expresión inglesa, la política seguía haciendo «extraños compañeros de cama»: en la República Dominicana, los auténticos de Prío habían establecido una rara complicidad con Trujillo y preparaban una expedición a cargo de Eufemio Fernández, una de las personas que varios años antes intentara derrocar al propio Trujillo con la invasión preparada en Cayo Confite.

Fidel, tras varios tropiezos con la policía mexicana, finalmente lograba hacer el acopio de armas y de unas cuantas docenas de hombres para zarpar rumbo a Cuba. El impulso final le vino con cien mil dólares aportados por Prío, de los cuales quince mil fueron dedicados a adquirir el yate *Granma*, un viejo navío de recreo de 20 metros de eslora comprado a un norteamericano. La noche de la partida fue el 24 de noviembre de 1956. Previamente había declarado que pronto serían héroes o mártires. Lo de «pronto» no era un desliz, sino una convicción. Estaba seguro de que a su llegada habría alzamientos en toda la nación. Pocas semanas antes de zarpar había firmado el Pacto de México con José Antonio Echeverría, a punto de fracasar por la insistencia de Fidel en incluir a los comunistas, condición que Echeverría no aceptó; y había recibido la visita de Frank País, quien se proponía levantar en armas a Santiago de Cuba. La idea de una larga lucha de guerrillas no estaba entre los planes de Castro. Su propósito era desembarcar por Niquero, avanzar hasta Manzanillo, que ya estaría en manos rebeldes, y triunfar en un breve período. Librar una guerra de guerrillas no entraba en sus cálculos. No contaba para ello con una infraestructura en el exterior capaz de abastecerlo de armas y municiones. Con gran optimismo, pensaba que sería una operación de varios días o semanas a lo sumo.

El 30 de noviembre Frank País demostraba que hablaba en serio cuando se comprometió a tomar la ciudad de Santiago de Cuba. Con unos trescientos jóvenes, casi todos de los niveles sociales medios y altos de la ciudad —dato que luego preocupó al Gobierno—, ocupaba edificios públicos, o los incendiaba, y ametrallaba cuarteles sin que la policía, dominada por el pánico, supiera cómo controlar la insurrección. La juventud santiaguera lo apoyaba y admiraba: Fernando Bernal, Fernando Vecino, Jorge Sotús estaban con él. Todos fueron luego a Sierra Maestra. Dos días duró la embestida revolucionaria, milagrosamente saldada con muy pocos muertos, pero el ejemplo no «se extendió como la pólvora», tal y como suponía Fidel que ocurriría, ni tuvo éxito la huelga general que algunos líderes obreros vinculados a Castro intentaron proclamar. El *Directorio* de Echeverría tampoco dio señales de vida —comportamiento que Fidel le reclamaría posteriormente a José Antonio—, de manera que el 2 de diciembre, cuando el yate *Granma* con Fidel y otros ochenta y un expedicionarios se acercaba a las costas del sur de Oriente, no muy lejos de donde había desembarcado Martí sesenta años antes, el gobierno de Batista ya estaba recuperado del enorme susto que había sufrido unos días antes en la capital de la provincia.

El desembarco casi pudo calificarse como un naufragio. Llegaron al sitio inoportuno —una playa nada propicia para estos afanes—, y enseguida fueron avistados por una vieja fragata que abrió fuego. Apresuradamente, recogieron los pertrechos que pudieron y se internaron en las estribaciones de la Sierra Maestra. No había un plan. No había guías ni mapas. Comenzó entonces una cadena de torpes improvisaciones sólo equiparables a las que cometía el alto mando del ejército adversario. El propio Batista, en su palacio de La Habana, pidió un mapa de la zona y le trajeron uno de los que regalaban en las gasolineras. No era una genuina carta militar, pero él tampoco era el mariscal Erwin Rommel. Jamás había estado en combate y no tenía formación táctica. Pero nada de esto le impidió decidir la estrategia inicial: algunas unidades del ejército perseguirían a los expedicionarios partiendo del lugar del desembarco en dirección a las montañas. Un oficial sugirió que hicieran lo opuesto: que los persiguieran desde la montaña hacia el mar, para obligarlos a concentrarse en un punto sin salida. Era lo lógico. Empujarlos hacia las montañas era conducirlos hacia un escondite natural. Empujarlos hacia el mar era llevarlos a una trampa sellada.

La oposición se envalentona

Batista sonrió e inició un peligroso juego de ratón y gato. Para él se trataba de un episodio político. A esas alturas ya sabía que los invasores eran unas cuantas docenas de jóvenes inexpertos, dirigidos por un «gángster ortodoxo con fama de loco», como lo describió uno de sus ayudantes. Algunos de los expedicionarios habían sido capturados y se conocía perfectamente el escaso armamento que portaban. ¿Qué riesgo corría su gobierno si los expedicionarios conseguían llegar a la Sierra Maestra y permanecían un tiempo escondidos en aquellos parajes remotos e inhóspitos? Incluso, podía resultarle altamente beneficioso. Esa guerrilla «viva» en Sierra Maestra, lejos de los centros urbanos, le servía para dividir a la oposición y para justificar su férrea negativa a celebrar elecciones anticipadas, como continuaban pidiéndole los electoralistas. ¿Cómo adentrarse en un proceso de negociación política con la oposición mientras existía en el país un estado de guerra? Más aún: la guerrilla de Castro le venía como anillo al dedo para otros dos fines perfectamente articulados. Ahora podía suspender a su antojo las garantías constitucionales, invocando una situación de excepcional emergencia, y, lo que resultaba inconfesable, le era sumamente útil para aprobar presupuestos especiales de guerra que no tenían que someterse al escrutinio de la Contraloría General de la República. Castro, pues, también servía para robar. Le servía a Batista y a muchos de los militares del primer círculo del poder.

Esa actitud de negligente complacencia duró unos cuantos meses de escasos combates y mínima persecución. Los suficientes para que los sobrevivientes del desembarco del *Granma* que no fueron capturados —una veintena— lograran agruparse, aclimatarse, crear sus redes de aprovisionamiento, y nutrir poco a poco sus filas con nuevos combatientes, mientras un importante corresponsal de *The New York Times,* Herbert Matthews, convertía a Castro en noticia de primera página en Estados Unidos con una serie de artículos en los que presentaba al líder cubano como un demócrata reformista sin intenciones totalitarias. Ese fenómeno, la mera supervivencia de Castro y su grupo, el simple hecho de que el ejército no los hubiera barrido, tuvo un efecto definitivo para la oposición. En primer término, decantaba totalmente el equilibrio de fuerzas a favor de los insurreccionalistas. Y en segundo, desbarataba el viejo *dictum* político que aseguraba que «se podía hacer una revolución con el ejército o sin el ejército, pero nunca contra el ejército». Fidel Castro y su improbable guerrilla demostraban que se podía hacer una revolución contra el ejército, especialmente contra el de Batista, que, aunque contaba con algunos oficiales valerosos y bien preparados, no era más que una vacía maquinaria opresiva, dirigida por jefes deshonestos capaces de algo tan vil como venderle al enemigo los planes de las ofensivas o silenciar sus propias bajas para seguir cobrando el miserable salario que continuaban recibiendo los soldaditos muertos.

Tras la consolidación del frente guerrillero en Sierra Maestra, la oposición insurreccionalista se envalentonó, establenciéndose un clima de cierta competencia entre los grupos adversarios a Batista, preocupados por la preponderancia que adquiría Fidel Castro. Es entonces cuando el Directorio Revolucionario y los grupos auténticos, combinando sus esfuerzos, lanzan un ataque comando contra el palacio presidencial encaminado a ejecutar a Batista. El experto militar que lo dirige es un joven español, excombatiente de la Guerra Civil y ex resistente en Francia —su tanque es el primero que entra en París tras la liberación—, llamado Carlos Gutiérrez Menoyo, exiliado en Cuba junto a su familia poco después del fin de la Segunda Guerra mundial. Gutiérrez Menoyo, como otros desterrados españoles, está relacionado con el priísmo, y es de esta fuente que se obtienen los fondos y las armas para la operación. El segundo al mando es Faure Chomón, uno de los dirigentes del *Directorio*. También participa en el ataque José Antonio Echeverría, pero con la misión de tomar una popular estación de radio para comunicar la desaparición del tirano y convocar al pueblo al levantamiento.

El ataque fracasa y mueren treinta y cinco revolucionarios —entre ellos Carlos Gutiérrez Menoyo y José Antonio Echeverría—, mientras sólo caen cinco soldados, pero el Gobierno, irritado y asustado, da entonces un paso muy peligroso que acabará por debilitar casi totalmente la tendencia electoralista: esa noche un grupo de la policía secuestra y asesina a Pelayo Cuervo Navarro, prestigioso presidente del Partido Ortodoxo con quien hubiera sido posible buscar una solución pacífica y honorable a los conflictos del país. De alguna manera, Batista había cruzado el Rubicón. Por su parte, a los miembros del *Directorio* que salvaron la vida, la fallida experiencia del ataque a Palacio los conducía a una conclusión inevitable: la oposición armada más eficaz, y en cierta forma la más segura, no era el enfrentamiento clandestino en las ciudades, siempre al alcance de unos implacables cuerpos represivos, sino la lucha guerrillera en las montañas, tal y como Fidel la estaba llevando a cabo. Y quienes más tarde se ocuparían de formar el frente guerrillero del *Directorio* serían Eloy, el hermano menor de Carlos Gutiérrez Menoyo, un muchacho valiente de apenas veintidós años, Faure Chomón y Rolando Cubelas, un estudiante de medicina que se convertiría en uno de los más famosos jefes guerrilleros en la sierra del Escambray situada en el centro del país.

Cuando Fidel supo del ataque a Palacio reaccionó airado y calificó la acción como un acto peligrosamente temerario. En realidad, se daba cuenta de que, de haber triunfado el *Directorio,* lo probable es que auténticos y ortodoxos hubieran vuelto a dominar la escena política, relegando al Movimiento 26 de julio a un segundo plano. Para él era obvio que la muerte de Batista en esas circunstancias significaba, si no su propia muerte política, al menos una notable disminución de su protagonismo. Y los comunistas pensaban más o menos de la misma forma, pero con cierto agravante: el PC no ignoraba que quienes asaltaron Palacio eran fundamentalmente anticomunistas, de manera que la dictadura hubiera sido sustituida por otros no tan encubiertos enemigos.

Tras el ataque a Palacio hubo un formidable incremento de las actividades clandestinas en las ciudades, pero ahora con un signo distinto: *el llano* —para distinguirlo de quienes estaban en las montañas— se organizaba para auxiliar y abastecer a las guerrillas. Los conspiradores urbanos ya no forman grupos surgidos para dirigir la lucha, sino para ponerle el hombro a la cabeza de la insurrección, incuestionablemente situada en Sierra Maestra. Es así como surge la Resistencia Cívica, un vasto grupo de profesionales de todas las ramas, dirigido primero por Raúl Chibás, un educador, hermano menor de Eddy, y luego por los ingenieros Manuel Ray y Enrique Oltusky. Resistencia Cívica crece rápida y eficazmente en cada provincia, reclutando entre sus cuadros a personalidades como el joven abogado camagüeyano Carlos Varona Duquestrada o el cineasta y publicitario habanero Emilio Guede, jefe de propaganda en La Habana. Entre ellos prevalece una clara pasión democrática y una voluntad de servicio público. Son, generalmente, anticomunistas, y empiezan a escuchar con preocupación que en la Sierra Maestra hay una facción marxista en la que se destacan un argentino apellidado Guevara, ya conocido como el *Che*, y hasta Raúl, el propio hermano menor de Fidel.

En efecto, es en ese momento en el que comienza la fricción más o menos abierta entre los revolucionarios comunistas y los demócratas. Frank País, al frente del Movimiento 26 de julio en Oriente, la segunda figura del grupo, descubre indignado que un comunista llamado Antonio Clergé estaba distribuyendo propaganda marxista entre los militantes, y ordena que lo eliminen. La ejecución no se lleva a cabo por la intervención del abogado Lucas Morán Arce, hombre ecuánime y honrado, muy próximo a Frank País, quien en nombre de la armonía política le ruega que revoque esa orden. País accede, pero le explica sus razones: ve con gran temor la creciente infiltración de los comunistas en el Movimiento 26 de julio, y cree que la mejor manera de evitar un gran conflicto posterior es cortar inmediatamente por lo sano y provocar súbitamente el encontronazo entre las dos facciones. Irónicamente, meses más tarde, cuando Morán se une a la guerrilla y comprueba el grado de penetración de los comunistas vinculados a Raúl, y se horroriza con la facilidad con que éste fusila a supuestos colaboradores del ejército de Batista —una actitud paranoica que Morán califica de stalinista—, es él quien será la víctima, pues lo juzgan sumariamente y lo envían de regreso a Santiago de Cuba con la intención de que lo asesine la policía de Batista, algo que, felizmente, no llega a suceder por la sorpresiva caída del régimen.

Tras la muerte de Frank País, su sucesor, René Ramos Latour (*Daniel* en el clandestinaje), mantiene un enérgico intercambio epistolar con el Che a propósito del comunismo. Guevara, que no oculta sus inclinaciones, le escribe una explícita carta, teñida con cierta fanfarronería intelectual, en la que dice: «Pertenezco por mi preparación ideológica a los que creen que la solución de los problemas del mundo está detrás de la llamada *Cortina de Hierro* y tomo este movimiento como uno de los tantos provocados por el afán de la burguesía de liberarse de las cadenas económicas del imperialismo. Consideré siempre a Fidel como un auténtico líder de la burguesía de izquierda, aunque su figura está realzada por cualidades personales de extraordinaria brillantez que lo colocan muy por arriba de su clase.» Ramos Latour le contesta con firmeza: «No es ahora el momento de discutir dónde está la salvación del mundo. Quiero sólo dejar constancia de nuestra opinión, que por supuesto es enteramente distinta a la tuya... Nosotros queremos una América fuerte, dueña de su propio destino, una América que se enfrente altiva a los Estados Unidos, Rusia, China o cualquier potencia que trate de atentar contra su independencia económica y política. En cambio, los que tienen una "preparación ideológica" piensan que la solución a nuestros males está en liberarnos del nocivo dominio yanqui por medio del no menos nocivo dominio soviético.» Poco después de esta carta, a Ramos Latour le ordenaron una misión guerrillera prácticamente suicida y, en efecto, perdió la vida en combate. En la Sierra Maestra, sin embargo, oficialmente se manejarán proyectos políticos y económicos para el futuro del país que distan mucho de ser programas comunistas. Felipe Pazos, un economista keynesiano, muy dentro del espíritu cepalino de la época, pero absolutamente demócrata en sus planteamientos políticos, es el principal artífice de la supuesta postura programática del *26 de julio*.

El Partido Comunista Cubano, que, naturalmente, no está ajeno a esta pugna, ante el hecho evidente de que la estrategia electoralista y el desenlace político tienen muy pocas posibilidades de triunfar, opta por jugarse a fondo la carta de Fidel y comienza los contactos y los preparativos para colocar a algunos de sus dirigentes en Sierra Maestra, mientras da órdenes a ciertos cuadros medios para que creen unidades guerrilleras en la zona del Escambray, independientes de las que ya mantiene el *Directorio* y la Organización Auténtica, otro grupo opositor surgido de la vertiente priísta. Las guerrillas del Escambray demuestran, aun con mayor claridad que las de Fidel en Sierra Maestra, hasta qué punto las fuerzas armadas de Batista eran un tigre de papel. Se trata de unos cuantos centenares de hombres divididos y mal armados —Gutiérrez Menoyo se separó del *Directorio* y creó el II Frente Nacional del Escambray— que operan, básicamente, en un territorio montañoso de apenas cien kilómetros cuadrados, en el que abundan los pueblos y caseríos, y en el que siempre se está a una mínima distancia de un teléfono o de un camino transitable. Pero el ejército no los persigue, o los persigue con la mayor desgana, en cierta medida porque no sabe muy bien cómo hacerlo, pero en realidad, porque está cada vez más desmoralizado.

Batista y los norteamericanos

Una de las razones de ese desaliento es la pérdida evidente del apoyo norteamericano. Washington, que había aceptado a Batista con el mismo estado de ánimo con que Roosevelt aceptó a Somoza («es un hijo de puta, pero es *nuestro* hijo de puta»), comenzaba a revisar sus posiciones. Aun cuando la sociedad norteamericana no tenía una idea muy clara de lo que sucedía en Cuba, gracias a la prensa se había abierto paso la poderosa imagen de unos muchachos barbudos e idealistas, dirigidos por un carismático abogado, que luchaban contra un despreciable tirano. A esa simplificación se sumaban las minuciosas descripciones de los excesos de la policía de Batista, uno de ellos, incluso, cometido en presencia del embajador norteamericano Earl Smith, que vio con estupor la forma violenta con que la policía de Santiago de Cuba apaleaba a unas mujeres vestidas de negro que se manifestaban en la vía pública con el objeto de hacerle llegar una carta en la que le rogaban a su Gobierno que cesara cualquier clase de apoyo a la dictadura batistiana. Ese episodio, sumado al muy efectivo *lobby* montado por los exiliados en Estados Unidos, dirigido por Ernesto Betancourt, un hábil economista, buen estratega, dotado de un finísimo instinto para la intriga política, y en el que cooperaban otros exiliados notorios como Víctor de Yurre o Manuel Urrutia, un juez que había tenido que expatriarse tras dictar un voto particular de absolución a favor de varios expedicionarios del *Granma*, conseguía algo espectacular a favor de la oposición: el embargo de armas. El gobierno de Eisenhower no le vendería más armas a Batista, y ni siquiera le entregaría las que ya había pagado. Era obvio que Batista podía comprarlas a cualquier otro país, como en efecto hizo, pero desde el punto de vista psicológico el golpe era tremendo: Batista, a ojos de la sociedad, había caído en desgracia con los norteamericanos. Esto le abrió el apetito conspirador a los altos mandos militares de las tres armas y desmoralizó aún más a los políticos batistianos. Toda su generación recordaba perfectamente lo que le había sucedido a Machado cuando perdió el apoyo de la Casa Blanca.

Este clima de resquebrajamiento del principio de autoridad se hizo patente en septiembre de 1957, cuando se produjo el alzamiento de algunas unidades de la Marina de Guerra en el puerto de Cienfuegos, en un complot coordinado por Emilio Aragonés, representante en la ciudad del Movimiento 26 de julio, ex compañero de Fidel en el colegio Belén, conspiración en la que participaron de diversas maneras Javier Pazos, uno de los jefes del 26 en La Habana, Julio Camacho, y Justo Carrillo, un economista de orientación socialdemócrata y *pedigree* auténtico que dirigía un pequeño e imaginativo grupo opositor llamado *Montecristi*. El plan, que involucraba a varios oficiales de rango medio, tuvo éxito parcial y la ciudad fue tomada por los insurrectos durante varias horas, pero no se consiguió sublevar a las grandes unidades navales —un crucero y un par de barcos menores— con los que se pretendía bombardear las instalaciones militares en La Habana. Pero poco después, un destacamento de blindados despachado desde Santa Clara, y el bombardeo de la fuerza aérea, armada con viejos pero muy eficaces aviones B-26 de la Segunda Guerra mundial, logró la derrota de los insurgentes en medio de un baño de sangre que, como era costumbre con las fuerzas de Batista, se prolongó cruelmente durante varios días y causó un elevado número de víctimas. ¿Cuántas? Trescientas, calculó el embajador de Estados Unidos. Tal vez fueron cincuenta y una, pero se trataba, sin duda, de uno de los episodios que más vidas costara en toda la lucha contra Batista.

El próximo reto a la dictadura no provino de una conspiración militar, sino de una huelga general lanzada por el *26 de julio* bajo la dirección del coordinador del *Movimiento* en La Habana, un médico llamado Faustino Pérez, expedicionario del *Granma* que había sido destinado a la lucha en la capital. Lo secundaban David Salvador, el líder obrero de más rango del grupo, el ingeniero Manuel Ray, Aldo Vera, un incansable terrorista del 26, Nicasio *Nicky* Silverio, y Pedro Luis Boitel, líder de los estudiantes de esa misma tendencia. La huelga, acompañada por numerosas explosiones terroristas, fue un completo fracaso, y convenció a la oposición más observadora de que la lucha contra Batista no tenía, en realidad, una dimensión clasista. Nadie se rebelaba contra Batista por ser obrero o por percibir al dictador como el representante de la oligarquía. Más aún: la Confederación de Trabajadores de Cuba, la poderosísima CTC, tenía un acuerdo con Batista basado en una especie de pragmático *quid pro quo* en el que el Gobierno no afectaba a los intereses de los trabajadores y el sindicalismo organizado —por lo menos el oficial— no entraba en el reñidero político. Batista, que siempre se sintió un hombre de izquierda, y que solía contar, orgulloso, su presencia en la ciudad de Manzanillo en 1923 —entonces él era un humilde «aguador» en los ferrocarriles— cuando se fundó el Partido Comunista, no sentía una hostilidad especial contra los sindicatos, no los percibía como sus adversarios, y siempre exhibía como su mayor triunfo las leyes azucareras de 1939 que habían servido para fortalecer notablemente a los trabajadores de ese sector.

Tras su victoria de abril, Batista, en mayo, se decidió, por fin, a lanzar una ofensiva contra las guerrillas de Castro en Sierra Maestra, lamentando no haberlo hecho antes, cuando el desembarco, pues ahora se enfrentaba a un enemigo que conocía el terreno bastante mejor que sus jefes militares. Lección que le había servido al dictador cierto tiempo atrás, cuando se apresuró a aniquilar una expedición de guerrilleros priístas, llegada a bordo del barco *Corinthia*. ¿Podría ahora hacer lo mismo con los hombres de Castro a los casi 18 meses de operar en la Sierra? Pronto comprobaría que no. Pese a sólo contar con unos cuantos centenares de escopeteros y media docena de armas verdaderamente de guerra, unas cuantas emboscadas bien colocadas, el conocimiento del territorio y la constante información que los castristas recibían de parte de los campesinos le dieron la victoria a lo barbudos. A ese triunfo de los rebeldes contra la «gran ofensiva» contribuyó decisivamente un nuevo y reciente aporte llegado a Sierra Maestra desde Costa Rica con la bendición de José Figueres. Se trataba de un pedagogo nacido en Manzanillo, también vinculado al Partido Ortodoxo, llamado Huber Matos, que había aterrizado en una improvisada pista en la montaña, en un avión pilotado por Pedro Luis Díaz Lanz, trayendo consigo un cargamento de armas y municiones que mejoraron notablemente la capacidad de fuego de los insurgentes. Huber Matos demostró muy pronto que era un formidable organizador y un líder militar de los que encabezaban a la tropa en los asaltos contra el enemigo. Fidel tomó nota y pronto le otorgó el grado de comandante.

Tras la derrota de la ofensiva de Batista, a Castro le tocaba ahora iniciar una batalla más delicada: controlar las guerrillas del *Directorio* en el Escambray. Para esos fines, se planteó el envío de unas columnas invasoras que recorrerían la Isla hasta el otro extremo, y que, a su paso por las montañas del centro de Cuba, neutralizarían políticamente a estos potenciales adversarios y, de ser posible, los reclutarían en provecho del *26 de julio*. Con ese propósito, utilizó a los dos comandantes que mayor confianza le inspiraban: Ernesto *Che* Guevara y Camilo Cienfuegos, y ambos, con varias docenas de hombres como acompañantes, iniciaron una larga caminata en la que evadieron los encuentros con el ejército, o sobornaron a algunos oficiales corruptos de Batista, mucho más interesados en cobrar que en combatir. Finalmente, las dos columnas, una por el norte y la otra por el sur, llegaron a su destino casi sin encontrar resistencia, y astutamente cumplieron a cabalidad su cometido de subordinar política y psicológicamente a los otros alzados en armas, sin absorberlos oficialmente, aunque encontraron cierta incómoda resistencia en los hombres de Gutiérrez Menoyo, a quienes acusaron de «sectarios» y «come vacas», esto es, de pelear, francamente, poco, algo que era seguramente injusto.

Mediado 1958, Batista y su entorno se encontraban razonablemente preocupados. Los datos macroeconómicos eran, en general, buenos: continuaban fluyendo las inversiones, la inflación era baja, se mantenía estable el valor de la moneda —pese a una merma considerable de las reservas—, y la balanza comercial resultaba favorable a Cuba. Se fabricaban muchos edificios nuevos y surgían dignos barrios de clase media. Los cubanos inauguraban la televisión a color. Eran los primeros ciudadanos de América Latina en contar con este avance tecnológico. Claro que había pobreza, desigualdades, desempleo estacionario y carencias, pero como el grado de desarrollo es siempre relativo, los trabajadores de otras latitudes veían a Cuba con más esperanzas que a sus propios países: en ese momento doce mil italianos y otros tantos españoles habían solicitado visas de inmigrantes a los consulados cubanos. El problema no estaba en la sociedad civil. El problema era de carácter político. La prensa más leída de la Isla, la revista *Bohemia*, los periódicos *Prensa Libre, Avance, Información*, los periodistas más acreditados —Agustín Tamargo, Humberto Medrano, Agustín Alles, Salvador Lew, Mario Rivadulla, Pedro Leiva, Luis Conte Agüero, Sergio y Ulises Carbó— denunciaban las desvergüenzas y los crímenes del Gobierno con tanta contundencia como permitía la esporádica censura.

En toda la nación existía un clamor general, «¡que se vaya Batista!», al que se sumaban la Iglesia católica, entonces a la búsqueda de algún compromiso que salvara la institucionalidad de la nación, y lo que recibía el nombre de *las fuerzas vivas del país*: las organizaciones gremiales, los colegios profesionales, las personalidades más eminentes. Inclusive la embajada de Estados Unidos coincidía con este deseo, aunque lo manifestaba en voz muy baja. Era peligroso para los intereses norteamericanos que Batista siguiera en el poder con el enorme grado de ilegitimidad que padecía su gobierno. Esto podía precipitar su violenta caída y el triunfo de Castro, un personaje que mantenía divididos a los *policy makers* norteamericanos. Unos funcionarios lo calificaban como un peligroso comunista, y otros como un inofensivo reformador de la vieja tradición populista latinoamericana. Pero cualquiera de los dos que realmente fuese el verdadero Fidel Castro, no era el candidato más idóneo para los intereses de Washington.

Parecía que Batista estaba dispuesto a irse, pero nunca antes de terminar su mandato y de dejar en la presidencia a un aliado que no lo persiguiera y no le exigiera responsabilidades por los delitos e irregularidades cometidos durante el Gobierno. Su hombre era Andrés Rivero Agüero, abogado, de origen más bien humilde, ministro del gabinete, persona de toda su confianza, que no tenía las manos personalmente manchadas de sangre, ni tampoco se le percibía como un ladrón desorejado. Podía haber preferido al opositor Carlos Márquez Sterling, un ortodoxo electoralista, íntegro como político y como persona, dispuesto a ir a las urnas en medio del clima de violencia que vivía el país, pero Batista, que nunca fue su amigo, y que tenía una idea tribal de los asuntos públicos, no confiaba en él. Lo temía y le cerró la puerta. Quizá su última puerta. Quizá la última puerta de la República.

Las elecciones, finalmente, se llevaron a cabo el 3 de noviembre en medio de un clima a mitad de camino entre el terror y la apatía. Varios poblados pequeños ya estaban en poder de la guerrilla y la columna de Huber Matos asediaba al ejército en las afueras de Santiago de Cuba, mientras *Radio Rebelde*, la emisora hábilmente dirigida por Carlos Franqui, un periodista ex comunista que se había unido a Castro y ya veía con preocupación la influencia de sus viejos ex camaradas, lanzaba arengas y consignas que electrizaban a la población. Los rebeldes amenazaban con graves sanciones a quienes se postulaban y a quienes votaran, denunciando el carácter fraudulento de los comicios, extremo en el que Batista se encargó de darles totalmente la razón: la participación ciudadana fue bajísima, y hubo, además, toda clase de irregularidades para garantizar la victoria del candidato oficial. Finalmente, tras el rutinario recuento, sin ninguna convicción, Andrés Rivero Agüero fue proclamado vencedor. En febrero de 1959 Batista debía entregarle el mando. Mucha gente creía que nunca iba a tomar posesión, pero nadie era capaz de predecir qué podía ocurrir. En ese momento Castro calculaba que todavía tendría que permanecer unos cuantos meses más en las montañas antes de asomarse a una victoria total de impreciso perfil. Previendo ese final próximo, pero no inminente, poco antes el *26 de julio* había suscrito en Venezuela un acuerdo político junto a otras fuerzas de la oposición para formar en su momento una especie de gran gobierno de coalición. Se le llamó el Pacto de Caracas.

Pero la historia de pronto se precipitó sorpresivamente. Cuanto sigue es lo que realmente sucedió. A principios de diciembre Batista recibió una atemorizante información tan secreta como fidedigna: sus jefes militares en Oriente, especialmente el general Eulogio Cantillo, estaban en conversaciones con Fidel Castro y discutían la creación de una Junta combinada que lo sacaría del poder e impediría la transmisión del mando a Andrés Rivero Agüero. Y la traición era a dos bandas: los servicios secretos de la embajada norteamericana también habían entrado en contacto con sus generales y con los propios rebeldes. Entre fines de 1957 y mediados de 1958 la CIA, representada en Santiago de Cuba por el vicecónsul Robert D. Wiecha, le había entregado al Movimiento 26 de julio unos cincuenta mil dólares, mientras mantenía relaciones fluidas con diversas vertientes de la oposición. A la constatación de la traición de los militares y del doble juego de los norteamericanos siguieron las malas noticias del frente de Las Villas, provincia en donde está ubicado el macizo montañoso del Escambray. El tren blindado lleno de soldados y pertrechos militares despachado a hacerle frente a los hombres de Guevara, Cubelas y Gutiérrez Menoyo, había sido vendido al enemigo por unos oficiales corruptos. Casi todo el ejército estaba podrido. Aparentemente se mantenía intacto, los mayores cuarteles estaban todavía en poder del Gobierno y ninguna gran ciudad se había rendido, pero era un cascarón vacío, una triste máscara. Y en medio de esa situación llegó la gota que colmó la copa: a mediados de diciembre un enviado especial del presidente Eisenhower se presentó en Palacio y le dijo a Batista sin contemplaciones ni medias tintas que ya no tenía la confianza de la Casa Blanca, que debía empacar e irse, organizando previamente un gobierno de salvación nacional que evitara el triunfo de los rebeldes de Castro. Batista lo escuchó atentamente, ensayó sin energía una respuesta de patriota herido, y le respondió que en Cuba había habido unas elecciones, Rivero Agüero había resultado electo, y él le entregaría el mando en el próximo febrero. Cuando el norteamericano, molesto, abandonó la habitación, Batista comenzó a preparar su fuga de manera inmediata. Se escaparía del país. Ni esperaría a febrero ni se expondría a que sus propios militares, de acuerdo con Castro, lo apresaran. Literalmente, se llenó de pánico y recordó la pesadilla de los días siguientes a la caída de Machado, cuando algunos de sus partidarios fueron linchados por turbas frenéticas. Él no quería morir arrastrado por las turbas. Tampoco le disgustaba dejarles a los norteamericanos un grave problema entre manos. ¿No lo habían, acaso, traicionado? ¿No lo habían traicionado los grupos económicos más poderosos, casi todos fidelistas? Allá ellos con lo que les vendría encima.

A fines de diciembre caía en manos de los rebeldes la primera capital de provincia, Santa Clara. Guevara y Cubelas eran los héroes de aquella jornada gloriosa. En la Sierra Maestra, pocos días antes se sumaban a la guerrilla de Castro dos prominentes miembros de la Agrupación Católica Universitaria: un carismático médico llamado Manuel Artime y un joven abogado de nombre Emilio Martínez Venegas, con fama de audaz y de buen organizador. Poco antes el jesuita Armando Llorente, viejo mentor de Fidel Castro, había subido a las montañas a conversar con su discípulo. La Iglesia, discreta y oficiosamente, aumentaba su compromiso con la insurrección. Batista se sabía perdido y aprovechó para largarse la noche del 31 de diciembre y la madrugada del primero de enero de 1959, calculando que en esas fechas y a esas horas los cubanos estarían pensando en cualquier cosa menos en política. Con cierta antelación, uno de sus hombres de confianza había volado a República Dominicana a tramitar la futura (y costosísima) hospitalidad de Trujillo. Batista envió previamente a parte de su familia a Estados Unidos «a pasar las Navidades». Hizo preparar un par de aviones, y, en el último minuto, abandonó la fiesta de fin de año y les mandó avisar a unos pocos amigos y colaboradores de confianza. Despegó desde un aeropuerto militar. A la inmensa mayoría de los batistianos con posiciones de responsabilidad los dejó a su suerte, sin importarle qué ocurriría con ellos o cuál sería su destino si sus enemigos tomaban el poder. Él se sentía traicionado y reaccionaba traicionando a todo el mundo. Parece que la fortuna que había acumulado en el exterior se acercaba a los doscientos millones de dólares. Para él no iba a ser un exilio difícil. Para muchos de los que se llamaron batistianos comenzaba una etapa de oprobios y penurias sin cuento. Algunos de sus hombres más próximos fueron dejados en tierra, como le ocurrió al ministro de Gobernación, Santiago Rey Perna, un hombre culto y combativo, quien, pese a ello, le continuó guardando una conmovedora lealtad. Otros, menos generosos, o más rencorosos, execraron su nombre. Es casi imposible que la historiografía futura redima la memoria de este político funesto. Es verdad que no fue torpe en la administración del Estado. Es verdad que Cuba en los años cincuenta había alcanzado un nivel medio de desarrollo que permitía ver con optimismo el futuro. Pero ésa es una verdad parcial. Con el golpe de Estado del 10 de marzo de 1952 Batista abrió la Caja de Pandora. Con su fuga del 1 de enero de 1959 dejó a la República inerme, sin instituciones y con todos los demonios revoloteando por la Isla.

IV

El comunismo ha llegado

La manipulación de la historia. Tres fotos oficiales de la revolución. En la primera Castro está acompañado por Carlos Franqui —al centro— y por Enrique Mendoza. En la segunda, Franqui ha caído en desgracia. En la tercera es Mendoza quien resulta extirpado de la historia.

Cuando Castro tuvo noticia de la fuga de Batista no se apresuró a volar a La Habana para sustituirlo. Envió a Camilo Cienfuegos y al Che desde Santa Clara —a mitad de camino de Sierra Maestra— a ocupar las principales instalaciones militares, mientras él, cautelosamente, casi parsimoniosamente, dedicó varios días a medir y aumentar sus fuerzas en un lento recorrido a lo largo de la Isla. La propaganda había establecido que tenía miles de seguidores, pero él sabía la verdad profunda: nunca había contado con más de unos cuantos centenares de guerrilleros. Todo había sido inteligente y deliberadamente exagerado. Se había acuñado la cifra de 20 000 muertos debidos a la dura mano de Batista, pero el número real estaba por debajo de los 1 800, infartos incluidos, y contando las víctimas de ambos bandos. Pronto la revista *Bohemia* recogería el exacto guarismo, con todos los nombres y apellidos. Cuba era demasiado pequeña para esconder cadáveres. Ni siquiera era posible erigirle un monumento al heroico revolucionario desconocido porque todos se conocían íntimamente. En todo caso, ¿cuál era, realmente, en ese momento, el peso específico de Castro en la sociedad cubana? Antes de la lucha insurreccional Fidel había sido un controversial dirigente político juvenil sin ninguna influencia nacional: ¿qué apoyo tenía ahora entre los cubanos tras los sucesos del Moncada y los dos años que había pasado en Sierra Maestra? Por otra parte, Batista se había ido, pero su ejército de casi cuarenta mil hombres permanecía prácticamente intacto. Castro tampoco conocía las intenciones de los norteamericanos, aunque los síntomas más obvios indicaban que esta vez iban a abstenerse de intervenir. Pero más que los enemigos lo que acaso le preocupaban eran los «amigos»: ¿qué iban a hacer Carlos Prío, el *Directorio*, el Segundo Frente del Escambray? ¿Reclamaría Prío la presidencia que Batista le había arrebatado para terminar su mandato y convocar a elecciones? Había, sí, el Pacto de Caracas, pero la súbita victoria dejaba un vacío de poder que hubiera podido tentar a cualquiera de los otros grupos. Castro, mientras sopesaba su propio respaldo popular, fue estudiando las reacciones de todos los factores de poder en la medida en que lentamente se acercaba a La Habana.

Esta especie de peregrinación tuvo un asombroso efecto catalizador. A cada paso que daba, a cada pueblo que llegaba, más cubanos emocionados se le unían, dando muestras de una total adhesión política. En la ciudad de Holguín lo intercepta para entrevistarlo un reportero de la revista *Bohemia*, Carlos Castañeda, ex compañero del Partido Ortodoxo, y Fidel le hace una pregunta reveladora e ingenua: «¿Crees que Miguel Quevedo [el director] me dará la portada?» El periodista, conocido en Cuba por una entrevista exclusiva que le había hecho al presidente Harry Truman, se asombra y le confirma lo que Castro intuye, pero todavía no sabe con precisión: «Claro, Fidel, tú eres la cabeza indiscutible; te dará la revista completa.» Y así era. Así comenzaban a percibirlo los cubanos. Cuando Castro llega a La Habana el 8 de enero, el país entero está postrado a sus pies. Ya no hay más liderazgo que el suyo. Carlos Prío es una referencia antigua. Grau no existe. Es apenas una voz cascada por el descrédito. Ya nadie se acuerda del Pacto de Caracas ni a nadie se le ocurre poner en duda la legitimidad del Gobierno que surgirá de las decisiones de Fidel Castro. Los otros grupos revolucionarios inclinan la cabeza. El *Directorio* hace algunos amagos por controlar ciertos simbólicos centros de poder —el palacio presidencial, la universidad— pero, tras los primeros forcejeos, los dirigentes admiten su derrota y se someten a la unidad-que-exige-la-patria. Es decir, aceptan la jefatura del *26 de julio* y de quien en ese minuto comienzan a llamar el *Máximo Líder*. Fidel tiene el apoyo casi total de la opinión pública y de todos los medios de comunicación. Es el amo absoluto del país y nadie se atreve a cuestionar o siquiera a preguntar de dónde emana su legitimidad para formar gobierno en solitario: es el héroe victorioso.

¿Qué tiene que hacer en ese momento? Se asigna varias tareas, y todas simultáneas y urgentes: crear un gobierno que dé confianza al país y transmita una imagen de seriedad y profesionalismo; castigar severamente a los batistianos derrotados para impedir que se reagrupen; consolidar su control sobre las fuerzas armadas y sujetar a los otros grupos insurreccionales. Pero todos estos objetivos no son más que los requisitos previos para ir preparando la verdadera y profunda revolución social que secretamente proyecta desde la Sierra Maestra, y de la que apenas existen atisbos, pues los cubanos todavía ignoran la carta enviada por Fidel a Celia Sánchez en el verano de 1958, donde le advierte y pronostica que el futuro les depara una verdadera y larga batalla contra Estados Unidos, oculto *leitmotiv* de sus desvelos revolucionarios.

El primer gabinete de la Revolución, es, pues, de lujo, e impecable desde el punto de vista de las credenciales democráticas. Incluso, se escora hacia el anticomunismo. El presidente designado es un juez, Manuel Urrutia, poco conocido, pero con una larga trayectoria de lucha por las libertades. Su Primer Ministro es un ilustre catedrático de Derecho, un penalista llamado José Miró Cardona, una de las cabezas mejor dotadas entre los juristas del país. El Ministro de Trabajo es Manuel Fernández, contador público, socialdemócrata de la cantera «guiterista», hombre austero y honrado donde los haya, quien coloca como *vice* al abogado Carlos Varona Duquestrada, uno de los jefes de la oposición en Camagüey, y al expedicionario del *Granma* César Gómez. Como ministro de Relaciones Exteriores queda situado Roberto Agramonte, catedrático de Sociología y heredero de Chibás. Rufo López-Fresquet, economista, pro norteamericano, es el de Hacienda, y sienta junto a él a José M. Illán, otro economista reputado, y uno de los pocos que en Cuba estaban familiarizados con la obra de Mises y de Hayek, y a Antonio Jorge, también buen economista, demócrata intachable, pero más cercano a las tesis keynesianas. Al ingeniero Manuel Ray, jefe de Resistencia Cívica, le encargan el Ministerio de Obras Públicas, y con él se lleva, como mano derecha, a otro joven demócrata, el arquitecto Henry Gutiérrez. La lista, naturalmente, es más larga

—Humberto Sorí Marín, Armando Hart, Elena Mederos y un inofensivo etcétera—, pero la tónica es la misma: las caras del primer gobierno de la revolución no dejan espacio para la alarma social. Sólo se presenta una discreta excepción en el terreno jurídico. Se trata de Osvaldo Dorticós Torrado, buen abogado de origen burgués nacido en Cienfuegos, muy comprometido con los comunistas, pero sus compueblanos sólo lo recordaban como una figura muy activa en el Yacht Club de la ciudad. Aparentemente, era lo que entonces se conocía como un *clubman*. Lo nombran ministro de Ponencia y Estudio de las Leyes Revolucionarias. En realidad es el «carpintero» secreto del proyecto socialista.

Un gobierno en la sombra

En efecto, aunque desconocido y borroso, y aunque lo ignoraran sus compañeros, Dorticós era la figura clave del gabinete, pues a él le correspondía comenzar a moldear el estado socialista de acuerdo con Fidel, quien manejaba otro gobierno en la sombra, mucho más radical, y en el que figuraban Ernesto Guevara, Alfredo Guevara, Raúl Castro, Antonio Núñez Jiménez, los hermanos Camilo y Osmany Cienfuegos y Ramiro Valdés, una especie de Laurenti Beria cubano, nacido con una truculenta vocación para ejercer de policía. Ese *otro* gobierno, el verdadero, pues el oficial siempre fue un episodio provisional para Castro, cuya génesis y evolución es el gran hallazgo del periodista e historiador Tad Szulc, se reunía en una casa en las afueras de La Habana, y allí, secretamente, se planeaba la forma y el ritmo con que se llevaría a cabo la transformación de Cuba en un estado comunista, proyecto que exigía una absoluta discreción, pues, de haberse conocido en ese momento, la reacción popular hubiera sido totalmente contraria, y el propio Movimiento 26 de julio, fundado sobre las bases del Partido Ortodoxo, hubiera saltado por los aires, dado que una buena parte de la dirigencia —Raúl Chibás, Armando Hart, Marcelo Fernández, Vicente Báez, Carlos Franqui, Faustino Pérez, David Salvador, Huber Matos, entre otros muchos— repudiaba totalmente la idea de un estado totalitario.

Es en este punto en el que Castro convoca a los comunistas a las reuniones secretas y coloca sobre la mesa su carta más audaz: la Revolución, en efecto, derivará hacia el modelo preconizado por los marxistas, pero a su debido momento, y en un proceso dirigido por Fidel, al que los viejos comunistas tendrán que subordinarse e integrarse, aunque, a cambio de la colaboración que presten, tendrán una clara cuota de poder, pero siempre dentro de un aparato unitario que los englobará a todos, mas bajo la inequívoca jefatura del Comandante. Serán tiempos difíciles, pronostica Fidel, y el encontronazo con la burguesía local y con los yanquis resulta prácticamente inevitable. Para casi toda la jefatura marxista la proposición fue una grata sorpresa. El 1 de enero de 1959 el PSP no tenía la menor idea de que había llegado al poder. Tanto es así, que la primera manifestación pública que hace es para pedir elecciones. Ellos habían practicado el *entrismo*. Esto es, habían «entrado» en la Revolución para intentar controlarla colocando a ciertos cabecillas comunistas entre los alzados en armas, o, por lo menos, habían tratado de influir en ella, pero el desenlace de este juego político había sido sorprendente: el sector más radical del *26 de julio*, con Fidel, Guevara y Raúl a la cabeza, era quien «entraba» en el aparato comunista y le pedía su franca complicidad para dos tareas clave que ellos, los fidelistas, no dominaban: la formación masiva de cuadros marxistas dentro de las fuerzas armadas y la creación urgente de una policía política capaz de someter a los enemigos cuando arreciara la lucha que inexorablemente se plantearía. Fidel tiene el poder y ha identificado su objetivo, pero no sabe cómo levantar la estructura y no confía en los cuadros de su propia organización. Lo que espera de los comunistas, sin embargo, es imprescindible para llevar a cabo sus planes: la sólida ingeniería leninista que se requiere para la creación y el sostenimiento de un estado totalitario. Y hay, todavía, un tercer aporte que pueden hacer los *peseperos:* crear un puente más sólido con Moscú, pues los contactos que tiene Raúl por medio de su amigo Leonov son demasiado laterales y débiles ante una metrópoli que cultiva con esmero las formas y las jeraquías burocráticas. El PSP, sin embargo, había sido un peón leal de Moscú desde su fundación en los años veinte hasta ese mismo momento, y tiene múltiples lazos con los camaradas que mandan en el Kremlin. Ellos pueden avalar la Revolución ante los so-

viéticos y crear zonas de colaboración, pero esos vínculos, naturalmente, los manejarán los fidelistas. Los dirigentes comunistas, representados por Blas Roca, Carlos Rafael Rodríguez y Aníbal Escalante
accedieron al pacto. Este último, quien nunca dejó de percibir a
Castro como un aventurero *putchista*, creyó que era posible no sólo
controlar el poder, sino, además, controlar a Fidel. El futuro le demostraría que estaba equivocado. Antes de tres años Escalante y un
grupo de comunistas irían a parar a la cárcel acusados de sectarismo.
Fue la *microfacción*, como se le llamó despectivamente. Fidel los
había reclutado para obedecer, no para mandar.

¿Por qué ha tomado Fidel Castro la senda marxista-leninista?
En rigor, por coherencia intelectual, y porque ese marco político le
resulta perfectamente útil para ejercer como cabeza de un gobierno
autocrático con el que piensa transformar a Cuba, y de ser posible,
a América Latina y al mundo entero. Se siente como una mezcla de
Martí y Bolívar, pero *leninizado*. Lo de la «coherencia intelectual» no
es difícil de explicar: cuando el pensamiento revolucionario radical
es desplegado hasta sus últimas consecuencias, el punto de llegada
es una sociedad comunista abiertamente enfrentada a los designios
imperialistas de los Estados Unidos. Si una persona creía —como Fidel— que la pobreza de una parte de los cubanos se debía a la ex-
plotación de los voraces empresarios y a la crueldad implícita del
sistema, lo moralmente justificable era borrar todo vestigio de capitalismo, sustituir el mercado por controles burocráticos estable-
cidos por revolucionarios justos, y procurar a toda costa la igualdad
de los cubanos. Si una persona pensaba —como Fidel y tantos revolucionarios de su época— que las inversiones extranjeras eran
una forma inmoral de saqueo, ¿qué otra cosa podía hacerse que con-
fiscarles sus propiedades a estos vampiros foráneos y «devolverlas»
al pueblo convirtiéndolas en empresas estatales? ¿No llevaban treinta años los revolucionarios cubanos de todas las tendencias pidiendo
la nacionalización de la banca y los servicios públicos? Si una persona
estaba convencida —como Fidel— de que la burguesía nacional, la
Iglesia, y el resto de los estamentos convencionales del país formaban parte de una estructura que generaba pobreza y opresión al servicio de los poderes imperiales vecinos, ¿no resultaba justo y necesario hacerles la guerra y destrozarlos? Si una persona, por último,

vivía persuadida de que el sistema democrático plural, con diversos partidos políticos que se disputan el poder, es una fuente permanente de corrupción y divisionismo, lo lógico es que, si tiene autoridad para ello, lo elimine de un zarpazo. Fidel, en realidad, no traicionó el pensamiento radical. Todo lo que hizo fue seguir la lógica de sus razonamientos revolucionarios hasta llegar al desenlace totalitario. Tenía ideas equivocadas, suscribía diagnósticos erróneos, y trató, simplemente, de ser consecuente con esos disparates. Llegó adonde tenía que llegar de acuerdo con su sesgada, maniquea e intelectualmente pobre visión de los problemas de la sociedad. Cumplió, en suma, con todo lo que los revolucionarios marxistas (y algunos no marxistas) llevaban prometiendo desde hacía treinta años en América Latina y ninguno se había atrevido a llevar a cabo. Todo esto se hubiera podido evitar si, a tiempo, en sus años formativos, hubiera leído los libros adecuados o hubiera recibido las influencias correctas, pero desde la década de los treinta Cuba vivía en medio de una cultura populista absolutamente fértil para alimentar cualquier clase de locura. Y él, Castro, era la expresión más acabada de ese lamentable caldo de cultivo.

Esto es importante entenderlo, porque entre las tonterías que se dicen sobre la Revolución cubana, ninguna es más injusta con Fidel, o más alejada de la verdad, que esa tan repetida de que «los norteamericanos *empujaron* a Castro en manos del comunismo y de la Unión Soviética». Eso es menospreciar a Castro, a Guevara y a ese puñado de hombres decididos que cambiaron de *motu proprio* la historia de Cuba. Eso es hasta racista, pues es como decir que un pobre señor de las Antillas no es capaz de entender el marxismo y dejarse seducir por él. Es casi como creer que las revoluciones comunistas sólo están al alcance de los sesudos comunistas europeos. Por supuesto que no: Castro, que se ha cansado de repetirlo sin demasiado éxito —lo afirmó en Madrid, por ejemplo, en los ochenta, ante las cámaras de la televisión española—, eligió el camino del comunismo voluntariamente, y, por la misma naturaleza de su decisión, en medio de la Guerra Fría, acabó situado en el campo soviético y enfrentado a Estados Unidos. Un suceso ni siquiera tan extraño en el momento en que ocurrieron los hechos: en 1957, cuando Fidel estaba en la Sierra Maestra, los comunistas y sus sim-

patizantes en todo Occidente vivían una etapa de esperanzada euforia. Sartre en París aseguraba que el mundo pronto seguiría el
ejemplo de la URSS. Todas las noticias que circulaban apuntaban
en esa dirección. Moscú inaugura la carrera espacial con el primer
sputnik. Desde hacía diez años la economía soviética crecía al ritmo del 10 por ciento anual y ya se hablaba de un mundo bipolar
dirigido por dos grandes potencias. A una de ellas, Fidel y ciertos
cubanos le atribuían casi todos los males que azotaban a la «república mediatizada»: ¿no conducía este análisis, directamente, a los
brazos de la otra?

Estados Unidos estaba parcialmente al margen de las intenciones de Castro. Como la Casa Blanca se nutría de diversas fuentes, los
informes eran contradictorios. El embajador saliente, Earl Smith,
advertía sombríamente que Washington tendría que enfrentarse a un
comunista fanático y antiamericano. La CIA, más benévola, pensaba que se trataba de un típico revolucionario latinoamericano (lo que
no era del todo falso), pero sin conseguir establecer claramente los
lazos entre Fidel y el viejo partido comunista. Había, sí, comunistas
en el gobierno, pero también anticomunistas. Todos coincidían, sin
embargo, en que estaban frente a un personaje pintoresco y peligroso que le proporcionaría ciertos quebraderos de cabeza al Departamento de Estado, y, dada la rápida fama que había adquirido en el
continente sudamericano, lo mejor era tratar de apaciguarlo. De
manera que despacharon a La Habana a un nuevo y experimentado embajador, Philip Bonsal, con instrucciones de que tratara de
acercarse lo más posible al flamante gobierno, y que pasara por alto
los ataques retóricos del fogoso líder en sus kilométricos discursos.
Eran cosas de un muchacho inexperto borracho de gloria. En todo
caso: ¿qué podía hacer la pequeña y dependiente Cuba frente a
Estados Unidos? ¿A quién le iba a vender su azúcar si Estados
Unidos dejaba de comprarle? ¿De dónde iba a sacar el petróleo o
los millares de *insumos* con que los cubanos mantenían el país funcionando? El 80 por ciento de las transacciones comerciales de
Cuba eran con Estados Unidos. Con la excepción de Venezuela, Cuba era el país de América Latina que más inversiones tenía y
recibía de Estados Unidos. Incluso descartando una intervención
militar, ningún gobierno cubano que se enfrentara a Estados Uni-

dos podía sobrevivir más allá de varios meses al agobio económico. La URSS, es cierto, podía intentar colocar su larga mano en el Caribe, pero hasta ese momento los jerarcas soviéticos suscribían la visión estratégica propuesta por Lenin y mantenida por Stalin: el comunismo no podría llegar a América Latina hasta que Estados Unidos, donde efectivamente existían grandes concentraciones proletarias, y, por consiguiente, conciencia de clase, hiciera su revolución. Sólo que en el Kremlin ya no mandaba Stalin, sino Kruschev, un campesino menos refinado intelectualmente, astuto y audaz, convencido de que en dos décadas su país habría sobrepasado a Estados Unidos y estaría a la cabeza del planeta. Un campesino que, obsesionado por ese objetivo, se dejará arrastrar al reñidero caribeño, como revela *A hell of a gamble*, un libro coescrito por un especialista soviético que cuenta muy elocuentemente cómo los cubanos engatusaron a los rusos, y no al revés, como usualmente se cree.

El *paredón de fusilamientos*

Curiosamente, el modelo jurídico del primer gobierno revolucionario quien lo proporcionó fue Batista. En 1952, cuando dio el golpe militar, Batista, proclamando textualmente que «la revolución es fuente de derecho», disolvió las dos cámaras del Parlamento cubano, asignándole la función de legislar al Consejo de Ministros; suspendió las leyes y normas de la Constitución del 40 que entraban en contradicción con su gobierno *de facto*, y hasta restituyó la pena de muerte en los Estatutos dictados a las pocas semanas de la toma del poder, aunque nunca hizo ejecutar «oficialmente» a ningún detenido. Siguiendo muy de cerca este precedente, no fue muy distinto lo que llevó a cabo el gobierno del presidente Urrutia y de su Primer Ministro Miró Cardona. Incluso, hasta repitieron la coartada legitimadora del depuesto dictador: «la revolución es fuente de derecho», y como esa definición servía para justificar prácticamente cualquier acto, no tardaron en producirse hechos realmente repugnantes para la sensibilidad de las personas educadas en el respeto a la ley y a las formalidades que inexcusablemente ésta conlleva. Se aplicaron, por ejemplo, con carácter retroactivo, penas y leyes que no existían cuando sucedieron ciertos actos que luego fueron tipificados como delitos. En cualquier caso, Miró sólo será Primer Ministro por unas semanas. Renuncia de acuerdo con el presidente, y en febrero Urrutia nombra a Fidel Castro al frente del Gobierno.

Ese desprecio por las leyes y por el comportamiento ajustado a Derecho se había observado desde los primeros días del triunfo revolucionario, cuando Raúl Castro, tras un simulacro de juicio revolucionario, había fusilado de espaldas a una zanja a unas cuantas docenas de oficiales de Batista que inmediatamente fueron enterrados sin siquiera esperar a que los médicos certificaran la muerte de los ajusticiados. Luego en La Habana —y en toda la Isla— se hicieron procesos judiciales públicos, con la presencia de la prensa internacional y de miles de personas que acudían a contemplar el enjuiciamiento de militares y policías acusados de ser «torturadores» y «criminales de guerra», delitos que no siempre se probaban de una manera convincente, pero que con frecuencia acarreaban la pena de muerte por fusilamiento o larguísimas sentencias a cárcel. Es en ese momento en el que los tribunales comienzan a manejar un insólito argumento para imponer las sentencias: surge la condena «por convicción». Si los honrados revolucionarios estaban convencidos de la culpabilidad de un desacreditado batistiano, aunque las pruebas fueran muy frágiles o inexistentes, podían y debían condenarlo con la mayor severidad.

¿Por qué Castro dejaba de ser el revolucionario bueno, el *Robin Hood* del Caribe, y exponía su imagen al desgaste de comparecer ante la prensa y la televisión como un tipo vengativo y sanguinario que filmaba y proyectaba en los cines las ejecuciones de sus enemigos? Porque estaba convencido de la importancia de la intimidación y el miedo para poder gobernar. Creía que el castigo y el escarmiento eran las dos armas irrenunciables del poder, y así lo reflejaba en su correspondencia personal, donde son frecuentísimas las referencias a Robespierre y su admiración por el terror revolucionario. Esta dureza, por supuesto, no siempre fue compartida por sus subalternos, y, por lo menos en una ocasión, provocó un incidente que comenzó a alertar a la ciudadanía sobre la clase de gobernante que se había adueñado del poder: ocurrió en los primeros meses del 59, cuando fueron llevados a juicio un grupo de pilotos militares acusados de «genocidas», algo que, sin la menor duda, no podían ser, puesto que los bombardeos y ametrallamientos de que les imputaban no iban encaminados a eliminar a ciertas personas por la etnia o la religión a la que pertenecían —que es lo que específicamente define el genocidio—, ni tampoco era posible establecer quién había disparado contra qué o contra quién, pues no existían pruebas ni récords que establecieran una clara responsabilidad de los inculpados. De manera que el presidente del tribunal, el capitán Félix Pena, ante tantas dudas, decidió absolverlos. Cuando esto se supo, indignado, Castro acudió a la televisión, y sin dar tiempo a excarcelar a los militares absueltos, manifestó su certeza sobre la culpabilidad de los pilotos y exigió un nuevo juicio. Naturalmente, éste se llevó a cabo y los pilotos fueron condenados a larguísimos períodos de cárcel. El capitán Pena, avergonzado, se voló la tapa de los sesos. Años después, Castro le aclararía a un visitante las razones que tuvo para mantener en la cárcel a los pilotos: eran los militares más competentes del batistato y los que más relaciones tenían con los norteamericanos en virtud del adiestramiento recibido. Ni siquiera habían sido condenados «por convicción»: todo fue el resultado de un cálculo político. La cárcel no era una venganza, sino una medida preventiva.

Al margen de los juicios revolucionarios —que, para vergüenza histórica del país, no asquearon a demasiada gente, como se comprueba en las enormes manifestaciones de personas que coreaban la consigna de «paredón, paredón»—, la inmensa mayoría de los cubanos recibió con los brazos abiertos algunas leyes populistas encaminadas a consolidar el apoyo masivo al Gobierno. Las más aplaudidas fueron la ley de alquileres, que rebajaba a la mitad la cuota mensual que pagaban los inquilinos, la reducción de las tarifas telefónicas y la ley de reforma agraria, que limitaba la tenencia de tierra a los latifundistas en beneficio de los campesinos que ninguna poseían o que la tenían en condiciones precarias. Para cualquier conocedor era obvio que estas leyes iban a afectar tremendamente a la producción nacional, tanto en el terreno de la cons-

trucción como en el de la agricultura, pero en ese momento la preocupación del Gobierno, especialmente la de Fidel, no era económica sino política. Para la tarea que tenía por delante, en una fase
en la que todavía no existían mecanismos de control y coerción,
necesitaba el apoyo masivo de los cubanos, y esas leyes se lo pro-
curaban generosamente.

Como es natural en cualquier sociedad abierta —y la cubana
todavía lo era en 1959—, a las pocas semanas de instalado el gobierno revolucionario comenzaron las críticas en los medios de
comunicación independientes, a las que el Gobierno respondía
acremente desde la prensa oficialista. Pronto se vio que cualquier
discrepancia era tildada de manifestación *contrarrevolucionaria*, y a
quienes la exteriorizaban los calificaban de batistianos o de agentes de la embajada yanqui. No tardaron en producirse algunas rup-
turas escandalosas. Aunque hubo varios casos previos, la primera
«baja» notable del enfrentamiento entre el ala democrática del
Gobierno y el ala comunista fue la del jefe de la Fuerza Aérea Revolucionaria, el comandante Pedro Luis Díaz Lanz, quien, tras unas
declaraciones críticas a propósito del comunismo, resultó desauto-
rizado por Fidel Castro, ante lo cual desertó en una pequeña lan-
cha, y al llegar a Estados Unidos denunció que el aparato militar
cubano estaba totalmente penetrado por miembros del Partido
Comunista que impartían adoctrinamiento y controlaban progresi-
vamente todos los resortes del poder. Eso fue en junio de 1959, y
el Gobierno respondió acusándolo de «malversador» y afirmando
que su actitud se debía, precisamente, a que sus deshonestidades
habían sido descubiertas. En julio, apenas a los siete meses de inaugurada su presidencia, y por las mismas razones, le tocaba su turno al propio presidente Urrutia, quien se vio obligado a abandonar
su cargo, y a quien, naturalmente, también acusaron de corrupción.
Desde entonces la costumbre ha permanecido invariable: los que
rompen con Castro, o los que pierden su gracia y buena voluntad,
son siempre reos de feos delitos y de actitudes moralmente censurables. Ninguna persona honorable se opone a la Revolución. Sólo
la gente desalmada. A Urrutia lo reemplaza Osvaldo Dorticós. Ya no
seguirá construyendo en la sombra el estado socialista: es el nuevo presidente y puede actuar a la luz del día.

A partir de estos dos incidentes los que siguen son casi una monótona repetición de un guión clásico. En octubre, por las mismas causas, el país se estremece como nunca antes: ahora quien es detenido y llevado a los tribunales es el comandante Huber Matos, uno de los héroes de la Revolución, jefe militar de la provincia de Camagüey, y el delito que le imputan es insólito: lo acusan de traición y sedición por haber renunciado al ejército mediante una carta tan firme como respetuosa dirigida a Fidel Castro, en la que señala su descontento por el rumbo comunista adoptado por la revolución. Castro lo hace detener por Camilo Cienfuegos —quien horas más tarde desaparece en un raro accidente de aviación—, y lo traen esposado a La Habana junto a varios oficiales de su Estado Mayor. Lo condenan a 20 años en un vergonzoso juicio militar. Pocos días antes de su detención habían renunciado el ministro de Trabajo, Manolo Fernández y los subsecretarios Carlos Varona y César Gómez. Para cualquier observador imparcial es totalmente obvio que Castro ha decidido acelerar la marcha de la Revolución hacia el modelo comunista y sólo está ganando tiempo para conseguir realizar este peligroso tránsito de una manera exitosa. Es ése el momento en el que numerosos combatientes de la lucha contra Batista deciden volver a conspirar, pues sienten que Castro ha traicionado la Revolución. La guerra contra la anterior dictadura —afirman— buscaba rescatar la democracia y restaurar la Constitución de 1940. Convertir la Isla en una tiranía comunista no formaba parte del proyecto original. Por lo menos del de ellos.

La destrucción de la sociedad civil

En noviembre del 59 el encontronazo entre revolucionarios demócratas y comunistas se reproduce en el X Congreso de la Confederación de Trabajadores de Cuba. Son tres mil delegados, y de ellos menos de trescientos son comunistas. La consigna de Fidel transmitida al líder del 26, David Salvador, es la unidad con los comunistas, a quienes pretende introducir a toda costa en el aparato rector, pero los dirigentes obreros la rechazan y Fidel tiene que acudir en persona a tratar de salvar la situación. Reinol González,

José de Jesús Planas y Eduardo García-Moure, tres líderes obreros jóvenes surgidos de la vertiente católica, se destacan en la apasionada defensa de la democracia. Roberto Simeón lo hace desde una posición *aprista*. Tras una burda manipulación se llega a una situación de compromiso. Es, no obstante, la única derrota que, provisionalmente, se le inflige al Gobierno. Pero pronto los comunistas conseguirán revertir la situación y controlar el aparato obrero. Les tomará algún tiempo, pero lo logran. Reinol, quien escoge el camino de la conspiración, pasará muchos años de sufrimientos en cárceles particularmente severas. García Moure y Planas tendrán que marchar al exilio en Venezuela, en cuya embajada en La Habana se vieron obligados a pedir protección diplomática junto a Roberto Fontanillas-Roig, quien años más tarde se convertiría en la cabeza más respetada de la emigración cubana en ese país.

La ofensiva y posterior ocupación de los medios de comunicación democráticos duró aproximadamente un año. A los ataques del periódico *Revolución*, órgano oficial del *26 de julio*, que desempeñó un tristísimo papel de acosador/acusador, y de *Hoy*, el de los comunistas, seguían los conflictos sindicales artificialmente instigados, y la utilización de turbas y amenazas para intimidar a los periodistas críticos. Los sindicatos obligaban a las empresas a publicar una «coletilla» aclaratoria tras cada artículo o información que se apartaba de la rígida línea del Gobierno. Algunos periodistas que habían sido notoriamente antibatistianos dieron batallas memorables contra la incipiente dictadura: Humberto Medrano, Ulises Carbó, Agustín Tamargo, Sergio Carbó, Miguel Ángel Quevedo, Luis Conte Agüero, Jorge Mañach, Pedro Leiva, Andrés Valdespino, Jorge Zayas, Viera Trejo, Aguilar León. Otros, más conservadores, como José I. Rivero y Gastón Baquero —uno de los grandes poetas del país—, también alzaron sus voces decididamente, arriesgando a veces la vida, pues la hacienda ya la daban prácticamente por perdida. Los periódicos, tal vez sin saberlo sus propios dueños, o acaso dándose perfecta cuenta de lo que ocurría, asumían el papel institucional de última trinchera de los ideales republicanos que se hundían. Pero uno tras otro eran triturados por la maquinaria totalitaria: *Bohemia, Avance, Prensa Libre, Diario de la Marina, Información, El Mundo, Zig-Zag, CMQ*. Y tras cada despojo se producía la ceremonia obscena: la turba, dirigida por agitadores, enterraba ataúdes vacíos con los cadáveres simbólicos de los periódicos confiscados mientras profería gritos y consignas revolucionarias.

Sin periódicos, sin Parlamento, sin partidos políticos, sin sindicatos independientes, con las instituciones gremiales silenciadas y los empresarios empobrecidos y aterrorizados, sin cauces de participación, cada vez era más fácil arrollar a la sociedad civil cubana, ya prácticamente desarbolada. El próximo «bastión» tomado por los comunistas fue el sistema de enseñanza privado. El pretexto era la necesidad de darle a todo el pueblo una misma y buena educación para no parcelar a la sociedad en clases diferentes y con distintas visiones de la realidad. Y no era falso el deseo del Gobierno de uniformar a todos los cubanos tras el mismo punto de vista, pero había otro elemento político más obvio: ningún estado comunista podía permitirse el lujo de que existieran islotes de libertad académica en donde pudiera florecer un pensamiento independiente y crítico. Muy pronto a los niños se les empezó a enseñar a leer con cartillas revolucionarias cargadas de un burdo mensaje ideológico: «La F de Fidel, la Ch de Che», y así hasta la M de «mi mamá me ama a mí y a Moscú». A lo largo de toda la Isla había centenares de buenas instituciones pedagógicas, generalmente al alcance de las clases medias y altas del país, aunque no eran exactamente escuelas de elite, pues su precio solía ser muy razonable. Entre los laicos, en La Habana, colegios, como Edison, La Luz, Baldor, Ruston, o Trelles habían alcanzado un notable nivel de excelencia. Entre los religiosos, disfrutaban una gran fama Belén —donde estudió Castro—, La Salle, Los Maristas, Las Ursulinas, El Sagrado Corazón, Las Dominicas, Los Agustinos o La Progresiva de Cárdenas y el Candler College —donde estudiaba el hijo mayor de Fidel Castro—, estos últimos dirigidos por pastores protestantes. Incluso, la mejor prueba de la calidad de la enseñanza que se impartía en estos centros podía comprobarse en la propia cúpula del poder revolucionario, tanto del *26 de julio* como del PSP: todos, sin una triste excepción proletaria, habían sido educados en buenas escuelas privadas religiosas o laicas. Ninguno era producto de las numerosas escuelas públicas del país, aunque muchas de ellas, especialmente en la segunda enseñanza o bachillerato, poseían un notable nivel educativo.

La confiscación de los centros de enseñanza y el total control o desaparición de las publicaciones independientes provocaron el enfrentamiento abierto y total entre la Iglesia católica y el Gobierno. Tradicionalmente y durante muchos siglos, la Iglesia ha concretado sus mayores esfuerzos en tres actividades vitales: propagar y mantener la fe religiosa en los templos, educar a las personas, especialmente a los niños y jóvenes, y diseminar información por diversas vías. De estas tres tareas, las dos últimas fueron súbitamente eliminadas por el Gobierno, mientras la primera se transformó en una conducta moralmente censurable. De pronto, acudir a la iglesia, bautizar a los recién nacidos o proclamarse católico comenzó a ser visto como sinónimo de oscurantismo, atraso y, finalmente, contrarrevolución. La Iglesia, cuya cabeza más visible era la de un valeroso obispo, monseñor Eduardo Boza Masvidal, protestó mediante cartas pastorales leídas en los templos, y hasta salieron a las calles algunas procesiones de católicos molestos por la agresión de que eran objeto, a las que respondían violentamente turbas organizadas por el Gobierno, pero lo cierto es que la sociedad, en su conjunto, no respondió a la llamada de los representantes de su fe, y Castro pudo neutralizar (y prácticamente liquidar) a este peligroso enemigo sin demasiados contratiempos. En un período sorprendentemente breve la Iglesia quedaba silenciada y reducida a las prácticas litúrgicas. Antes de dar la batalla, Castro probablemente sabía que la sociedad cubana, como la uruguaya o la costarricense, y al contrario de lo que sucedía en otras latitudes latinoamericanas, no era profundamente religiosa, y no sentía fuertemente la autoridad del clero. Cuando las campanas comenzaron a tocar a rebato, el pueblo se mantuvo indiferente en sus casas. Nadie se atrevió a protestar cuando más de 200 religiosos fueron obligados a zarpar en un barco rumbo a España, y tampoco cuando los sacerdotes Alfredo Petit, hoy obispo auxiliar de La Habana, y Jaime Ortega Alamino, hoy cardenal de Cuba, fueron internados en campos de concentración. Menos aún cuando el franciscano Miguel Ángel Loredo fue víctima de la «fabricación» de un delito contrarrevolucionario que jamás cometió, acusación por la que pasó más de una década en la cárcel: los diez años que la policía política había jurado apartarlo de la juventud que acudía a su convento en busca de consejo y guía espiritual.

Como era predecible, los demócratas cubanos no se iban a quedar cruzados de brazos mientras Fidel conducía la nación a toda máquina hacia el modelo comunista. Y como también era fácil de pronosticar, las primeras y más serias conspiraciones fueron organizadas por quienes provenían de la lucha contra la anterior dictadura, aunque hay que mencionar dos excepciones: ya en el 59 desembarca en Cuba al frente de una pequeña guerrilla un batistiano llamado Armentino Feria, ex comunista, excombatiente en la Guerra Civil española en las Brigadas Internacionales, hombre extraordinariamente valiente, pero su grupo es inmediatamente aniquilado. Muchos años más tarde, su hija, Áurea Feria, sería encarcelada por defender los derechos humanos. Poco después aborta una conspiración montada por batistianos desde República Dominicana, con la clara intervención de Trujillo, delatada en Cuba por los hombres de Gutiérrez Menoyo, quienes supuestamente se habían comprometido a cooperar con los invasores, pero, en realidad, les tendieron una celada. Decenas de personas —algunas de ellas inocentes— fueron a parar a las cárceles. No obstante, el batistianismo no es la tónica de la oposición. Los más grandes movimientos anticastristas surgen en las filas de los revolucionarios de filiación católica, en los auténticos de Prío y Tony Varona y en el ala democrática del Movimiento 26 de julio. Lo que a continuación sigue no agota la infinita lista de agrupaciones anticomunistas surgidas en los primeros años de la Revolución ni a los centenares de hombres y mujeres que intentaron impedir el establecimiento del comunismo en Cuba, pero es probable que recoja las principales agrupaciones y las personas que mayor relevancia alcanzaron.

La insurrección anticomunista

El primer foco anticomunista de la vertiente católica posiblemente fue el Movimiento Demócrata Cristiano, fundado por José Ignacio Rasco en 1959 para dar la batalla política, objetivo que muy pronto derivó en lucha clandestina. Poco después se vertebró otro núcleo de oposición en torno a la Agrupación Católica Universitaria, sector elitista orientado por los jesuitas, que poseía una honda conciencia social y cierta experiencia en el trabajo con los campesinos. Sus principales dirigentes eran el médico Manuel Artime, teniente en Sierra Maestra, el abogadó Emilio Martínez Venegas, también excombatiente junto a Fidel Castro, el joven psiquiatra Lino Fernández y el ingeniero Rogelio González Corso. Otras dos figuras algo más jóvenes comenzaron inmediatamente a descollar, especialmente tras un sonado incidente en que «desagraviaron» a Martí colocando unas flores ante su estatua tras una ceremonia similar llevada a cabo por Anastas Mikoyan, el gran *apparatchik* soviético de visita en Cuba: los combativos estudiantes de la Universidad de La Habana, Alberto Müller y Manuel Salvat, ambos con arraigo y simpatías en las facultades de Derecho y Ciencias Sociales. De esta cantera católica surgieron dos grupos conspirativos íntimamente vinculados: el Movimiento de Recuperación Revolucionaria (MRR) y —de nuevo, como en los años treinta y en los cincuenta— el Directorio Revolucionario Estudiantil (DRE). El MRR, sin embargo, amplió sus lazos a zonas ajenas a la militancia católica e incorporó a su directiva a dos personajes que habían tenido una destacadísima presencia en la Sierra Maestra: los capitanes del ejército rebelde Higinio *Nino* Díaz y Jorge Sotús, un temerario hombre de acción que había sido la mano derecha de Frank País.

Los auténticos en esta fase anticastrista ya no respondían a Prío, sino a otros tres líderes: a Tony Varona, su ex *premier,* quien junto a sus viejos compañeros de la lucha contra Machado —más alguna cara nueva, como la del líder estudiantil Alfredo Carrión Obeso— había creado un movimiento anticastrista llamado Rescate Revolucionario, al polémico Aureliano Sánchez Arango, conspirador irredento, de nuevo al frente de la *Triple A*, y, como en el caso de Varona, rodeado de buenas personas, pero política y generacionalmente más cercanos a la historia cubana de los años treinta y cuarenta que de los sesenta que entonces se estrenaban. Y junto a ellos, sin apenas estructura o militantes, se situaba Justo Carrillo, un inteligente economista, poseedor de una desbordada imaginación para las intrigas políticas, líder de un pequeñísimo partido —Movimiento Montecristi— que tenía la enorme ventaja y movilidad de ser casi *a-one-man-show.*

La tercera fuente del anticastrismo, la que directamente venía de las propias filas de la dirección de la revolución, era la más nutrida y variopinta. Sus cabezas muy pronto fueron Manuel Ray, ex dirigente de Resistencia Cívica en la batalla contra Batista y luego ex ministro de Obras Públicas, fundador en esta etapa del Movimiento Revolucionario del Pueblo (MRP) junto —entre otros— a Reinol González, un sindicalista de origen católico y Héctor Carballo, un jovencísimo líder estudiantil de Las Villas; Pedro Luis Boitel, líder en la universidad de los estudiantes del 26, y David Salvador, Secretario General de la CTC Revolucionaria, creador de un vasto partido obrero de oposición clandestina llamado *Movimiento 30 de noviembre,* en recuerdo del alzamiento de Frank País en esa misma fecha del año 1956. Al *30 de noviembre,* en posiciones de graves responsabilidades, se habían unido algunos sindicalistas y el ex capitán del ejército rebelde Hiram González, un verdadero experto en materia de sabotajes y espectaculares fugas de presidio. El *30* llegó a contar con células activas en casi todas las grandes empresas del país, pero fue un objetivo inmediato de los cuerpos de inteligencia.

Ninguno de estos grupos fue ajeno a Estados Unidos desde el momento mismo de su constitución, aunque los lazos del *30* fueron los más débiles y los del MRR los más fuertes. No es que la embajada norteamericana los crease artificialmente, sino que la oposición a Castro percibía a Washington como el aliado natural frente al comunismo, y quienes en ella participaban, tal vez ingenuamente, se sentían como la *resistencia* francesa, como los *maquis* frente a los nazis, siempre auxiliados por los servicios de inteligencia de Estados Unidos o de Inglaterra, y siempre orgullosos de esa natural cooperación. Y esta colaboración ni siquiera era nueva, pues había comenzado durante el gobierno de Carlos Prío, a partir de 1948, cuando se desata la Guerra Fría y Estados Unidos decide fortalecer sus lazos con los demócratas anticomunistas en todas partes, pero especialmente en América Latina. Por aquellos años, precisamente en La Habana, en un evento en el que se destacó notablemente Raúl Roa, luego y por muchos años canciller del castrismo, se funda el *Congreso por la libertad de la cultura* con dinero canalizado por la CIA, y un buen número de intelectuales y políticos de lo que entonces se llamaba la *izquierda democrática,* muchos de ellos ex comunistas, comienza a refutar todas las iniciativas propagandísticas soviéticas camufladas tras los consabidos «congresos por la paz» o «de la juventud» auspiciados tras la Cortina de Hierro. Es la época en que la Organización Regional Interamericana (ORIT), con la discreta ayuda de la CIA, le daba la batalla a la Federación Mundial de Trabajadores, cuyos hilos se manejaban sin demasiados tapujos desde Moscú. Entre los cubanos más jóvenes, además, el antiamericanismo se había debilitado enormemente, concentrándose ese sentimiento en los grupos políticos del vecindario marxista. Prácticamente todos los contenciosos entre La Habana y Washington habían sido resueltos a favor de Cuba. En 1925 los norteamericanos admitieron finalmente la soberanía cubana sobre Isla de Pinos, en litigio desde 1898, cuando ladinamente intentaron apoderarse de ella; en 1934 habían abrogado la Enmienda Platt; el azúcar producido en la Isla tenía un precio y trato preferenciales; los norteamericanos no apoyaron el golpe de Batista de 1952 (que los sorprendió y disgustó), y luego le declararon un embargo de armas al dictador. Estados Unidos era, además, el país que había derrotado a los nazis y les había hecho frente a los comunistas en Corea. Las compañías norteamericanas radicadas en Cuba pagaban los mejores salarios y ofrecían las mejores condiciones a los trabajadores. La imagen, pues, del gran vecino norteño, contrario a la posterior reescritura de la historia, finalizada la década de los cincuenta, era muy positiva para la mayor parte de la población de la Isla. Se le veía, en general, como un país heroico y como una influencia benéfica.

La oposición y Washington

Sin embargo, a pesar de la afinidad de principios e intereses entre la oposición democrática cubana y la sociedad norteamericana, las relaciones entre estas dos entidades eran totalmente asimétricas. Para Estados Unidos los demócratas cubanos no eran unos aliados que merecían ser ayudados por razones morales y políticas, no eran correligionarios ni compañeros de lucha, y a nadie en Washington se le ocurría compararlos mentalmente con los *maquis*. Eran apenas una simple herramienta para desalojar del poder a un enemigo al servicio de la URSS, y el método para lograr este propósito era desatar ciertas campañas subversivas planeadas y financiadas por medio de la CIA. Era así, de una manera distante y policiaca, como Estados Unidos bregaba con este tipo de conflicto. Fue así como lo manejó en la Guatemala de Arbenz y ahora repetía la misma pauta de comportamiento con los cubanos. Mientras la URSS trataba a los camaradas de los partidos comunistas de Occidente con la deferencia que le merecían sus colegas en el campo ideológico, y se relacionaba con ellos en el terreno político, Washington sólo atinaba a establecer unas vinculaciones vergonzosas y semiocultas con los cubanos, por medio de oficiales de inteligencia que respondían a nombres ficticios y compraban lealtades y colaboraciones con dinero o con pertrechos bélicos que sólo entregaban a quienes se subordinaban a sus planes. En efecto, la CIA, muy profesionalmente, pero con el ademán burocrático de quien apenas realizaba un delicado trabajo más —lo que resultaba totalmente cierto—, aportaba dinero, adiestramiento, armas y materiales para sabotajes, pero junto con todos esos elementos daba también las órdenes, hacía los planes, y elegía a sus preferidos, desnaturalizando de alguna manera lo que debía ser la lucha de una sociedad independiente por conquistar sus libertades.

¿Cuándo comenzó Estados Unidos a tratar seriamente de derrocar a Castro? Es posible —nadie lo sabe con certeza— que en marzo de 1960 un saboteador de la CIA haya volado el buque belga *La Coubre* en la bahía de La Habana para evitar que los pertrechos de guerra que traía fueran entregados al ejército de Castro, pero de lo que no parece haber duda es de que esa explosión coincidió con el momento exacto en que la administración de Eisenhower, que mantenía contactos fluidos con la oposición desde mediados de 1959, decidió finalmente liquidar por la fuerza al Gobierno cubano. En ese instante la Casa Blanca, totalmente convencida de las crecientes relaciones de complicidad política y militar entre Moscú y La Habana, asesorada por el Consejo Nacional de Seguridad y por la CIA, decide poner en marcha un plan de presiones económicas y apoyo a la subversión interna. El plan incluye restricciones en la compra de azúcar, el adiestramiento y fomento de sabotajes, propaganda, guerra psicológica, guerrillas rurales, y muy pronto cristaliza en la creación del Frente Democrático Revolucionario, cuyas figuras principales son Manuel Artime (MRR), José Ignacio Rasco (MDC), Tony Varona (Rescate), Justo Carrillo (Montecristi) y Aureliano Sánchez Arango (Triple A). Se trata de una suma entre la vertiente católica y los grupos de oposición originados en el autenticismo. Quienes no figuran en la coalición, al menos provisionalmente, son los elementos anticomunistas procedentes del *26 de julio*. Y quienes están expresa y deliberadamente excluidos son los batistianos. Nadie quiere darle a Castro una buena excusa para desacreditar a sus adversarios con esa etiqueta.

Esta colaboración entre la CIA y la oposición pronto se traduce en un aumento considerable del terrorismo tras la aparición en Cuba de explosivos refinados como el C-3 y el C-4. Las bombas, sin embargo, casi nunca son colocadas —como sí sucedió en época de Batista— en sitios públicos donde podían cobrarse vidas inocentes, aunque ciertos incendios intencionales, provocan, efectivamente, algunas muertes. Por esas fechas comienzan las transmisiones por onda corta de una emisora llamada *Radio Swan* y hay un ajetreo febril de conspiradores en todas las provincias y en todos los niveles del Gobierno. Voluntariamente, o alentados por la CIA, se producen varias deserciones importantes en el cuerpo diplomático, y entre éstas la más significativa es la de José Miró Cardona, quien fuera nombrado embajador en España tras su renuncia como Primer Ministro. Mientras tanto, algunos dirigentes de la Revolución, ya desafectos al castrismo, como el comandante Humberto Sorí Marín, ex ministro de Agricultura, viajan clandestinamente a Estados Unidos para reunirse con otros líderes oposicionistas con el objeto de planear una insurrección generalizada. Comienzan a entrenarse los primeros guerrilleros bajo la dirección de la CIA. Originalmente, el proyecto de Eisenhower no es invadir Cuba, sino darle a Castro la misma medicina que éste le dio a Batista. Castro, naturalmente, no permanece inmóvil. Recibe del «campo socialista» miles de toneladas de armas que distribuye entre su gente, mientras envía a unos cuantos centenares de sus soldados y oficiales de confianza a recibir formación militar en las academias del mundo comunista. Hace más de un año que creó las milicias populares, y hace pocos meses que organizó barrio por barrio los Comités de Defensa de la Revolución (CDR). Los comunistas, con la ayuda de varios expertos traídos de la URSS, de Alemania y de Checoslovaquia, han montado una policía política cada vez más eficiente e implacable. El método más utilizado es el de la infiltración. La inteligencia político-militar, dirigida por Ramiro Valdés con asesoría soviética, tiene, literalmente, a miles de hombres y mujeres buscando información y penetrando incesantemente a los grupos oposicionistas. Esta labor no se limita a Cuba: en el exilio —donde ya pasan de trescientos mil los desterrados—, el FBI calcula que por lo menos cinco mil informan a las autoridades cubanas. Unos lo hacen por convicciones, otros por dinero, y un tercer grupo, para proteger familiares amenazados dentro de Cuba. Muchos se convierten en agentes dobles. Las cárceles de la Isla comienzan a llenarse hasta los topes y los piquetes de fusilamiento no descansan. La lucha, ciertamente, es a muerte.

Pero donde el enfrentamiento comienza a cobrar mayor virulencia es, paradójicamente, donde la CIA y el Frente Democrático Revolucionario tienen menos influencia: en las montañas del Escambray, antiguo feudo del *Directorio* y del *Segundo Frente*, sitio en el que se va creando espontáneamente la mayor concentración guerrillera de toda la historia de Cuba: hasta tres mil hombres organizados en columnas invariablemente dirigidas por ex oficiales del ejército rebelde prestigiados en la lucha contra Batista. Pronto sus nombres son revelados por las transmisiones radiales clandestinas. Se trata del capitán Porfirio Ramírez, presidente de la Federación de Estudiantes de las Villas, del comandante Plinio Prieto, del capitán Sinesio Walsh, y de los oficiales Tomás San Gil, Osvaldo Ramírez, Julio Emilio Carretero, Rafael Gerada y Margarito Lanza (*Tondike*). Hay muchos más, y entre ellos alcanza una enorme notoriedad el comandante Evelio Duque, quien demuestra un liderazgo fuera de lo común que en cierto momento lo coloca a la cabeza de todos los alzados. Pero Castro no es Batista y sabe que el peor error que puede cometer un gobierno es permitir la existen-

cia impune de una fuerza guerrillera. Así que alista a sus batallones de milicianos, prohíbe que se utilice la palabra «guerrillero»
para designar a estos enemigos, y les da un nombre a las nuevas
unidades militares con el que comienza por disputarles a los alzados la condición de adversarios políticos: llama a los suyos *Batallones de lucha contra bandidos*. Lanza entonces ofensiva tras ofensiva, utilizando a decenas de miles de soldados que registran metro
a metro y piedra a piedra una y otra vez el macizo montañoso, hasta
localizar y destruir a los guerrilleros, fusilándolos inmediatamente, al tiempo que deporta a cualquier campesino sospechoso o indiferente al otro extremo de la Isla, a Pinar del Río, en un pueblo
creado para alojar a estos nuevos «reconcentrados». El pueblo se
llama Sandino. Años más tarde, cuando Raúl Castro hace el recuento de estos hechos —que en su época apenas fueron recogidos por
la prensa—, revelará que la lucha duró entre 1960 y 1966, y le
costó a las Fuerzas Armadas nada menos que seis mil bajas, y entre ellas las de varios oficiales de rango mayor que pelearon bravamente. Prácticamente todos los jefes guerrilleros murieron en combate o fueron fusilados. Evelio Duque fue uno de los pocos que
consiguió escapar al exilio.

En el año 1960 había elecciones en Estados Unidos, y Cuba,
poco a poco, se estaba convirtiendo en un *issue* de la campaña entre
republicanos y demócratas. La prensa reportaba diariamente sobre
las crecientes relaciones entre los cubanos y los soviéticos, y la
sociedad norteamericana comenzaba a asustarse del cálido romance
surgido entre Nikita Kruschev y Fidel Castro. Por otra parte, la CIA
le comunicaba a la Casa Blanca que no iba demasiado bien la lucha subversiva contra Castro, entre otras razones, porque los alzados apenas recibían armas o pertrechos norteamericanos. La guerra del Escambray era encarnizada, pero los alzados no la estaban
ganando. Los grupos clandestinos, realizaban sabotajes y distri-
buían propaganda, pero no eran capaces de presentar un riesgo
mayor a las fuerzas de la Seguridad del Estado. Incluso, en octubre de ese año de 1960 el Gobierno de La Habana había confisca-
do la casi totalidad de las empresas nacionales y extranjeras de alguna entidad, y la respuesta de la ciudadanía había sido nula. Y dos
razones tal vez explicaban esta aparente apatía: por una parte, la

eficacia letal de la policía política, pero, por la otra, prevalecía entre los cubanos la convicción total de que Washington no podía permitir el establecimiento de una nación comunista aliada de la URSS a 140 kilómetros de su territorio. De ahí que para los cubanos anticastristas lo más sensato fuera tratar de salvar ciertos bienes muebles —dinero, joyas— y emigrar a Estados Unidos a la espera de que los marines solucionaran el problema.

Ante esa coyuntura, Eisenhower dio la orden de que se aumentaran notablemente los campos de adiestramiento de los cubanos exiliados, hasta constituir una fuerza invasora capaz de desembarcar en la Isla, tomar alguna ciudad importante, sumar a la población y derrotar al ejército de Castro en el terreno militar, dando por sentado que esa expedición contaría con cierta ayuda de Estados Unidos y el apoyo diplomático de otros pueblos. Es decir: se pasaba de un escenario en el que Castro caía del poder por las presiones internas, a otro en el que lo determinante eran los factores exteriores. Para esos fines, resultaba conveniente, como recomendó la CIA, ampliar el arco de la oposición, extremo que se reflejó en la creación de un nuevo organismo opositor al que se llamó Consejo Revolucionario Democrático, dirigido por José Miró Cardona, el ex primer ministro de los primeros tiempos de la Revolución, uniéndose a ese Consejo el ingeniero Manuel Ray y su Movimiento Revolucionario del Pueblo, y, por supuesto, las organizaciones de católicos anticomunistas y los auténticos que ya figuraban en el sacrificado Frente Revolucionario Democrático. El mensaje, pues, era transparente: el Gobierno de Estados Unidos se proponía acabar con el comunismo en la Isla, pero sosteniendo el espíritu revolucionario que animó la lucha contra Batista. Y para demostrarlo ahí estaban, en el primer plano de la oposición prohijada por Washington, Miró Cardona y Manolo Ray. Y junto a ellos otras figuras también respetables de la anterior contienda: Tony Varona, Manuel Artime, José Ignacio Rasco, Alberto Müller y Aureliano Sánchez Arango. Este último, disgustado por la manera en que la CIA manejaba las actividades anticastristas, algo más adelante renunciaría al Consejo y declararía visionariamente que la expedición planeada sería un costoso error.

Playa Girón

Finalmente, las elecciones norteamericanas tuvieron lugar en diciembre de 1960 y salió electo el joven John F. Kennedy, millonario, ex senador por Massachusetts, héroe de la Segunda Guerra Mundial, premio Pulitzer por unos ensayos históricos, y ferviente anticomunista. Durante su campaña había recurrido al tema cubano para atacar la falta de decisión de Eisenhower y de Nixon, el vicepresidente y contendiente en la disputa electoral. ¿Cómo la administración republicana había permitido el establecimiento en Cuba de un estado vasallo de la URSS —se preguntaba retóricamente—? ¿Por qué no había hecho nada por impedirlo? En realidad Kennedy sí sabía que la CIA había puesto en marcha una operación encaminada a derrocar a Castro, pero también sabía que Nixon estaba obligado a guardar silencio, de manera que podía golpearlo impunemente en los debates o en sus alocuciones políticas.

El grueso de la fuerza expedicionaria cubana, formada por exiliados, estaba acantonada en una región remota de Guatemala, donde los reclutas recibían un intenso adiestramiento. La Brigada pronto tomó como nombre el número 2506 del soldado Carlos Rodríguez Santana, accidentalmente muerto durante el entrenamiento. El jefe militar seleccionado fue José San Román, un buen oficial de carrera que, muy joven, había servido en las Fuerzas Armadas de Cuba durante el gobierno de Batista, pero terminó por sublevarse, de manera que por un breve período permaneció en el ejército rebelde tras el triunfo de la revolución. El segundo al mando era Eneido Oliva, de biografía más o menos calcada de la de San Román, quien luego en la batalla resultara un excelente militar, y con los años llegaría a ser general de las Fuerzas Armadas norteamericanas. El jefe político era Manuel Artime, la cabeza del MRR, y junto a él y en posición de gran responsabilidad, Emilio Martínez Venegas. Este último debía desembarcar en Cuba al frente de uno de los equipos de infiltración que precederían a los invasores, llevando a cabo actos de sabotaje y maniobras de distracción. Con él estaban, entre otros, Benito Clark, José Basulto, Edgar Sopo, Manuel Comellas, Carlos López Oña, Jorge Recarey, y hasta cuatro docenas de telegrafistas, expertos en demolición, inteligencia y el resto de los menesteres propios de esas actividades paramilitares. En una operación independiente, ya se habían infiltrado en Cuba Alberto Müller y Juan Manuel Salvat para preparar un alzamiento en Sierra Maestra, mientras el médico Lino Fernández intentaba un esfuerzo similar en las montañas del Escambray. La moral de los brigadistas era bastante alta. Estaban seguros de que ganarían la batalla final contra el castrismo.

Cuando John F. Kennedy llegó a la Casa Blanca, a fines de enero de 1961, uno de los mayores y más endiablados problemas de cuantos le esperaban era el «asunto cubano». Cerca de un millar de hombres —llegarían a ser 1 400— aguardaban prácticamente listos para ser lanzados en Cuba, pero la operación no estaba exenta de riesgos. Casi semanalmente el Kremlin hacía ominosas advertencias sobre las represalias que podían esperarle a quien atacara a Cuba, y, además, desde la perspectiva del flamante presidente no era una buena señal para el mundo inaugurar su mandato con un conflicto bélico en el que Estados Unidos aparecía como el agresor. Por otra parte, a esas alturas resultaba imposible desmantelar los campamentos de Guatemala y poner fin a la operación de la CIA sin exponerse a un mayúsculo escándalo doméstico que se resumía en esta probable acusación: «Así que el anticomunista que criticaba a Eisenhower y a Nixon por su aparente pasividad en el caso cubano, lo primero que hace al llegar a la Casa Blanca es ahogar la estrategia republicana contra Castro.»

Puesto en esa disyuntiva, y con el ánimo de quedar bien con los dos aspectos conflictivos de la situación, Kennedy toma la peor de las decisiones: le daría luz verde a la expedición, pero sin involucrar directamente a las Fuerzas Armadas norteamericanas, y sin que fuera demasiado evidente la relación de Washington con los invasores. Se dedica, pues, a borrar sus huellas en la medida de lo posible y a tratar de reducir las dimensiones de la conflagración bélica. Primero, para bajar el «ruido» internacional cambia el sitio del desembarco. Ya no sería cerca de Trinidad, con las montañas a las espaldas, una ciudad de regular tamaño y bien ganada fama de anticastrista que hubiera podido sumarse masivamente a los expedicionarios, sino elige otro punto a bastantes kilómetros de ese sitio, en una casi deshabitada zona de la costa sur, flanqueada por una ciénaga inhóspita, conocida de dos maneras diferentes: Girón y Bahía de Cochinos. Segundo, aprueba que las tropas sean trasladadas en lentos y pesados barcos de carga, desarmados y sin una debida protección, de manera que tuvieran la apariencia *amateur* de una operación montada enteramente por exiliados. Tercero, reduce el número de incursiones aéreas, sin tomar en cuenta el escaso volumen de fuego de los aviones bombarderos, limitación que dejará en pie a las tres cuartas partes de la aviación de Castro. Kennedy le teme a la alharaca de sus adversarios y sabe que, finalmente, Estados Unidos, bajo su dirección, está haciendo algo para lo que no está legitimado por los acuerdos internacionales. No tiene un mandato de Naciones Unidas y ni siquiera ha buscado el apoyo de la Organización de Estados Americanos. Sueña, pues, con que mágicamente los invasores, en una operación rápida e indolora, van a derrotar a Castro sin necesidad de una intervención de Estados Unidos. La CIA, que no está de acuerdo con los cambios de planes ni con el encogimiento de la capacidad militar de la Brigada, tampoco presenta grandes objeciones al Presidente. Sin decirlo, los jefes de la operación acaso no descartan que la Casa Blanca, forzada por los hechos, acabaría por ordenar el envío de soldados norteamericanos. Pero es el optimismo lo que prima: abrigan la fantasía de que, tras el desembarco de los expedicionarios, la moral de los comunistas se desmoronará y las tropas se sumarán al adversario. Algo así había sucedido en Guatemala, ¿no?

El 15 de abril, escasos y esporádicos, se iniciaron los bombardeos sobre los aeródromos militares, y el 17 comenzaron a desembarcar los primeros expedicionarios y a ser lanzados los paracaidistas tras las líneas enemigas, dirigidos por Alejandro del Valle. Curiosamente, los equipos de infiltrados que debían colaborar con la invasión no fueron avisados. El grueso de la expedición llegó en varios lentos y antiguos barcos mercantes que muy pronto se convertirían en blancos perfectos para los T-33 y los *Sea Fury* del Gobierno cubano. Otra fuerza más pequeña, con algo más de un centenar de hombres, bajo el mando del capitán *Nino* Díaz, se aproximó a las playas de Oriente, en la otra punta de Cuba, con el propósito de distraer al ejército, pero no encontró las condiciones adecuadas y se abstuvo de desembarcar. El arribo de los expedicionarios a Playa Girón fue precedido por un equipo de hombres-rana, coordinado por Eduardo Zayas-Bazán, e inmediatamente comenzó el combate. Contrariamente a lo que señalaba la inteligencia militar, sí había guardias apostados en aquella zona, de manera que a los pocos minutos de iniciado el desembarco ya Castro tenía conocimiento de que, al fin, la anunciada y esperadísima invasión había tocado tierra cubana. En ese momento su instinto le señaló que no podía permitir que sus enemigos consolidaran una cabeza de playa, pues el próximo paso acaso sería instalar un gobierno provisional, buscar el reconocimiento de varios países latinoamericanos y legitimar así una intervención colectiva. Había, pues, que atacarlos sin cuartel hasta destruirlos, propósito que logró en sólo tres días de combates furiosos, lanzando miles de milicianos y soldados sobre los expedicionarios. Tras el hundimiento o la fuga de los barcos de transporte, los invasores, aunque habían peleado con valor y eficacia, haciéndole al enemigo cinco bajas por cada una de las que ellos sufrieron, se habían quedado sin municiones, sin defensas contra la incesante artillería del Gobierno o contra los ataques de la aviación, y tuvieron que rendirse en masa para no ser totalmente aniquilados. Sólo unos pocos lograron escapar, pero no siempre con suerte. En un bote que quedó a la deriva durante muchos días varios expedicionarios murieron de hambre y de sed, entre ellos Alejandro del Valle, Raúl Menocal y José García Montes, como luego contaran los horrorizados sobrevivientes Raúl Muxó y Julio Pestonit. No obstante, al contrario de lo que solía ocurrir en el Escambray, se respetó la vida de quienes se entregaron. Pero al menos en un caso los captores actuaron despiadadamente: cuando encerraron a un número elevado de prisioneros en un camión hermético para su traslado a La Habana. Al abrir las puertas encontraron nueve expedicionarios muertos por asfixia y otras dos docenas a punto de perecer. Eran más de cien hombres apiñados en una hermética caja de metal bajo el inclemente sol del Trópico, recuerda Amado Gayol, uno de los supervivientes. El responsable de esta criminal negligencia parece haber sido Osmany Cienfuegos, el hermano de Camilo, y el único caso que se conoce de un oficial del ejército rebelde que se inventó unos galones de capitán de Sierra Maestra sin haberse movido jamás de su cómodo exilio mexicano durante la dictadura de Batista. Tal vez creyó que la crueldad en el trato a los prisioneros compensaba su inexistente pasado insurreccional.

Súbitamente, *Camelot*, como le gustaba a Kennedy que llamaran a su ilusionada Administración, se convirtió en *Serendip*, el tragicómico reino en el que todo sucedía al revés de lo previsto. Kennedy había conseguido exactamente lo contrario de lo que se propuso: el mundo entero, ante las pruebas más contundentes, ahora lo acusaba de haber lanzado una operación militar contra un país con el que no estaba formalmente en guerra, y la invasión, además, había fracasado. Y si el presidente americano antes no había sabido qué hacer con el millar largo de reclutas apostados en Guatemala, ahora tendría que afrontar la enorme vergüenza de que, por su culpa, por su impericia, por sus indecisiones y, sobre todo, por su total desconocimiento de quién era Castro, esos hombres ahora estaban presos en las cárceles cubanas y unos ciento cincuenta habían perecido en una absurda batalla. Situación que se le hacía terriblemente incómoda, dado que afectaba directamente a los exiliados interlocutores de la CIA y de la propia Casa Blanca, pues entre los prisioneros estaban los hijos y familiares cercanos de los dirigentes civiles del Consejo Revolucionario Cubano, y de políticos y empresarios muy notables de Cuba: José Miró Torras, *Carlitos* Varona, José Andreu, Juan y Jorge Suárez Rivas, Rafael Montalvo, Waldo Castroverde, Enrique Llaca, Jorge Alonso, Ernesto Freyre, Julio Mestre, Alfredo Durán, Jorge y Julio Tarafa y otra docena de personas muy conocidas y respetadas entre la comunidad de exiliados.

Para Castro, al contrario, el episodio de Playa Girón significaba el más sensacional triunfo de su vida política. Esta victoria le había dado la oportunidad de plantear clara y desembozadamente la militancia comunista de la Revolución. Lo hizo el día 15 de abril, cuando comenzaron los bombardeos, quemando todas las naves ideológicas, obligando a la sociedad a definirse y a los soviéticos a comprometerse a fondo. Pero todavía había otras ventajas políticas de mucho más calado: la fallida invasión le dio la coartada perfecta para que la policía política detuviera sin contemplaciones a decenas de millares de opositores reales o potenciales, que fueron hacinados en estadios deportivos y edificios públicos custodiados por el ejército, quebrándoles el espinazo a prácticamente todas las organizaciones anticastristas que existían en el país. Y una vez apresados e identificados los prisioneros, algunos de los mayores dirigentes de la oposición fueron fusilados sumariamente. Así murieron, entre otros, el ex comandante del ejército rebelde Humberto Sorí Marín, Rogelio González Corso, Antonino Díaz Pou, y los dirigentes del *Directorio* Virgilio Campanería y Alberto Tapia Ruano. Dureza que no constituyó un caso excepcional, sino que fue la norma durante los días de la invasión: en las cárceles políticas fueron colocadas cargas de dinamita y los guardianes recibieron la orden de asesinar a todos los presos en caso de que los expedicionarios, efectivamente, consolidaran sus posiciones. Asimismo, todas las embajadas extranjeras, en las que unos cuantos centenares de opositores habían recibido asilo, permanecían rodeadas por el ejército, y se sabía que los soldados estaban preparados para el asalto de los recintos diplomáticos. Si la invasión hubiera triunfado, o si el régimen se hubiera visto en peligro de que tal cosa sucediera, miles de cabezas habrían rodado antes de llegar al desenlace, recuerda Aldo Messulan. Si Castro perdía el poder, su final hubiera llegado en medio de un estruendo wagneriano. Él lo decía constantemente: no estaban frente al guatemalteco Arbenz.

Pero ganó. A fines de abril, disipado el humo de la batalla, Castro tenía razones para sentirse feliz y seguro. Casi toda la oposición estaba descabezada, sus líderes presos o muertos, las guerrillas que resistían en el Escambray eran cada vez más débiles, y el gobierno de Kennedy, a cuya cuenta había ido a parar el fracaso, se había quedado sin fórmulas para intentar derrocarlo. Todavía sostenido por la CIA, pero desorientado y sin funciones, aún se mantenía en Miami el *Consejo* presidido por un Miró Cardona y por un Tony Varona atribulados por la derrota y la prisión de sus hijos, coléricos por la traición de que habían sido objeto, pero, aunque nadie lo admitía, era evidente que la fase guatemalteca ya se había agotado frente a la realidad política cubana. Si Estados Unidos insistía en derribar al Gobierno cubano, tendría que hacerlo con sus propias tropas. Al mismo tiempo, Moscú había tomado buena nota del desarrollo de los hechos. La imagen de Castro había adquirido una colosal dimensión en todas partes, pero muy especialmente en la URSS, donde aparecía como el líder, ya comunista declarado, que le había infligido una derrota humillante a Estados Unidos. El Kremlin, por primera vez en su historia, podía contar en América Latina con un aliado fiable y peleador que no se dejaba arredrar por Estados Unidos, y daba la impresión de que el presidente norteamericano era un tipo blando e irresoluto relativamente fácil de intimidar. Este dato era importante, pues Estados Unidos, como consecuencia de la Guerra Fría, y para evitar la paridad nuclear, desarrollaba la estrategia de rodear a la URSS de bases militares desde las que se apuntaba a Moscú con aviones y misiles atómicos, como los colocados en Turquía, y podía ser una magnífica idea reproducir en Cuba el mismo esquema, de manera que los norteamericanos comenzaran a vivir con la cuchilla colocada a dos centímetros de la yugular, exactamente igual a como les ocurría a los ciudadanos soviéticos. Algo de esto, incluso, les habían susurrado los cubanos en otro momento a los soviéticos, pero justificándolo desde un ángulo diferente: si Estados Unidos sabía que en Cuba había armas nucleares capaces de destruir a la nación americana, o, por lo menos de causarle un daño extremo, se abstendría de intentar el derrocamiento del gobierno de Castro. Nadie juega con fuego. Especialmente con fuego nuclear.

Tras el *fiasco* de Bahía de Cochinos, como le llamó la prensa norteamericana a este incidente, Kennedy se enfrentaba a dos problemas diferentes con relación a Cuba. Uno, de carácter moral y humanitario: cómo rescatar a los 1 400 hombres presos y sentenciados en las cárceles cubanas. El otro, de orden estratégico: era evidente que, estimulados por el fracaso de la invasión, los soviéticos aceleraban sus lazos militares y políticos con Cuba, algo que ponía muy nerviosos a los analistas del Pentágono. Al primer asunto pronto, afortunadamente, comenzó a encontrarle una solución: Castro estaba dispuesto a amnistiarlos y devolverlos a Estados Unidos mediante una copiosa compensación en tractores, medicinas y alimentos. No era exactamente un gesto de bondad, sino una calculada medida política para humillar a sus adversarios yanquis y cubanos con una operación en la que los soldados derrotados, como si fueran cosas, eran canjeados por potes de compota o cajas de penicilina. Castro pensaba, además, que mantener a esos

soldados presos en las cárceles cubanas era alimentar la obligación
y los compromisos de Estados Unidos con la oposición, así que le
pareció mucho más rentable, a su debido tiempo, reembarcarlos
rumbo a Miami, adonde irían a rumiar sus frustraciones, y en donde muy difícilmente intentarían repetir la aventura. Las delicadas
operaciones para efectuar el canje fueron juiciosa y trabajosamente llevadas a cabo por algunos de los familiares de los prisioneros,
y no llegaron a buen fin hasta muchos meses después, cuando a
Castro le pareció oportuno.

De la crisis de los misiles a la muerte de Kennedy

El segundo problema —la creciente presencia soviética en la
Isla— ahora tenía que ser abordado por Kennedy de forma diferente. Ya no se podía insistir en invasiones de exiliados o en la reor-
ganización de la lucha clandestina en Cuba. Esos escenarios habían
sido definitivamente liquidados con Bahía de Cochinos. Si se persistía en la idea de derribar a Castro —algo que se convirtió en una
obsesión para los hermanos Kennedy, puesto que Bobby, el Fiscal
General, también la había hecho suya— la única opción disponible, llena de riesgos y muy costosa, era lanzar directamente al combate a las Fuerzas Armadas norteamericanas. Habría, naturalmente, cubanos anticastristas en esa invasión, pero actuarían como
parte de las tropas norteamericanas, plan que le comunicó la CIA
a los dirigentes del Consejo Revolucionario Democrático en el verano de 1962. Por esas fechas, un alto oficial de ese organismo viajó
a Miami y mantuvo conversaciones secretas con Miró Cardona y
con Tony Varona: la Casa Blanca estudiaba la posibilidad de invadir Cuba, y, ante esa contingencia, era indispensable sondear la via-
bilidad de reclutar jóvenes exiliados que desembarcarían junto a las
tropas norteamericanas. Esta vez no habría traición. Estados Unidos jamás abandona a sus hombres en medio de la batalla. Pero
mientras eso ocurría en Estados Unidos, algunos cubanos recién
llegados al exilio aportaban pruebas y testimonios que describían
una presencia rusa en Cuba bastante mayor que la detectada por la
inteligencia norteamericana hasta ese momento. En efecto: cuarenta

mil soldados y técnicos soviéticos trabajaban febrilmente en la Isla en el fortalecimiento de las defensas de Castro, iniciando la construcción de bases militares con rampas de lanzamiento capaces de disparar enormes misiles nucleares contra Estados Unidos. Era, pues, como dos trenes en marcha que recorrían el mismo camino pero en direcciones opuestas. En algún momento se produciría la inevitable colisión.

Ocurrió en octubre de 1962. En los primeros días de ese mes los servicios de espionaje aéreo colocaban sobre la mesa de Kennedy las pruebas irrefutables de que se preparaba el emplazamiento de cohetes nucleares capaces de destruir a Estados Unidos tras pocos minutos de vuelo. Ante esta evidencia, Kennedy dio la orden de poner en alerta a las Fuerzas Armadas norteamericanas y acelerar inmediatamente el reclutamiento de exiliados en unas llamadas *Unidades Cubanas* que enseguida comenzaron a reclutarse en Miami para ser enviadas a Fort Knox en el estado de Kentucky. La opción más probable consistía en ordenar la destrucción preventiva de las instalaciones militares en la Isla y el inmediato desembarco de las tropas norteamericanas. La tensión aumentaba por horas y los incidentes se multiplicaban. A los pocos centenares de cubanos ya situados en el campamento de Kentucky, como recuerda José de la Hoz, los llevaron inmediatamente al campo de tiro para enseñarlos a disparar, y el capellán les preguntó quiénes eran católicos y querían confesarse, pues no deberían tardar en entrar en acción. En la Isla todo el ejército cubano estaba también en zafarrancho de combate. Castro no admitía el *derecho* de los aviones espía a volar sobre *su* territorio, y en medio de la crisis uno de ellos, un U-2, fue derribado por un cohete aparentemente lanzado desde una base controlada por los soviéticos. La guerra parecía inminente e inevitable ante la alternativa planteada por la Casa Blanca: o los rusos retiraban los misiles de Cuba o se produciría el enfrentamiento militar. Cuba fue bloqueada por la marina norteamericana. Castro, siempre belicoso e indomable, le sugirió a Kruschev que no cediera. En un telegrama cifrado, uno de los textos más irresponsables de la historia, le pidió que atacara primero a Estados Unidos, sin importarle lo que pudiera ocurrir con Cuba, pues los patriotas cubanos estaban dispuestos a morir por la digna causa del socialismo. En el último minuto Kruschev dio la orden de retirar los misiles. La Tercera Guerra mundial no estallaría por su culpa. Y hubiera estallado, porque lo que entonces no sabían los norteamericanos es, primero, que ya había algunos misiles listos para ser disparados; y, segundo, y mucho más escalofriante, que en ese momento existían en Cuba armas nucleares tácticas en manos de los rusos que podían ser utilizadas a discreción por los oficiales de unidades menores. Si las tropas norteamericanas hubieran desembarcado en Cuba, un simple coronel de infantería de las fuerzas soviéticas apostadas en la Isla hubiera podido dar la orden de atacarlas con estas «pequeñas» armas atómicas —capaces de borrar del mapa a un regimiento en un segundo—, lo que con toda probabilidad hubiera desencadenado una respuesta nuclear total contra la URSS.

La *Crisis de los Misiles* —como la bautizó la prensa— se saldó con una victoria política para Kennedy, que había demostrado una firmeza hasta entonces nunca vista, y con un Kruschev derrotado que recibió, sin embargo, un secreto premio de consolación concedido para tranquilizar a los militares soviéticos humillados por el incidente: Estados Unidos decidió sacar de Turquía los «obsoletos» misiles Júpiter que apuntaban hacia Rusia desde una base de la OTAN. Ése fue el *quid pro quo* pactado con Moscú. Castro, no obstante, se sintió profundamente humillado porque el acuerdo Kennedy-Kruschev había sido negociado a sus espaldas, aunque él también obtuvo una notable ventaja del arreglo: Estados Unidos se comprometió a no invadir Cuba, siempre y cuando la URSS se abstuviera de utilizar la Isla para colocar armas ofensivas que pusieran en peligro la seguridad norteamericana. Es decir, Castro había logrado con la retirada de los misiles el mismo objetivo que se había propuesto cuando pidió que los instalaran: impedir una invasión norteamericana. En diciembre de ese mismo año, a las pocas semanas de haberse zanjado la más peligrosa disputa de la historia, casi todos los prisioneros de Bahía de Cochinos eran amnistiados y aterrizaban finalmente en Estados Unidos. Así Castro liberaba a Kennedy de un compromiso del que el mandatario norteamericano sólo podía evadirse destruyendo al Gobierno que los mantenía en la cárcel. Era una jugada inteligente de Castro y en el momento correcto. Los invasores estuvieron en la cárcel menos de dos años. Sólo unos pocos no fueron excarcelados. El Gobierno les cobró algunas cuentas políticas pendientes.

Pero Kennedy no era un estadista frío, sino un hombre bastante más visceral y emotivo de lo que percibía la opinión pública. Tan pronto los ex prisioneros de la Brigada 2506 arribaron a Miami, el presidente participó en un acto público junto a Jackie, su mujer, y recibió de manos de los jefes de la Brigada una bandera cubana, prometiendo que algún día la devolvería en una Cuba liberada del comunismo. Y no lo decía de una manera ritual para halagar a los cubanos, sino porque continuaba decidido a terminar con la dictadura cubana, aunque se hubiera visto obligado a descartar cualquier proyecto de invasión directa. ¿Cómo lograr ese objetivo? Una medida que enseguida autorizó fue la creación de comandos de exiliados cubanos que se infiltrarían en Cuba, recabarían inteligencia y atacarían objetivos del Gobierno para mantener viva la llama de la esperanza. Los comandos aparentarían ser independientes, mas estarían alimentados por la CIA. Pero la más importante de todas las medidas debía permanecer en secreto: el asesinato de Fidel Castro. Era un acto tremendamente audaz, pero parecía ser el camino más directo para terminar con el comunismo, puesto que todos los expertos coincidían en que la cubana era una tiranía personal, pendiente de la autoridad casi ilimitada del Máximo Líder. Muerto Castro, el pronóstico era que la Revolución colapsaría al poco tiempo. ¿Y quién podía ponerle el cascabel a ese gato montaraz y arañador? La respuesta que se dio Kennedy no fue la más inteligente ni resultaba moralmente aceptable proviniendo del líder democrático de un Estado de Derecho: la mafia. La mafia que era perseguida en Estados Unidos por cometer crímenes horrendos, iba a ser discretamente requerida para que en Cuba le prestara un servicio sangriento a la nación americana. Era un total despropósito, pero ni siquiera se trataba de la primera vez que tal cosa ocurría: durante la Segunda Guerra mundial el Gobierno norteamericano le había pedido a *Lucky* Luciano cierta cooperación para ayudar al desembarco aliado en Sicilia. Seguramente alguien recordó el precedente cuando *Bobby* Kennedy comenzó a moverse en esa peligrosísima dirección.

Sólo que en ese pacto con la mafia tal vez esté la raíz del asesinato del propio presidente Kennedy. Como se sabe, en noviembre de 1963 Kennedy fue abatido por un francotirador llamado Lee Harvey Oswald, miembro del Comité pro justo trato para Cuba, una organización de simpatizantes castristas fundada a principios de la década ante la presencia del propio Che Guevara, a la sazón de visita en Estados Unidos. Oswald, que parece haber sufrido serios desajustes mentales, había vivido en la URSS, adonde dijo trasladarse por afinidad ideológica, se había casado con una rusa, pocos días antes de la muerte de Kennedy había estado en la embajada cubana en México, y, finalmente, frente a docenas de periodistas y fotógrafos, cuando era trasladado de prisión, un conocido hampón, Jack Ruby, lo asesinó.

¿Qué fue lo que realmente sucedió? Hay mil hipótesis y el expediente todavía está abierto. Sin embargo, el presidente Johnson, sucesor de Kennedy, según sus colaboradores más íntimos, vivió y murió convencido de que las manos de Castro y de la mafia, combinadas, eran responsables de este crimen. ¿De qué manera? El famoso periodista Jack Anderson, el columnista «sindicado» de más difusión en el país, llevó a cabo una investigación que luego transmitió por la televisión norteamericana reconstruyendo los hechos de la siguiente forma: Fidel Castro descubre que la mafia planea ejecutarlo por instrucciones de Kennedy y, muy dentro de su psicología de ojo por ojo y diente por diente, decide responderle al presidente en el mismo terreno: para eso cuenta con un extraño sicópata llamado Oswald entre sus simpatizantes fichados. A la mafia, por su parte, la amenaza convincentemente: los servicios secretos cubanos pueden comenzar a matar mafiosos impunemente, y sin la menor posibilidad de que se les devuelva el golpe, porque los pandilleros norteamericanos ni siquiera saben a quiénes tienen que enfrentarse. Ellos, los mafiosos, están preparados para pelear contra otras bandas, o para matar a ciertas personas mediante «contratos», pero no pueden luchar contra enemigos sin rostro que poseen mejores armas, están mejor entrenados y cuentan con un santuario al cual escapar si corren peligro. Al FBI, sujeto en una maraña legal, le es muy difícil derrotar a la mafia, pero para la Dirección de Inteligencia de Cuba es relativamente fácil. ¿Y qué tendría que hacer la mafia para quitarse de encima esa amenaza? Matar a Oswald y eliminar con ello las huellas de La Habana en el asesinato de Kennedy.

¿Es cierta esta teoría? Quién sabe. Por lo menos tiene una estructura lógica. Pocos días antes de la muerte de Kennedy, Castro, de visita en la residencia del embajador brasilero en La Habana, declaró, enigmáticamente, que las armas que hoy le apuntaban a él, mañana podían volverse contra quien las pagaba. Era la teoría de Johnson y la de Anderson, pero hay otras en las que los villanos son exiliados cubanos o agentes de la CIA o magnates del petróleo, o todos juntos y revueltos. Sin embargo, esta teoría contiene, por lo menos, cuatro datos incontrovertibles: lo único que sabemos con toda certeza es que Oswald mató a Kennedy, que estaba en contacto con los agentes de Castro, que Ruby mató a Oswald, y que Ruby no era un idealista trastornado por delirios ideológicos, sino un tipo mafioso que regentaba un cabaret de mala muerte. Y si la teoría es cierta, ¿por qué Robert Kennedy, que siguió siendo por un tiempo Fiscal General de la nación no la exploró hasta el final? Porque se hubiera hecho pública su bochornosa y delictiva complicidad con la mafia en el intento de asesinato de un Jefe de Gobierno, por muy comunista y enemigo de Estados Unidos que fuera, y tal vez ése hubiera sido el fin de su carrera política, el comienzo de un grave pleito de carácter penal y una clara deshonra para su hermano muerto.

Pero da igual si los perros son galgos o podencos. Lo cierto es que con la muerte de Kennedy el derrocamiento de Castro dejó de ser una obsesión de la Casa Blanca, y poco a poco se fueron extinguiendo las medidas activas encaminadas a tratar de destruir la dictadura cubana. A partir de los balazos de Dallas, el sucesor de Kennedy, Lyndon Johnson, que no se sentía personalmente humillado por Bahía de Cochinos, ni padecía una especial aversión a Castro, ni contaba con amistades entre los exiliados, orilló la «cuestión cubana» y empezó a combatir tenazmente a su propio enemigo vietnamita. Por otra parte, reconocer la vinculación de Castro con la muerte de Kennedy, dada la indignación que esto hubiera provocado a la sociedad norteamericana, ineludiblemente implicaba invadir a Cuba y arriesgarse a una guerra con la URSS, algo que atemorizaba a Johnson, como se desprende de sus conversaciones con el senador Richard Rusell y de las confidencias que le hiciera a Joseph Califano, su secretario de Salud, Educación y Bienestar Público, luego reveladas por el veterano periodista Henry Raymont. Lo más prudente, pues, acaso era enterrar cuanto antes el asesinato de Kennedy —para lo cual se creó la escasamente creída Comisión Warren— y aprender a convivir con un Fidel Castro al que resultaba muy difícil o peligroso tratar de desalojar del poder. Quedaron, eso sí, como reliquias de la etapa anterior, y como consecuencias de la Guerra Fría, una «política cubana» basada en el sostenimiento de tres objetivos de largo alcance inscritos dentro de la estrategia general de contención del comunismo: el mantenimiento de presiones económicas (embargo), aislamiento político y diplomático de Cuba, y propaganda e información constantes sobre la realidad de la Isla. Pero ya nadie volvió a pensar en invasiones o en esfuerzos subversivos serios. El tiempo, suponían resignados, se encargaría de resolver lo que los políticos norteamericanos o los cubanos anticastristas no fueron capaces de solucionar. Desaparecido Kennedy, no había más peligros importantes en el feliz horizonte de un Castro al que se le había despejado su sendero hacia la gloria.

V

Los fines, los medios y los logros

Carnicería cubana en la actualidad.

Para qué todo esto? Quiero decir: ¿para qué se hacía la Revolución, ese enorme y sangriento esfuerzo? La respuesta de Fidel Castro y de su círculo más próximo contenía dos elementos estrechamente relacionados: para cambiar a Cuba y para cambiar al mundo. Y «cambiar» para ellos quería decir terminar con las injusticias de unas sociedades en las que unas personas habían acumulado riquezas y otras habían sido «desposeídas» de esas riquezas. Cambiar a Cuba significaba crear una sociedad igualitaria en la que todos tuvieran un alto nivel de prosperidad y desarrollo, quitándoles sus bienes a los que los tenían para dotar con ellos a los que no tenían, pues las desigualdades parecían repugnarles de una manera visceral. Para los castristas, inmersos en una concepción muy antigua de la economía, la riqueza era una cosa estática, algo metido en un cofre, una cantidad inmutable de recursos que había que repartir «correctamente». El mismo razonamiento luego se extendía al plano internacional. Al margen del placer mismo que les producía la aventura subversiva —esa grata e intensa sensación física de luchar por una causa sagrada y ser los heroicos protagonistas de una gran hazaña—, había que terminar con las injusticias de los países que todo lo poseían y todo lo consumían, mientras otros apenas alcanzaban los niveles mínimos de supervivencia. Para Castro y su más próxima gente, las naciones prósperas no habían creado con su trabajo e inventiva la riqueza de que disfrutaban, sino que se la habían arrebatado a las naciones más débiles: el desarrollo era un juego de suma-cero.

Ésa era la *visión*. Castro y sus hombres de confianza vivían en un mundo cruel e injusto que manifestaba su miseria moral en unas desigualdades que servían para explicar el bienestar de unos y la miseria de otros. Y era paradójica esa postura, pues a Fidel y Raúl les hubiera bastado analizar la biografía de Ángel Castro, el laborioso padre, inmigrante trabajador como tantos gallegos, para comprobar que la riqueza no se le quita a otros, sino que se hace, se crea, beneficiando en ese proceso a numerosas personas. Y si la sagacidad les hubiera alcanzado para trasladar ese juicio al plano internacional, les hubiera resultado muy fácil comprobar que las naciones más ricas del planeta eran aquellas que no se caracterizaron por la creación de imperios explotadores, como era el caso de Suiza, Dinamarca, Alemania o Suecia, mientras algunos de los imperios mayores y más tenaces de la historia —Portugal, Turquía, España— no consiguieron desarrollarse convenientemente. En todo caso, sujetos a ese evidente error intelectual que lastraba de inicio la gestión de Gobierno, el castrismo deducía su *misión* de este pobre diagnóstico. La *misión* que se autoasignaban, o que les deparaba la Historia, así con una dramática mayúscula, era corregir esos desniveles. ¿Cómo? En primer lugar, transfiriendo los activos de las «pocas» manos en que se encontraban a un Estado benefactor administrado por revolucionarios justos que multiplicarían esa riqueza en beneficio de todos. El estado-empresario sería la panacea. Un Estado que tendría a su cargo la tarea de industrializar el país a marcha forzada mediante el relativamente simple procedimiento de importar fábricas llave-en-mano del mundo socialista. Todo era coser y cantar. Si los revolucionarios habían podido derrotar a Batista a tiro limpio, con la misma eficiencia podían fabricar automóviles o exportar helicópteros. Y se lo creían, claro que se lo creían a pie juntillas: el Che Guevara en Punta del Este, Uruguay, en 1962, ante una asombrada asamblea internacional, explicó seria y candorosamente cómo en el plazo de apenas una década Cuba ya habría alcanzado a Estados Unidos y estaría a la cabeza del mundo.

En realidad, se trataba, ante todo, de un problema de falta de preparación. Prácticamente la totalidad de los dirigentes eran universitarios, pero sus títulos académicos no les impedían ser unos perfectos ignorantes, tanto en materia de Gobierno como en los asuntos relacionados con la economía. Fidel Castro era un abogado sin experiencia. Raúl Castro apenas había aprobado algunas asignaturas de Ciencias Sociales. El Che era un médico recién graduado que había servido en un leprocomio por un breve período. Carlos Rafael Rodríguez había estudiado derecho y economía marxista, pero toda su vida no había sido otra cosa que un dedicadísimo *apparatchik*, modestamente subsidiado por el PSP, dedicado a las batallas internas del Partido, aunque había llegado a ser ministro sin Cartera en el gabinete de Batista de los años cuarenta. Antonio Núñez Jiménez era un geógrafo y espeleólogo aficionado. Alfredo Guevara había estudiado filosofía y letras, pero el valor que Fidel y Raúl Castro le asignaban, y por lo que de alguna manera lo distinguían, era por cierto refinamiento personal, expresado en sus modales más que en sus ideas, que deslumbraba a los rústicos hermanos. Pero ninguno de ellos, en verdad, tenía la menor idea sobre cómo se creaba la riqueza o sobre cómo se destruía, salvo los disparates que habían aprendido por medio de la vulgata marxista dispensada en aquellos tiempos. Fidel Castro, por ejemplo, había tomado unos cursillos en la sede del Partido Socialista Popular a fines de los años cuarenta, en la calle Carlos III 609, como recuerda Bernardo Martínez Niebla, ex dirigente provincial del PSP, donde en tres lecciones mágicas y vertiginosas, muy apropiadas para su furiosa impaciencia, le contaron el cuento marxista de la plusvalía y otras superficialidades maravillosamente útiles para «entender» los conflictos de la sociedad de una manera urgente, aunque minuciosamente equivocada.

El otro problema de estos revolucionarios era la absoluta ausencia de experiencia empresarial, y, en los casos de Fidel y Raúl, incluso laboral. Para ellos la vida había sido la violencia o la discusión política a vuelo rasante en medio de chorros de café y bajo la densa capa de humo expedida por los habanos. Eran revolucionarios del género tertuliano. Jamás habían sometido sus hipótesis a un análisis académico serio y mucho menos las habían contrastado con la experiencia empírica. Hablaban incesantemente, sin tregua, mesura o conciencia de su propia ignorancia. No sabían lo que eran el trabajo, el ahorro, la inversión, pero estaban seguros de lo que había que hacer para transformar a Cuba en una nación puntera. Ignoraban el manejo de una nómina, la formulación de presupuestos, el desarrollo de planes de corto, medio o largo alcance. Jamás se habían enfrentado a responsabilidades económicas propias. Hasta el momento de alcanzar el poder, habían vivido del dinero enviado por el padre, o de las arcas de la Revolución, pero nunca se habían asomado al mundo real de la producción, y mucho menos a la literatura que explicaba en dónde radicaban las ventajas del capitalismo y su mayor eficiencia frente al socialismo como modo de crear y asignar riquezas. Aislados por unas espesas orejeras ideológicas, ninguno de ellos jamás había oído hablar de la Escuela Austriaca —ya insistentemente mencionada en La Habana por el notable empresario Goar Mestre—, de Marshall, de Mises, Hayek o de cualquier otro persuasivo defensor del mercado. Teñidas sus entendederas por una leve pátina marxista, aun cuando se proponían conseguir el desarrollo de Cuba, ni siquiera habían tenido la mínima curiosidad de asomarse al fenómeno de la Alemania de Ludwig Erhard, aquel democristiano liberal de la Escuela de Friburgo, autor de un verdadero milagro de recuperación y desarrollo que estaba ocurriendo precisamente en la década de los cincuenta, ante los ojos cerrados pero vehementes de los revolucionarios cubanos. ¿No sabían lo que estaba sucediendo en la Alemania occidental, en contraste de lo que acontecía en la comunista, mientras ellos soñaban con el socialismo radical? Del simple examen de esa experiencia —o de la japonesa— hubieran podido deducir otros caminos mucho más racionales si de verdad querían lograr la rápida prosperidad de los cubanos, pero esas vías moderadas y trabajosas carecían de *glamour* revolucionario. Eran fórmulas burguesas sin el menor atractivo para los *hombres de acción*, como entonces se autotitulaban con cierto orgullo encharcado en testosterona.

¿Acaso era imposible en Cuba, en esa época y en ese momento, entender el desarrollo de otro modo que el que proponían los marxistas? Falso. Todo era cuestión de ponderar correctamente las causas de la pobreza. Exactamente por los mismos años en que Castro intentaba su «gran salto adelante» desde postulados tercermundistas, Singapur, que en 1963 alcanzaba la independencia, se proponía los mismos objetivos, pero elegía el camino del mercado, la propiedad privada y la colaboración estrecha con el Primer Mundo. Lee Kwan Yew, que también era un revolucionario dispuesto a «quemar etapas», en lugar de elegir el modelo chino o ruso, con todo sentido común se acogía al japonés. ¿Resultado? Casi cuarenta años más tarde, el enclave asiático —que tampoco, por cierto, es un dechado de virtudes democráticas—, aun cuando había partido de una situación de total inferioridad con relación a Cuba, ha erradicado totalmente la pobreza, posee treinta veces el PIB per cápita que tienen los cubanos, y sí ha alcanzado los niveles de prosperidad de Estados Unidos, pero con menos desigualdades. Los objetivos que el Che había descrito no eran, pues, irreales, mas el camino para lograrlos discurría por otro rumbo. El problema era de formación y de información. Castro y su corte tenían, sencillamente, unas ideas absurdas que condujeron el país al desastre total e hicieron descender a Cuba del tercer lugar latinoamericano en nivel de desarrollo, tras Argentina y Uruguay, al más miserable del Continente, exceptuando Haití y la Nicaragua empobrecida por los sandinistas.

Podría decirse —Castro lo ha alegado alguna vez— que los ejemplos asiáticos no son extrapolables a Cuba por las diferencias culturales que existen, pero entonces es posible recurrir a otro caso mucho más próximo: precisamente en 1959, tras veinte años de experimentar con el estatismo, el nacionalismo económico y la autarquía, la España de Franco comenzó a abrirse al mercado y a la globalización —aunque entonces esta palabra no era frecuente—, y dio inicio a un enérgico cambio de su modelo económico. En ese año de 1959, España era más miserable que Cuba y miles de gallegos, asturianos y canarios buscaban formas de emigrar a la Isla caribeña, no sólo por razones económicas, sino por la total afinidad cultural entre los dos países. ¿Adónde nos conduce esta comparación? Mientras Cuba se empobrecía radicalmente, España tomaba un camino ascendente hacia el Primer Mundo, hoy posee uno de los más altos niveles de calidad de vida en todo el planeta, y se ha convertido en una especie de sueño dorado para millones de cubanos que estarían dispuestos a marchar a la Península si tuvieran el privilegio de obtener una visa.

Por supuesto que los revolucionarios cubanos, de no haber padecido la pereza intelectual que los aquejaba, hubieran podido hacer las cosas de otro modo, pero estaban psicológicamente impedidos para esa tarea, desde el momento en que habían constreñido la inmensa complejidad del desarrollo de los pueblos a la existencia de tres categorías morales: las víctimas, los victimarios y los salvadores. Las víctimas eran los pobres, los que habían sido brutalmente privados de algo que supuestamente les pertenecía y que estaba en poder de otros. Esos otros eran los victimarios, los capitalistas, los ricos, los propietarios egoístas, incapaces de sentir solidaridad. Los salvadores de las víctimas, naturalmente, eran los revolucionarios. Eran ellos mismos. Ellos eran sabios: sabían lo que había que producir, cómo, cuándo, dónde; y sabían la porción que debía tocarle a cada cubano para que el reparto fuera equitativo. Y como eran dueños de esas certezas indudables y del correspondiente encono moral que les producía la injusticia, estaban dispuestos a aplastar a los victimarios y a sus «amos» extranjeros, especialmente a los yanquis que mantenían a los países pobres en la miseria. Por eso había que luchar contra ellos en todos los terrenos y en todos los momentos, y de ahí que todas las batallas, por remotas que fueran, y por extraño que resultara el enemigo, tenían una justificación. Eran batallas teológicas contra el Mal.

Es fundamental tener en cuenta esta carencia intelectual, ese análisis raquítico de los revolucionarios, porque es de esta forma simplista y maniquea de entender a los seres humanos y los conflictos que los enfrentan de donde luego se derivan los inmensos atropellos que son capaces de cometer contra el prójimo y la absoluta tolerancia que poseen con sus propios errores. ¿Qué importa privar de sus bienes a cientos de miles de personas, si el mero hecho de ser propietarios demuestra la responsabilidad que tienen por la pobreza de los «desposeídos»? ¿Qué importa encarcelar o fusilar a cientos o a millares de personas si sólo se trata de victimarios/malos, de viles «gusanos» moralmente deformados por el egoísmo? ¿Qué importa equivocarse mil veces en la administración de los asuntos públicos, generar más problemas de los que se pretende resolver, crear más pobreza e injusticias, si la intención que animaba a los revolucionarios/salvadores son puras y honestas? A todas las personas hay que juzgarlas por sus actos. Menos a los revolucionarios/salvadores. A éstos hay que juzgarlos por sus intenciones.

Gusanos, homosexuales y hombres nuevos

Así las cosas, en los primeros años de la Revolución fue destruido totalmente el sistema económico que hasta ese momento había sostenido a la nación cubana y la compleja trama empresarial creada durante siglos. Primero vinieron las confiscaciones de 1959 y 1960, cuando se «recuperaron» en beneficio del Estado los bienes en poder de los batistianos. Luego siguieron las empresas que poseían un matiz ideológico. Ahí cayeron, fundamentalmente, los medios de comunicación y los centros de enseñanza privados, de manera que la sociedad civil de la era prerrevolucionaria no pudiera articular su defensa. Más tarde, en octubre de 1960, la gran propiedad industrial y comercial, nacional y extranjera, fue confiscada en 24 horas mediante un decreto fulminante. Súbitamente, el Estado cubano, que poseía una mínima experiencia gerencial, se vio obligado a administrar el 50 por ciento del PIB. Y unos años más tarde, en 1968, tras una llamada *ofensiva revolucionaria*, todo el pequeño tejido empresarial que quedaba en el país —unas 50 000 minúsculas empresas, casi todas familiares— pasó a poder del Estado, porque Fidel Castro —contra la tímida oposición de Carlos Rafael Rodríguez— estaba convencido de que el papel del Gobierno era el de arreglar paraguas, cambiar suelas de zapato o componer neveras, para así evitar, a toda costa, que algún cubano pudiera ponerse a salvo del control de los burócratas gubernamentales y manejar su propia intendencia. Poseer propiedad era una manera de tener poder, y Fidel Castro estaba decidido a que nadie en la Isla lo tuviera, salvo él mismo. Cuba se convirtió entonces en un estado más comunista aún que la propia URSS.

Esas confiscaciones provocaron el éxodo masivo de la clase empresarial y de numerosos profesionales que veían cómo se encogía su horizonte vital. El país fue insensiblemente drenado de lo que hoy se llama *capital humano*, y con cada emigrante que escapaba se debilitaba la fuerte ética de trabajo que caracterizaba al conjunto de la sociedad cubana, sustituyéndola por la actitud pasiva de quien espera que el Estado le solucione todos sus problemas, pues éste ha asumido el control de sus vidas. A esas personas ya no les era dable soñar con un mejor destino personal y familiar que dependiera de su propia iniciativa. Era el Partido el que les decía dónde podían trabajar, cuánto podían ganar y de qué forma estaban autorizados a gastar ese dinero. Pero ésa era sólo una parte de las limitaciones impuestas a la sociedad. El Partido, además de racionar los alimentos para determinar cuánto y qué debían ingerir los cubanos, también establecía las reglas éticas e interpersonales del grupo. Eran los comunistas los que decidían qué ideas eran justas y cuáles resultaban execrables; qué libros debían leerse y cuáles estaban destinados a la hoguera; qué música se ajustaba al patriotismo y cuál denotaba una actitud proyanqui y entreguista, como esos Beatles roqueros creados por el perverso imperialismo. Nada escapaba al ojo implacable del Partido: qué ropas y qué corte de pelo tenían raíces nacionalistas, y cuáles, por el contrario, ponían de manifiesto personalidades podridas de cosmopolitismo. Incluso, el Partido sabía y decidía qué personas podían frecuentarse y cuáles debían rehuirse para no ser culpables de establecer o mantener vínculos con gentes políticamente indeseables. Había, pues, que volver el rostro ante la proximidad de viejos conocidos enfrentados al Gobierno, y hasta de familiares incómodos, porque para los revolucionarios no existía otra relación aceptable que la que se establecía con el correligionario sin tacha. De manera que un revolucionario cabal tenía que renunciar al trato de sus padres, hijos o hermanos si éstos caían en desgracia u optaban por exiliarse, pues abandonar Cuba era calificado como una sórdida forma de traición a la patria, actitud que ni siquiera podía achacarse al infantilismo político de los primeros tiempos, pues en fecha tan reciente como julio de 1999, cuando unos jugadores de baloncesto deciden permanecer en Puerto Rico tras un torneo internacional, el padre de uno de ellos, Ruperto Herrera, presidente de la Federación de ese deporte en Cuba, al conocer la noticia, los declara traidores a la nación en que nacieron y proclama la inmensa vergüenza que le produce la incalificable «deserción» de su hijo, un muchacho que sólo pretendía seguir jugando *basket* en un país en el que los ciudadanos fueran tratados como personas y no como cosas poseídas por el poder político.

Todavía más: le correspondía al omnisapiente Partido establecer cuáles jóvenes podían acceder a estudios superiores y quiénes estaban condenados a ser obreros o empleados de baja categoría para toda la vida, porque ya la universidad había dejado de ser un

derecho al alcance de cualquier bachiller talentoso para convertirse en un privilegio basado en las creencias políticas. Una y otra vez
se repetía la consigna lanzada por el propio Castro sin el menor
sonrojo: «La universidad es para los revolucionarios.» Cuando se
descubre que el secretario de organización de la Federación Estudiantil Universitaria en el Hospital Clínico, Antonio Guedes, un
brillante estudiante de Medicina, es católico militante, lo expulsan
de la universidad. Ser creyente en los años ochenta era incompa-
tible con la formación académica. Es sólo una anécdota entre mil
historias similares. Pero más grave aún es lo que le sucede a Ana
María Sabournín. La echan de la universidad en medio de una tor-
mentosa asamblea en la que a voz en cuello le informan que su es-
poso es homosexual. Se sabía que no era posible ser universitario y
homosexual —expulsaban deshonrosamente en asambleas públicas
a quienes tenían o parecían tener esas inclinaciones—, pero el rechazo es todavía más brutal: tampoco se puede ser universitario y estar
casado con un o una homosexual. La homofobia castrista, que en los
sesenta había estrujado a miles de cubanos sin siquiera respetar la
jerarquía intelectual (Lezama Lima, José Mario, Virgilio Piñera, Reynaldo Arenas, Ana María Simo) seguía vigente en los setenta y en los
ochenta. No daba tregua ni respiro. La universidad es sólo para los
revolucionarios heterosexuales que hayan elegido cuidadosamente a
su pareja. Y no solamente la universidad: toda la estructura del Estado. Para los «buenos revolucionarios» —aunque carecieran de
méritos intelectuales o de una preparación idónea para el cargo—
también eran los puestos de responsabilidad: el Che, sin la menor
experiencia para ello, se convirtió en director del Banco Nacional; un
entrenador de baloncesto, José Llanusa, pasó a ser ministro de Educación. El único mérito fundamental era ser revolucionario, ser leal
a Castro, y el gran delito, la mácula definitiva, era no serlo.

    ¿Y cómo eran los revolucionarios? Eran curiosísimos. En pri-
mer término, carecían de ideas propias. Habían suscrito las de Fidel y hasta resumían esa parasitaria simbiosis en un lamentable
pareado que repetían en la Plaza de la Revolución o colocaban a la
entrada de sus casas: «Si Fidel es comunista / que me pongan en
la lista.» La función de pensar le correspondía a Castro. No se podía
ser revolucionario y discrepar de la línea oficial. Pero lo tremendo

es que la línea oficial abarcaba toda una concepción de la historia. Para ser revolucionario había que creer lo que Castro creía del pasado: que la República era una sentina, que la nación era una colonia yanqui, que los revolucionarios habían llegado en un carro de fuego desde la tradición mambisa del siglo XIX para salvar a los cubanos de su desdichada abyección contemporánea. Había que creer que la revolución cubana había inventado la decencia y la dignidad de los pobladores en esa tierra castigada por Washington. Castro no sólo era el dueño del presente: poseía el pasado, era suyo, y cualquier interpretación diferente colocaba al que la tuviese en una posición «revisionista», peligrosa, «divisionista», gravísimo pecado, porque los cubanos sólo podían sobrevivir como entidad histórica si sostenían una visión unívoca, coral, que los defendiera de los gringos como un amuleto mágico, pues los tercos estrategas del Pentágono esperaban agazapados a que los cubanos se fragmentaran para apoderarse de la Isla. Ésa había sido su pérfida intención desde hacía casi dos siglos.

Puro «historicismo» diría un *popperiano*. El argumento era muy débil y descansaba en la supuesta existencia de una especie de permanente conspiración dentro de la estructura de poder de Estados Unidos, que, neuróticamente, de generación en generación, transmitía la apetencia imperialista de dominar a Cuba. Cualquier persona inteligente, medianamente informada, tenía que rechazarlo. Incluso, ¿cómo un marxista, convencido de los mecanismos dialécticos que mueven los ejes de la historia, podía creer que la tentación anexionista que pudo tener Jefferson con relación a Cuba —en una época en que la Louisiana, Florida o países enteros de Europa, debido a guerras o simples matrimonios, cambiaban de soberano con una pasmosa facilidad—, persistía inmutable en la segunda mitad del siglo XX? Pero había algo todavía más escalofriante que la obligación revolucionaria de entender el pasado con la arbitraria pupila de Castro: para ser revolucionario había que compartir los juicios sobre el futuro. Ni siquiera se podían formular conjeturas distintas sobre hechos no ocurridos, porque esas discrepancias conducían al rechazo social, o, en casos extremos, a la cárcel, dado que las suposiciones sobre el destino también eran diseñadas por el Partido sobre la fiel interpretación de cuanto Fidel albergaba en su desordenada cabeza. Un revolucionario tenía que creer en el radiante destino del comunismo y en el triunfo definitivo de las marxistas fuerzas del Bien contra los malvados demonios del capitalismo. Y si alguien en un aula, o en una asamblea obrera, o en una reunión oficial se atrevía a opinar tímidamente que los síntomas económicos, científicos y tecnológicos apuntaban en otra dirección, y que más bien parecía que el comunismo mostraba enormes contradicciones y debilidades que no le auguraban un espléndido futuro, esa persona era inmediatamente estigmatizada y excluida del grupo, pues Castro también era dueño del mañana.

Y aquí entra, triunfalmente, el hombre nuevo. El hombre nuevo es el que suscribe la cosmovisión castrista, pero le suma, además, ciertas actitudes y comportamientos que sólo cabe calificar de angelicales. El hombre nuevo es un personaje ilusionado, desinteresado, obediente, que le ha entregado su cerebro a Fidel y al Partido para que se lo doten de ideas, creencias y juicios de valor milimétricamente uniformes porque él carece de la facultad de pensar con su propia cabeza. Es un personaje que, además, le ha donado los brazos a la Revolución, y trabajará siete días a la semana —¡ah, esos maravillosos «domingos rojos»!—, y marchará los sábados en las milicias, y no pedirá más retribuciones por su labor incesante, porque sólo espera recompensas de carácter moral, como preconizaba el Che Guevara, dado que los incentivos materiales son los restos asqueantes de un pasado capitalista que ya no volverá nunca más. El hombre nuevo, sin duda, es un santo.

Anatomía del terror

¿Y qué ocurre con los seres humanos que no se sienten héroes revolucionarios, ni hombres nuevos, porque están demasiado fatigados con la tarea de vivir y sacar adelante a una familia en condiciones cada vez más precarias? ¿Qué ocurre, sencillamente, con las personas sensatas que no pueden soportar tanta estulticia y deciden largarse en silencio de ese manicomio, sin reclamar absolutamente nada, salvo la ropa vieja que se llevan puesta, pues hasta los anillos de matrimonio son requisados por la implacable policía política? A esas personas, en las épocas «normales» se les castiga de diversas maneras por su falta de ilusiones. Se les echa de los trabajos, como si hubieran cometido algún delito, y se levanta un inventario de los objetos que poseen en sus viviendas para que no toquen nada de lo que ya le pertenece al pueblo. O se les envía «a la agricultura» —a cortar caña, a cosechar tabaco—, a verdaderos campos de trabajo forzado, donde deberán estar meses y hasta años «ganándose el derecho» a emigrar. Pero eso sólo sucede en tiempos «normales» y felices. En tiempos «anormales», como ocurrió a principios de 1980, durante el llamado *éxodo del Mariel*, poco después de que en 72 horas once mil personas buscaran asilo en la embajada de Perú en La Habana, un fenómeno insólito en la historia de la desesperación humana, o como volvió a ocurrir en los noventa cuando la «crisis de los balseros». En esas tensas circunstancias, cuando el Gobierno se sentía en peligro, o cuando Castro sufría lo que interpretaba como una suerte de humillación pública ante una ciudadanía que ostensiblemente rechazaba su liderazgo, era lícito pegar, insultar o escupir a los presuntos emigrantes. Esto le sucedió a Rafael Muiñas —uno entre centenares de casos similares, aunque los hubo mortalmente peores—, un honrado técnico de televisión, que cuando callada y humildemente manifestó su deseo de abandonar el país porque estaba cansado de intentar sin éxito la frankesteiniana ingeniería genética de los hombres nuevos, lo arrodillaron en la acera, frente a su centro de trabajo, le colgaron un cartel al cuello que decía «soy un traidor» y lo obligaron a caminar de rodillas mientras una turba le gritaba, golpeaba y escupía. Años después, cuando repetía su historia, sus ojos todavía se enrojecían de amargura e indignación.

A Muiñas, como les ha ocurrido a millares de cubanos, le habían hecho un «acto de repudio». ¿Qué es eso? Es un brutal motín contra una persona o una familia, organizado a medias por el Partido Comunista y los órganos de Seguridad, para dar la impresión de que las gentes enardecidas les ajustan las cuentas a las «lacras sociales». No es la policía ni es el ejército, es «el pueblo revolucionario» que «espontáneamente» sale a darle su merecido a quien se atreve a ser diferente, a pensar de otra manera o a intentar marcharse porque ya, literalmente, no puede más. ¿Cómo se lleva a cabo el «acto de repudio»? La policía política selecciona a la víctima —un disidente, un periodista incómodo, un intelectual que ha protestado por algo, un simple trabajador que no quiere seguir viviendo en ese maravilloso paraíso—, se convoca a la gente de rompe y rasga del Partido Comunista y se le explica los alcances de la operación. Si la víctima es notable pueden utilizar contra ella incluso a los líderes. El acto de repudio contra los hermanos Sebastián y Gustavo Arcos —los prestigiosos luchadores por los Derechos Humanos, héroes del *26 de julio*— fue personalmente dirigido por Roberto Robaina cuando era Secretario General de la Unión de Jóvenes Comunistas. Los actos de repudio pueden limitarse a gritos o insultos soeces, como hicieron durante semanas contra el dirigente católico Dagoberto Valdés y su familia, o puede optarse por que la turba penetre en la casa del «repudiado» y le destroce los pocos muebles que posee. O hasta puede elegirse un tratamiento aún más severo. A María Elena Cruz Varela, la gran poetisa, Premio Nacional de Literatura, la sacaron de su casa por la fuerza, la arrastraron al medio de la calle, la arrodillaron, y la obligaron a comerse los papeles que había escrito mientras gritaban «que le sangre la boca, coño, que le sangre». Y luego la acusaron de escándalo en la vía pública y la condenaron a dos años de cárcel. Más tarde, cuando la protesta internacional cobró ciertas proporciones, una vieja militante del Partido, que ni siquiera había participado en la infamia, apareció ante la prensa culpándose de lo sucedido y explicando que no le fue posible aceptar en silencio las «provocaciones de María Elena Cruz Varela y sus escritos contrarrevolucionarios». Era la voz de la policía política reescribiendo la historia.

¿Para qué llevar a cabo estos bárbaros «actos de repudio» cuando el Gobierno, que controla a los legisladores, los tribunales y los medios de comunicación, le sería muy fácil apresar con discreción a la víctima, juzgarla sumariamente, acusada de cualquier cosa, y condenarla a la pena que la policía decida? Porque ése no es el objetivo de los actos de repudio. No sólo se trata de castigar a una persona «descarriada». Se trata de una medida punitiva que tiene un intenso impacto intimidatorio sobre el conjunto de la población. La detención, juicio y encarcelamiento de los disidentes, y la escueta noticia del incidente publicada en *Granma,* carece del enorme efecto disuasorio que significa para los vecinos de una barriada contemplar la llegada de las turbas castristas, el atropello de la víctima indefensa y la impunidad con que actúan estas fuerzas parapoliciales. Y no es siquiera un invento cubano. Se trata de lo que en el triste argot policiaco de los expertos represores cubanos llaman *la técnica de control de la noche de los cristales rotos*. Fue lo que en la década de los treinta hizo Hitler contra los judíos, utilizando para ello a sus feroces *camisas pardas*: en una fecha elegida, las turbas nazis fueron a las casas y a los establecimientos comerciales de miles de judíos y los destrozaron ante el terror y la parálisis de toda la sociedad. Los judíos eran las víctimas directas, pero el objetivo real era mucho más amplio: demostrarles a todos los alemanes, a judíos y no judíos, de quién era la calle, y cómo el grupo de poder podía actuar al margen de la ley. El propósito inmediato, sí, era humillar a los judíos, pero también atemorizar al resto de la sociedad.

No obstante, los actos de repudio no es lo único que el castrismo le debe al nazismo. La policía política cubana, a cuyo diseño y adiestramiento contribuyó sustancialmente la *Stasi* de Alemania del Este, tomó de los nazis un elemento represor que no existía en los demás países comunistas: los Comités de Defensa de la Revolución. El CDR es la unidad básica de la represión en Cuba. Es una célula de espionaje manejada por el Ministerio del Interior y existen en la Isla, literalmente, varios millares. Hay uno en cada calle, y si no se quiere ser un paria dentro de la sociedad, hay que inscribirse en ellos y participar activamente. Los CDR, además de mantener la «pureza ideológica» de la sociedad mediante el adoctrinamiento de unos ciudadanos obligados a examinar y asimilar los puntos de vista oficiales que adopta el Gobierno en todos los órdenes de la existencia, tienen la misión de controlar la vida de todos los ciudadanos. Quiénes viven en una casa, quiénes visitan, qué creencias religiosas sostienen, qué cartas se reciben y de dónde, cómo se expresan con relación a la Revolución y a sus líderes, si poseen familiares desafectos o exiliados, o si se trata de revolucionarios ejemplares. Tampoco es inconveniente averiguar quién se acuesta con quién, o cuáles son las preferencias sexuales de los vecinos, o sus hábitos sociales, incluidas las comidas de que se alimentan —muchas de ellas «ilegales», como ocurre con los mariscos o la carne de res—, delatadas por las sobras que colocan en los paquetes de basura, porque nunca se sabe cómo los organismos de inteligencia pueden utilizar esa información «sensible».

Ni siquiera se conoce quiénes dentro del CDR son informantes directos de la labor del propio CDR, porque el CDR espía, pero, a su vez, es espiado, cosa que ningún cubano ignora. Eliseo Alberto, novelista, fue reclutado por la inteligencia para que espiara a su padre, el poeta Eliseo Diego. Y lo hizo, tal como contara en *Informe contra mí mismo*, un libro desgarrado y desgarrador publicado en España. La mutua desconfianza es uno de los elementos cohesivos de las sociedades totalitarias, y lo primero que la familia les enseña a los niños es a desconfiar y a simular, pues de la habilidad con que la criatura consiga desarrollar esas dos actitudes van a depender sus probabilidades de no chocar con la maquinaria represiva. Al mismo tiempo, ese adiestramiento familiar, esa formación para el cinismo y la mentira como modo de protegerse, contribuye a convencer al niño del carácter invencible del sistema y de la futilidad de tratar de oponérsele. No hay que luchar. Hay que sobrevivir fingiendo. Tampoco hay que comprometerse en la defensa de principios peligrosos. Sacrificarse por los demás, por un pueblo de soplones, es una idiotez. Es muy triste, pero el mismo fenómeno se ha visto en todas las sociedades que han vivido bajo el comunismo: los caracteres forjados en la duplicidad y la mentira suelen expresarse en la conducta insolidaria e indiferente de quien no cree en nada ni en nadie, exactamente lo opuesto del proyecto marxista de construir un mundo regido por lazos fraternales.

¿Cómo es la estructura de este aparato represivo? Cada CDR reporta regularmente a un Comité de Zona, que a su vez lo hace a otro municipal, luego provincial, y, por último, nacional. A partir del Comité de Zona toda la información es recogida por policías profesionales —oficiales de sector— que alimentan las insaciables computadoras del Ministerio del Interior. Nadie puede escapar a su lupa. Nadie carece de un expediente político. Nadie está exento de un funcionario que revisa periódicamente la ficha del ciudadano más inofensivo, porque nunca se sabe dónde puede esconderse un enemigo de la patria. Y ese «nadie» incluye a los menores, pues el expediente «acumulativo» comienza en el momento en que el niño es matriculado en la escuela. Ya ahí se anota si sus padres son unos tipos sospechosos de servir al imperialismo o si se trata de valientes soldados de la lucha revolucionaria. Ese «nadie» ni siquiera excluye a los visitantes ilustres, como el asiduo viajero a Cuba, Gabriel García Márquez, que cuenta con un abultadísimo expediente en el que se guardan todos los datos y contactos de sus múltiples estancias en la Isla, y la transcripción de sus conversaciones telefónicas, como revelara un «desertor» del ámbito intelectual, un joven llamado Antonio *Tony* Valle Vallejo, ambiente en el que despreocupada y un tanto irresponsablemente se movía el colombiano, ignorando que sus anfitriones lo espiaban y seguían de cerca minuto a minuto.

Fueron estos CDR los organismos que en la década de los sesenta compilaron las listas de los jóvenes que debían ser llevados a campos de trabajo forzado para ser reeducados y para extirparles sus «actitudes antisociales» con el brusco trato de los militares hasta convertirlos en flamantes «hombres nuevos». A esos terribles campos agrícolas, llamados eufemísticamente *Unidades Militares de Ayuda a la Producción* (UMAP) —episodio dolorosamente explorado por los cineastas Néstor Almendros, Jiménez Leal y Jorge Ulla en los documentales *Conducta impropia* y *Nadie escuchaba*—, rodeados de alambradas y controlados a culatazos, donde abundaron los suicidios y las automutilaciones, fueron llevados unos cincuenta mil cubanos acusados por espías sin rostro de ser o parecer homosexuales, de ejercer como católicos, protestantes o —los más castigados— Testigos de Jehová y Adventistas del Séptimo Día. Incluso, los «delitos» podían ser todavía menos transparentes: utilizar ropas «sospechosas», leer libros «raros», o no ser respetuosos con los símbolos de la Revolución, como le sucedió al notable cantautor Pablo Milanés, internado en estas prisiones rurales porque los miembros del CDR de su calle decidieron que de algún modo oblicuo sus bellas canciones ocultaban «contrarrevolución, mariconería, o ambas cosas a la vez». Muchos de estos muchachos, como el caso del escritor José Antonio Zarraluqui, jamás supieron por qué habían sido conducidos a los campos de la UMAP, pero los que pasaron por esa tremenda experiencia no olvidan que todo se hizo y todo se experimentó contra ellos: desde enterrar hasta el cuello a un Testigo de Jehová para que aprendiera que era mejor renunciar a sus creencias religiosas que soportar las picadas de un hormiguero en su rostro, hasta quebrarle las vértebras a patadas a un homosexual que se negó a que le afeitaran su cabellera gloriosamente pintarrajeada.

Este organismo represivo, los CDR, más nazifascista que leninista, descansa en dos hipótesis que la historia, lamentablemente, ha conseguido verificar. La primera, es que en un Estado totalitario los lazos de complicidad se estrechan y fortalecen si las manos de todos los partidarios están igualmente manchadas de sangre enemiga. Todo el mundo tiene que dar palos. Todo el mundo tiene que reprimir, y ese compartido trabajo sucio se convierte en un oscuro vínculo moral. No es posible, por ejemplo, ser un revolucionario cubano y excluirse de las tareas innobles. No se puede ser revolucionario para apoyar los esfuerzos pedagógicos del régimen, o los que hace en el terreno sanitario, y rechazar los aspectos represivos. Esas filigranas éticas no son permitidas. Se es revolucionario en todas las instancias y con todas sus consecuencias: hay que avalar la vigilancia obsesiva, las delaciones, los «actos de repudio», los paredones de fusilamiento y las crecientes cosechas de presos políticos. Las revoluciones son así, y acaso esta tensión fatal es lo que explica el alto número de suicidas en la jerarquía revolucionaria. En Cuba se han quitado la vida nada menos que el presidente Osvaldo Dorticós, Haydee Santamaría, trágica heroína del Moncada, una cuñada de Raúl Castro, y un largo etcétera que denota los problemas de conciencia que a veces genera la cooperación con los verdugos. Una muy competente científica social formada en Cuba —Mayda Donate—, miembro del PC, cuando escapó al exilio en los noventa, se trajo toda una documentación que corroboraba los datos previamente aportados por la socióloga Norma Rojas: el índice de suicidios en Cuba es de los más altos del mundo —tres veces el promedio de América Latina—, pero entre las mujeres es aún peor. En ninguna sociedad del planeta se matan tantas mujeres como en la cubana. Y la segunda hipótesis de los estrategas de la dictadura, es que la permanente vigilancia de los CDR logra, en efecto, inhibir una de las tendencias más peligrosas para cualquier estado totalitario: el espontáneo surgimiento de instituciones y organizaciones independientes en el seno de la sociedad civil.

Una de las funciones más importantes del estado totalitario es disgregar a la sociedad, impedir que las personas se unan para fines no decididos por el Gobierno. Mientras las sociedades abiertas se caracterizan por la libre aparición de instituciones creadas por personas que sienten la urgencia de participar e influir en los asuntos comunes, instituciones en las que los demás ciudadanos pueden o no incluirse voluntariamente, los estados totalitarios, *sensu contrario*, tienen como norma rígida el establecimiento de un escaso número de cauces de expresión de la sociedad —llamados por la Constitución «organizaciones de masas»—, todos ellos colocados obligatoriamente bajo el estricto control del aparato rector, donde los ciudadanos se encuentran conminados a participar bajo amenaza de marginación o castigo. Los estados totalitarios, en suma, crean sociedades *estabularias*, y cada una de sus organizaciones no son otra cosa que «establos» en los que congregan a las personas de acuerdo con la edad, el sexo o la profesión para impartirles las correspondientes instrucciones «bajadas» desde el centro del poder. ¿Cuál es ese centro del poder? Sin duda, Fidel Castro, pero hay todo un aparato a su disposición y servicio: el Partido Comunista y sus diversas instancias regionales y nacionales, incluido el Comité Central, así como un fantasmal Parlamento, la Asamblea Nacional del Poder Popular, cuya función es reunirse setenta y dos horas, dos veces al año, para refrendar unánimemente las medidas tomadas por la administración pública mediante decretos o simples memorandos administrativos. De acuerdo con este diseño, los niños primero son *pioneros*, luego los inscriben en unas asociaciones estudiantiles creadas para controlar la segunda enseñanza o bachillerato y para ir escogiendo a los que pasarán a la Juventud Comunista. Más tarde, si son suficientemente revolucionarios para acceder a la universidad, los recoge la Federación Estudiantil Universitaria; las señoras se anotan en la Federación de Mujeres Cubanas, y todo el mundo, en su centro de trabajo, forma parte de un sindicato único y obligatorio que no defiende los intereses de los trabajadores sino los del Partido, mientras algunos sectores, como los artistas e intelectuales, que suelen ser creadores aislados, tienen su propia organización cuidadosamente supervisada, naturalmente, por el Estado. Hay otras instituciones, pero ni siquiera vale la pena consignarlas, porque la función de estas estructuras no es darle cauce a la participación activa de los ciudadanos, y mucho

menos a sus iniciativas particulares, sino servir como correa de transmisión a las órdenes emanadas desde la cúpula.

Fuera de la Revolución, nada

La primera constatación clamorosa que tuvo el mundo, inclui-
da la izquierda —previamente hubo muchas otras, pero pasaron
dolorosamente inadvertidas—, de la absoluta falta de espacio que
existía en Cuba para sostener criterios independientes, fue el desde
entonces llamado *caso Padilla*. Todo empezó en 1967 con una crítica literaria que la publicación *El caimán barbudo*, órgano de la Juventud Comunista, le pidió al poeta Heberto Padilla. Padilla, un
joven pero ya notable escritor cubano, había regresado recientemente de la URSS, donde había aprendido que si el futuro de Cuba
era lo que había visto en Moscú, lo más conveniente era huir de
ese miserable destino. Le solicitaron una reseña de *Pasión de Ur-
bino*, una novela fallida de Lisandro Otero, entonces y todavía escritor oficial del régimen —como demuestran sus penosas memorias publicadas en 1999—, y Padilla arremetió contra el libro,
contrastando la figura de Otero con la de Guillermo Cabrera Infante, un reputado novelista cubano, buen experimentador con el
lenguaje, quien, tras una primera etapa de militancia revolucionaria, se había exiliado en Londres. En su crítica, además de subrayar las debilidades del libro de Otero, Padilla aprovechaba para
criticar a los burócratas del Partido.

Al año siguiente de este incidente, por el que tirios y troyanos
se cruzan cartas públicas y artículos en donde ya comienzan a acusar a Padilla de alinearse junto a los contrarrevolucionarios, un
jurado independiente convocado por la UNEAC, en el que figuran
críticos extranjeros, premia un excelente poemario de Padilla titulado *Fuera del Juego*, en el que es evidente la crítica al totalitarismo. En ese mismo concurso, un dramaturgo, Antón Arrufat, ve
galardonada su obra *Los siete contra Tebas*, en la que tampoco es
difícil leer entre líneas el rechazo a la dictadura. Inmediatamente
se disparan las alarmas. En Cuba nadie tiene licencia para atacar al
sistema. La Revolución no va a impedir la publicación de esas obras

contrarrevolucionarias, pero tendrán que aparecer con un prólogo descalificador escrito por el crítico literario José Antonio Portuondo, un meticuloso estalinista del viejo PSP.

El incidente se divulga y Padilla se convierte en un personaje célebre en La Habana. De alguna manera, es el único cubano libre del país. Dice en voz alta lo que se le antoja. Es un intelectual crítico y les transmite a los visitantes lo que todos en Cuba tratan de ocultar: la Revolución se ha vuelto una pesadilla. Por su casa, que comparte con su mujer de entonces, la también poeta Belkis Cuza, desfilan numerosos intelectuales europeos. El polaco K. S. Karol, el francés René Dumont, el alemán Hans Magnus Enzensberger, los españoles Juan Goytisolo y Carlos Barral: todos visitan la Isla y escuchan admirados los juicios de Padilla. Es inteligente y está dotado de una extraordinaria habilidad oral. Sus comentarios son ácidos. No pone el dedo en la llaga: hace la llaga con la punta de su lengua. La policía vigila y toma nota. Poco a poco se convierte en el *enfant terrible*. Hasta un día de 1971. En ese año —el aciago año del Primer Congreso Nacional de Educación y Cultura— Castro decide apretarles las tuercas a los intelectuales, y Padilla es un magnífico chivo expiatorio para dar el necesario escarmiento. A fines del mes de abril tendrá lugar el Congreso y es importante ir disciplinando a las siempre asustadizas huestes de la *intelligentsia*. Destruyendo a Padilla, humillándolo, obligándolo a doblar la cerviz, quedará muy claro para el resto del gremio cuáles son los estrechos márgenes de creación que la Revolución permite. Así que el 20 de marzo ordenan su arresto.

Pero Castro no se ha dado cuenta —o no le importa— de que Padilla ha desarrollado unas extensas relaciones internacionales y hay numerosos intelectuales en Occidente que van a protestar por esa detención. El 2 de abril el Pen Club de México le envía un seco telegrama al Comandante criticando la aprehensión del poeta cubano e instando a que lo liberen. La carta está firmada por personas de la talla de Octavio Paz, Carlos Fuentes, Juan Rulfo, Gabriel Zaid y José Luis Cuevas. En total, son una veintena de los más importantes creadores mexicanos, algunos de ellos identificados con el marxismo. Una semana más tarde, *Le Monde*, en París, siempre desde una perspectiva de izquierda, recoge otra carta en el mismo sentido: ahí aparecen —entre varias— las firmas de Jean-Paul Sartre, Ítalo Calvino, Alberto Moravia, Simone de Beauvoir, Juan y Luis Goytisolo, Jorge Semprún, Marguerite Duras, Carlos Franqui, Mario Vargas Llosa. Estos últimos son los que más indignación muestran, y los que más repugnancia comienzan a sentir por la dictadura cubana.

En La Habana, mientras tanto, en los calabozos de la Seguridad del Estado la policía política hace diligentemente su sucio «trabajo». Insulta, maltrata e intimida a Padilla, hasta que éste —como se dice en la jerga policiaca— se «rompe». Padilla accede a retractarse públicamente de sus «crímenes». La Seguridad le propone un texto humillante. Padilla lo «enriquece» con más vilezas y lo memoriza. La policía no se da cuenta de la sutil maniobra del preso. El poeta ha llegado a la conclusión de que, mientras más cobarde se muestre, y mientras más abyecta sea su declaración, menos creíble será su contenido. El 27 de abril de 1971 se reúne la UNEAC. El local está abarrotado de escritores. Hay pánico entre los intelectuales. Ya se sabe que la noche anterior Padilla ha sido puesto en libertad y va a explicar los hechos. Nicolás Guillén, el presidente de la UNEAC, muy anciano, prefiere quedarse en su casa. Pueden ser escrúpulos de conciencia. Nicolás no fue una mala persona. Preside la sesión José Antonio Portuondo. En el ambiente se respira una combinación de miedo y curiosidad. Padilla comienza su larga perorata. Es una perfecta genuflexión. Describe su propia podredumbre moral, ataca a Guillermo Cabrera Infante, se reconcilia con Lisandro Otero, canta las alabanzas de la generosa Revolución, halaga la cordialidad sin par de los fraternales policías que lo han interrogado durante ese mes de inolvidable formación política, celebra la sabiduría de Fidel. ¿Se puede doblar más el espinazo? Claro que se puede: Padilla denuncia las debilidades ideológicas de otros escritores: Lezama Lima, César López, Belkis, su propia mujer, Pablo Armando Fernández, Manuel Díaz Martínez, Norberto Fuentes. A los ojos del público se ha convertido en un delator patético y acobardado. No a los de la Seguridad del Estado, que conoce perfectamente la crítica posición política de estos escritores y aprovecha las imputaciones del poeta para lanzarles una siniestra advertencia. Padilla termina su deposición —bendita ambigüedad la de esa palabra— con los gritos rituales de la tribu castrista: «¡Patria o muerte! ¡Venceremos!»

La nauseabunda ceremonia tiene consecuencias. En París, Plinio Apuleyo Mendoza y Mario Vargas Llosa, entonces editores de la revista *Libre*, redactan otra carta, ahora mucho más dura, donde aluden a los procesos de Moscú, cuando la policía estalinista les arrancaba a los detenidos las más increíbles confesiones y autocríticas. Ahora se recogen cien firmas. Susan Sontag, Alain Resnais, Valerio Riva, Juan Marsé, José Ángel Valente, José Miguel Ullán, Carlos Monsiváis y José Emilio Pacheco, entre otros muchos, prestan sus nombres para la contundente denuncia. La declaración de Padilla ha surtido los efectos que el poeta había previsto, pero multiplicados: su caso se convertía en el punto de ruptura de una buena parte de la intelectualidad de izquierda que hasta ese momento apoyaba a la Revolución. Ruptura que ha durado hasta hoy. Con el sacrificio de su honor le asestaba un durísimo golpe a la imagen exterior de la Revolución. Pero nada de esto le importa demasiado al Comandante. Para Castro lo vital era mantener férreamente el control del poder y sujetar a los díscolos intelectuales. El 30 de abril clausura el Congreso y lanza un ataque feroz contra los intelectuales extranjeros que se han atrevido a pedirle al Gobierno que les conceda libertad para expresarse a los intelectuales cubanos. Advierte que desde ese momento las normas serán aún más estrictas. «Hay libros —dice— de los que no debe publicarse ni una letra, ni una coma.» Remata el texto con una frase definitiva: «Dentro de la Revolución, todo; fuera de la Revolución, nada.» No hay el menor espacio para la disidencia. Los intelectuales, nerviosos, aplauden. La UNEAC no es un foro abierto de debates, sino una institución en la que se reciben órdenes e instrucciones. El «caso Padilla» es sólo otra vuelta a la tuerca.

No es de extrañar que una sociedad *estabularia*, organizada de esa rígida manera, en la que «todo lo que no está prohibido es obligatorio», como resumen los cubanos los rasgos del mundillo en el que viven, genere una enorme cantidad de personas desafectas o marginales, que son ejecutadas, van a parar a las cárceles, viven en una especie de ostracismo al que llaman *exilio interior*, o se ven obligadas a tratar de huir del país. A lo largo de estos cuarenta años, ¿cuántos cubanos han sido condenados por delitos políticos que van desde conspiraciones reales o irreales hasta vender o comprar carne de res en bolsa negra para tratar de sostener a la familia? Literalmente, decenas de millares de personas. Y no era necesario ser un poeta conocido, como Padilla, para ir a la cárcel por «veleidades» intelectuales. Juan Manuel Cao, cuando era un adolescente, hoy es reportero estrella del Canal 51 de Miami, padeció años de confinamiento porque, junto a unos discos de los Beatles y un libro de Jorge Edwards, la policía política, con las armas en las manos y al grito de «no se mueva nadie», le «ocupó» unas festivas décimas políticas («Me cago en el comunismo / en Fidel y en el marxismo / o en toda palabra extraña que termine en eso mismo»). A Lázaro Lazo, acusado por su cuñado, lo sentenciaron por haberle escrito a un amigo una carta «irreverente» contra Castro, en la que llamaba al dictador «Comandante Guarapo» —nombre popular del jugo de caña—, y como en el registro que hicieron en su casa encontraron el manuscrito de unos viejos cuentos inéditos del escritor José Antonio Zarraluqui, donde veladamente se criticaba al régimen, este último también fue a parar a la prisión por un buen número de años.

¿Cuántos cubanos se han visto en esta kafkiana situación? Probablemente, unos ciento cincuenta mil distribuidos en más de un centenar de cárceles y «granjas de reeducación», precisa Arnoldo Müller, quien se hizo experto en el ingrato tema del Gulag cubano a fuerza de ser él mismo uno de los prisioneros durante toda una década de alternar el trabajo esclavo y la observación minuciosa. ¿Y cuántos cubanos han sido fusilados por oponerse activamente al régimen? Hay varias cifras. La menor es de cinco mil personas; la más alta, dieciocho mil. En todo caso, es un número dolorosamente grande. A Pinochet se le condena, justamente, por algo más de tres mil opositores asesinados. Castro ha matado, por lo menos, al doble. Y cuando el Comandante se defiende afirmando que en Cuba no ha habido «ni un solo caso de torturas o desaparecidos», miente sin el menor recato, o disfraza la verdad hasta hacerla irreconocible. Además de estremecedoras denuncias, como las de Armando Valladares en su libro *Contra toda esperanza*, año tras año Amnistía Internacional, Pax Christi, Of Human Rights, o la Comisión de Derechos Humanos de la OEA, informan de los terribles maltratos que sufren los prisioneros en los centros de detención cubanos. En la cárcel fueron asesinados —por sólo citar varios casos, recuerda Juan Valdés de Armas, estudiante condenado a doce años—, el líder estudiantil Alfredo Carrión Obeso, Francisco Noda, Danny Crespo, Diosdado Aquit, Ernesto Díaz Madruga, Julio Tang, Eddy Álvarez Molina, mientras son numerosos los presos que recibieron espantosas golpeaduras, como Eloy Gutiérrez Menoyo, Alfredo Izaguirre, Juan Antonio Müller, Emilio Adolfo Rivero Caro, Miguel Torres, que quedó permanentemente paralítico, o los que han vivido durante muchísimos años sin visitas, aislados, en celdas tapiadas en las que debían dormir en el suelo sobre sus propias inmundicias, sin otra compañía que la de las ratas y las cucarachas, como les ocurrió a los poetas Ángel Cuadra y Ernesto Díaz Rodríguez, a Ángel de Fana, a José Pujals, a Nicolás Pérez, a Ramón Mestre o al arquitecto Salvador Subirá. Y aunque es verdad que los casos de oposicionistas desaparecidos son excepcionales, al contrario de lo que sucedió con las otras dictaduras militares del Cono Sur, esta diferencia sólo se debe a que en Cuba es legal asesinar a los opositores, mientras que en la Argentina de Jorge Rafael Videla o el Chile de Augusto Pinochet la ley no permitía ese bárbaro trato contra los enemigos. ¿Para qué apresar a un opositor amparado por la nocturnidad y el anonimato —como fue frecuente en Sudamérica—, darle dos tiros en la cabeza y dejarlo en una cuneta, cuando es perfectamente posible apresarlo, juzgarlo y fusilarlo en 24 horas, como se ha hecho en la Cuba de Castro en infinidad de ocasiones?

Si hay alguna diferencia en los grados de bestialidad entre las dictaduras convencionales de América Latina y la castrista —olvidándonos del hecho lamentable de que la cubana ha resistido más del doble que la pinochetista o cuatro veces lo que duró la argentina— está en el trato dado a las mujeres: la verdad es que Castro no ha ejecutado a mujeres, no les ha secuestrado a sus hijos ni les ha colocado picanas eléctricas en los genitales. Pero esos límites autoimpuestos no le han impedido a su gobierno, sin embargo, tratar a las presas políticas cubanas con una larga y extraordinaria crueldad, inédita en la historia de América Latina y absolutamente desconocida en la Cuba precastrista, aun durante las dictaduras de Machado o Batista. Cientos de mujeres cubanas han vivido durante años en calabozos infectos, sus guardianes las han golpeado hasta el desvanecimiento, han padecido hambre y desnutrición, o les han prohibido el contacto con sus familias, hijos incluidos, y todo ello está detalladamente contado por testimonios como los de la doctora Martha Frayde —en una época colaboradora, amiga y hasta embajadora de Castro ante la UNESCO, y luego presa política—, en libros como *Todo lo dieron por Cuba* de Mignon Medrano, o en la estremecedora autobiografía de Ana Lázara Rodríguez, *Diary of a survivor,* una brillante estudiante de Medicina que entró en la cárcel a los veinte años y salió, destrozada, a los cuarenta.

Balseros y jineteras

Otro notable rasgo de la sociedad cubana, mil veces visto en fotografías de prensa y en noticieros de televisión, es el espectáculo de los «balseros», esas decenas de millares de personas que se han lanzado al mar a bordo de tablas y cámaras de automóvil, y de cuyas infinitas tribulaciones casi diariamente, y desde hace muchas décadas, tenemos abundantes noticias. A mediados de los noventa, en un solo episodio, más de treinta mil fugitivos fueron interceptados por la marina norteamericana, yendo a parar, temporalmente, a la base de Guantánamo. ¿Cuántos no llegaron? Según José Basulto, el director de *Hermanos al rescate*, una organización humanitaria dedicada a auxiliar a náufragos y balseros a la que el Gobierno cubano le derribó dos avionetas en aguas internacionales asesinando a cuatro de sus tripulantes, de acuerdo con las fotos aéreas, el número de muertos o desaparecidos se calcula entre un veinte y un cuarenta por ciento de quienes se aventuran a intentar la travesía, pero la cifra final es difícil de precisar. No se sabe con exactitud, mas en todos los pueblos de la extensa costa norte de la Isla son incontables las familias que han perdido a algunos de sus miembros más jóvenes, o, en los casos más trágicos, a todos ellos. ¿Por qué mueren? A veces, porque la corriente del Golfo es traicionera y desvía a las frágiles embarcaciones rumbo al Atlántico, donde perecen de hambre y sed. Otras, porque las olas vuelcan las balsas y luego los tiburones devoran a los tripulantes. Incluso, frecuentemente, porque la marina o la aviación del Gobierno cubano se ocupan de hundir las balsas o botes de las personas que huyen de la Isla, como fue trágicamente notorio con el remolcador *Trece de marzo*, en julio de 1994, cuando a pocas millas de La Habana cuarenta y una personas, la mayor parte mujeres y niños, fueron deliberadamente ahogadas por lanchas de la policía política que embistieron el pequeño barco en que viajaban, pese a los gritos de las mujeres que alzaban sobre sus cabezas a sus pequeños hijos implorando piedad.

El Gobierno cubano siempre trata de justificar este éxodo casi suicida alegando que también los haitianos y los dominicanos intentan entrar ilegalmente en Estados Unidos, pero con esa explicación La Habana soslaya tres aspectos fundamentales que establecen una diferencia con respecto al caso de los cubanos. El primero, es que jamás las unidades navales de República Dominicana o de Haití tratan a sus desgraciados emigrantes como enemigos. Ni los ametrallan, ni los hunden, y si los capturan, no los condenan a varios años de cárcel, como les sucede a los «lancheros» cubanos, víctimas de una figura delictiva típica de las sociedades totalitarias: «salida ilegal del país». El segundo, es que a lo largo de toda la historia de Cuba, la Isla siempre fue un destino para inmigrantes europeos, y jamás un sitio del que los nacionales trataran de evadirse. El éxodo cubano es un fenómeno que coincide milimétricamente con el establecimiento del sistema comunista. Y el tercero, tiene que ver con el perfil sociológico de los «balseros» cubanos: mientras los dominicanos y haitianos que tratan de llegar a Florida o a Puerto Rico suelen ser pobres campesinos analfabetos, los cubanos generalmente tienen un grado razonable de educación. Cuba es el único país del Caribe del que huyen los médicos, los ingenieros o los maestros, porque es una de las pocas sociedades del planeta en las que una buena formación académica no se traduce en un mejor modo de vida.

Este fenómeno tiene un notorio parecido con el de la prostitución. El comunismo, o la terrible falta de oportunidades económicas que genera, ha convertido a Cuba en uno de los tristes destinos del «turismo sexual». Miles de mujeres y hombres muy jóvenes, a veces adolescentes de trece o catorce años, frecuentemente con la complicidad de familiares que les ceden sus propios hogares y lechos para el comercio sexual, venden sus cuerpos a los extranjeros por pequeñas cantidades de dólares, indispensables para poder comprar alimentos y bienes de primera necesidad, inaccesibles para quien sólo recibe el miserable salario que paga el Estado, equivalente de unos diez dólares al mes. Y frente a este lastimoso espectáculo, el Gobierno se «defiende» con alegaciones que bordean el cinismo. El propio Castro ha declarado que, en efecto, hay prostitución —les llaman, «jineteras», un oscuro eufemismo—, pero ésta se debe a la contaminación del capitalismo, y, en todo caso, gracias a la Revolución, se trata de las únicas prostitutas educadas que existen en el Tercer Mundo.

En cuanto a la responsabilidad del antiguo régimen, es curioso que en el pasado el Gobierno acusara al capitalismo de ser responsable de la existencia de la prostitución en la etapa prerrevolucionaria, y ahora, tras cuarenta años de comunismo, le vuelve a imputar las culpas, sin ser capaz de admitir que el extendido resurgimiento de este fenómeno lo único que demuestra es lo absurdo de un sistema en el que, al desaparecer el subsidio soviético, la falta de oportunidades económicas provoca que las personas, para lograr sobrevivir, aun cuando posean los instrumentos intelectuales requeridos para abrirse paso, tengan que someterse a las actividades más degradantes para poder alcanzar un modo de vida al menos remotamente parecido al que disfruta la *nomenklatura* que gobierna el país. No es cierto, pues, que se trate de una consecuencia del auge turístico y de los vicios de los capitalistas. Ésa es una excusa inaceptable. Mallorca, por ejemplo, el paraíso turístico español, recibe todos los años diez millones de visitantes, sin que por ello los muchachos y muchachas de esta isla del Mediterráneo tengan que vender sus cuerpos por dinero. Por el contrario: el turismo, combinado con una economía abierta, ha creado las condiciones para que Mallorca sea una de las zonas de España con un per cápita más alto y un menor índice de desempleo y casi inexistentes niveles de prostitución. Esto es importante entenderlo, porque, para enfrentarse a la prostitución, el gobierno de Castro, como siempre, está recurriendo a la represión policiaca —severos campos de reeducación para las prostitutas y penas que pueden llegar al fusilamiento para los proxenetas, si hay menores involucrados—, sin aceptar que el mal de fondo no son los turistas ni «la corrupción que traen los dólares», sino el mantenimiento contra el sentido común de un sistema que impide que las personas puedan crear riquezas y conquistar un modo de vida mínimamente agradable.

Podrá alegarse que todas estas dificultades por las que Cuba atraviesa son el resultado del fin de la URSS y de la desaparición de los nexos de la Isla con el bloque comunista europeo, pero eso, sencillamente, no es cierto. En Cuba los racionamientos de alimentos comenzaron a principios de la década de los sesenta, y desde entonces la «libreta de abastecimiento» —prodigiosa expresión del orwelliano lenguaje político del castrismo— ha estado acompañada de una crónica escasez de bienes y servicios que abarca todo el abanico del consumo: desde carne hasta agua potable, desde leche hasta electricidad, desde zapatos hasta medios de transporte. A veces, durante un breve período hinchado de promesas e ilusionadas cifras oficiales —las estadísticas son el terreno donde el socialismo muestra mayor creatividad e imaginación—, los cubanos han conseguido estabilizar la miseria, pero sólo hasta la llegada de la siguiente recesión.

A fines de los años sesenta e inicios de los setenta, para salvar la Revolución, cuando el modelo guevarista condujo a la inflación incontrolable y al desabastecimiento casi total, se recurrió a los esquemas administrativos de la URSS, más racionales, descentralizados y con cierto énfasis en premiar y alentar la productividad empresarial. A ese viraje se le llamó la *institucionalización* —como recuerda Carmelo Mesa Lago, el gran historiador económico de la Cuba revolucionaria—, y tuvo su punto culminante en 1975, en el Primer Congreso del Partido Comunista, y en la implantación total de los planes de control y desarrollo económico soviéticos. Pero en la siguiente década, ante la pobreza creciente del país, ya comenzada en la URSS la *perestroika,* Castro, alarmado por el «materialismo» rampante de los cubanos —lo que no deja de ser curioso en un marxista—, decreta la «política de rectificación de errores», retrocede a la ética guevarista de los incentivos morales, clausura los mercados campesinos —que algo habían aliviado la escasez de alimentos—, y en 1986, tras fracasar en la creación de una especie de sindicato tercermundista de morosos que desafíe a la gran banca internacional, ya totalmente en quiebra su gobierno, se ve obligado a suspender los pagos de la deuda externa, pese a que anualmente Cuba continuaba recibiendo subsidios por valor de cinco mil millones de dólares. En otras palabras: la Revolución cubana ha sido un fracaso permanente como modelo de desarrollo, incluso en los períodos de mayor auge relativo, lo que hace aún más difíciles de entender los inmensos sacrificios impuestos al pueblo cubano y los grandes esfuerzos por exportar ese modelo de organización de la sociedad a otros pueblos en dificultades.

La conquista del Tercer Mundo

¿Cuál era la urgencia en conquistar para la causa socialista otras naciones y territorios si los frutos del marxismo en Cuba eran lamentables? En abril de 1959 comenzó el castrismo su labor «internacionalista» enviando la primera guerrilla a otro país latinoamericano. La expedición fue lanzada contra Panamá y terminó en un completo desastre. Es importante retener la fecha, porque el gobierno de Castro trata de explicar esta etapa de la historia cubana con el argumento de que las intervenciones en los asuntos internos de otros países fueron una respuesta a las agresiones yanquis en medio de la Guerra Fría, cuando es evidente que fue en La Habana, por aventurerismo, donde se inició el conflicto. Sesenta días más tarde, en junio del primer año de la Revolución, sus objetivos son la dictadura somocista de Nicaragua y la todavía vacilante democracia venezolana, estrenada en 1958. Ese verano de 1959 desembarcan unos guerrilleros en Nicaragua mientras otros comienzan a organizar la subversión en Venezuela con el auxilio de comunistas enemigos de Rómulo Betancourt. Este dato también es relevante, pues además de buscar justificaciones en el encontronazo entre Moscú y Washington, se ha querido presentar el «internacionalismo» cubano como una suerte de lucha de la izquierda contra las dictaduras, cuando la realidad es muy distinta: para Castro no había ninguna diferencia entre Rafael L. Trujillo y Rómulo Betancourt, entre Anastasio Somoza y el peruano Manuel Prado, o entre el colombiano Julio César Turbay Ayala y el paraguayo Alfredo Stroessner. Atacaba por igual a gobiernos legítimamente electos que a dictaduras, y en nada le importaba aliarse con terroristas como los *tupamaros* uruguayos para tratar de destruir a una de las pocas democracias ejemplares que había conocido América Latina, o, por el contrario, mantener las mejores relaciones con gobiernos dictatoriales, como ocurrió con los militares argentinos de Jorge Rafael Videla, con la narcodictadura del panameño Manuel Noriega, o con las tiranías bestiales del ugandés Idi Amín o la de Francisco Macías, en Guinea Ecuatorial, cuya guardia personal estaba compuesta por militares cubanos.

En 1966, para dotar de mayor eficacia sus esfuerzos subversivos, Castro convoca en La Habana la Conferencia Tricontinental e inicia una estrecha colaboración con terroristas de todo el mundo, incluidos, entre otros, palestinos, irlandeses, vascos, norcoreanos, libios, uruguayos, argentinos, nicaragüenses, dominicanos, brasileros, chilenos, venezolanos y colombianos. Prácticamente todas las naciones de América Latina tienen ahí su siniestra representación, incluidas algunas democracias desarmadas, como era el caso de Costa Rica y Jamaica. Tampoco faltan radicales negros norteamericanos y violentos independentistas puertorriqueños que operan en suelo estadounidense. Estos radicales encuentran en Cuba santuario, adiestramiento militar, pertrechos, dinero y formación política. Cuba es el centro de coordinación y un constante surtidor de iniciativas. Todos los terroristas, si son de izquierda, pueden allí carenar. Hasta Ramón Mercader, el asesino de Trotski, quien, tras cumplir veinte años de cárcel en México, viajó a Cuba para convertirse en *Inspector general de prisiones*. Murió en la Isla y fue enterrado discretamente, pero con honores de general. Poco después su cadáver fue trasladado a la URSS.

Es el *desideratum*. Castro se prepara para conquistar el Tercer Mundo y Cuba será la base desde la cual ese grandioso proyecto se llevará a cabo. No hay ningún límite. Conspiran en Yemen y en Zanzíbar, donde los cubanos llegan a dar un golpe. «Cuba no es una isla, sino un nido de ametralladoras en movimiento», dice Eduardo Palmer, el cineasta que más y mejores documentales ha producido sobre esta larguísima etapa subversiva de Castro. Una brigada cubana ha peleado en el desierto junto a Argelia contra Marruecos. El Che, sin ningún éxito, ha incursionado en África negra, en el Congo, y en las ex colonias portuguesas. Se prepara para su última aventura. Va a intentar la creación de otro Vietnam en Bolivia. Sueña con muchos Vietnam que acosen y desangren a las democracias occidentales, pero especialmente al odiado enemigo norteamericano. Castro y sus hombres más cercanos se proponen dedicar sus todavía muy jóvenes vidas a destruir el sistema capitalista y a sustituirlo por el glorioso socialismo. Por eso ningún observador bien informado se sorprendió cuando La Habana, mediante un enérgico discurso del propio Castro, algún tiempo después, en 1968, apoyaría la invasión soviética a Checoslovaquia. Para Castro era mucho más importante el sostenimiento de las dictaduras comunistas que esas románticas zarandajas de las soberanías.

El Che llega a Bolivia en 1967 dotado de una estrategia político-militar diseñada por él y extraída de la experiencia cubana. Es el *foquismo*, que tendrá su más hábil vulgarizador en el francés Régis Debray. Para hacer una revolución marxista no hace falta tener una base obrera y urbana con conciencia social, como suponía Marx. El Che está más cerca de Louis-Auguste Blanqui, aquel carbonario francés, contemporáneo y enemigo de Marx que preconizaba tácticas parecidas a las del argentino. Basta con una vanguardia audaz, un *foco* que cree en las zonas rurales las condiciones generales para un levantamiento progresivo que se desplazará del campo a las ciudades. Ese foco se irá expandiendo hasta constituir un ejército revolucionario que, en su momento, segregará el gran partido comunista uniendo los distintos retazos revolucionarios. El comunismo no hará la Revolución. Es al revés. La Revolución hará al comunismo. Esto es lo que sucedió en Cuba y el Che pretende elevar esta anécdota a ley política universal. Primero tomarían el poder a tiros. Y luego verían cómo organizan al Partido. Fidel, por razones poco claras, prefiere tener al Che lejos de Cuba. Incluso, para impedirle el regreso ha hecho pública una carta que Guevara le manda desde África en la que explica que dedica su vida a la causa de la Revolución, tarea de la que exculpa al Gobierno cubano. Esa carta no había sido enviada para que Castro la leyera en ese momento. Darla a conocer era cerrarle el camino de retorno a la Isla. La verdad es que Castro acabó por perderle al Che toda la confianza que alguna vez le tuvo. Le molestaba su radicalismo oral, la peligrosa franqueza con que defendía sus convicciones marxistas, sus veleidades prochinas, y, también, su insolente aire de superioridad intelectual. A Castro le preocupaba que el argentino sintiera cierto desdén por la tibieza con que los rusos defendían la causa comunista, pues era cierto que en Guevara había un elemento de antisovietismo, pero por las malas razones: porque percibía a Moscú como una potencia timorata que no le plantaba cara a los norteamericanos con el vigor que debería hacerlo.

En cualquier caso, nada sucedió en Bolivia como el Che había previsto. Los campesinos, lejos de unírsele, lo delataron al ejército. El partido comunista local vio con mucho recelo su presencia y le negó su ayuda. Los soldados bolivianos, auxiliados por la CIA, lo persiguieron con eficacia. Nunca llegaron refuerzos de Cuba. El terreno era más inhóspito de lo previsto y alimentarse resultaba muy difícil. La elección de Bolivia, pese a todo, no era un disparate estratégico, sino un riesgo calculado. La guerrilla pensaba expandirse a Argentina y a Chile. El propósito final —¿veinte años?— era la creación de un gran ejército multinacional hispanoamericano que reprodujera la lucha de Mao en China tras la Segunda Guerra Mundial. Muy pronto sus hombres y él mismo supieron que estaban perdidos. Su diario de campaña lo revela en un tono de seca melancolía. Se transparenta un hombre valiente, pero duro, desengañado, cruel. Intuye que va a morir. Por fin llega el desenlace. Un capitán de los *rangers* bolivianos, Gary Prado, al frente de una patrulla, lo descubre. El Che es herido y capturado. Lo interroga un agente de la CIA de origen cubano, Félix Rodríguez. Es un joven exiliado derrotado en Bahía de Cochinos. Formó parte de los *teams* de infiltración que precedieron a la invasión y luego fue reclutado por la inteligencia norteamericana. Pero actúa sin odio y les sugiere a los militares bolivianos que no maten al argentino. No es exactamente por bondad. Su tesis es que un Che vencido ejercerá una influencia desmoralizadora en la izquierda. Afirma que esa estrategia ha dado resultado con el francés Régis Debray, compañero del Che preso en una cárcel boliviana, quien, con el paso del tiempo y la llegada de las canas acabaría criticando severamente al argentino. Los mandos militares piensan de otro modo y ordenan su ejecución. El Che muere e inmediatamente comienza a crecer su leyenda personal, pero el foquismo se desacredita. Dariel Alarcón Ramírez, *Benigno*, su lugarteniente, un guajiro inteligente y audaz, logra escapar en una fuga digna del Conde de Montecristo. Muchos años más tarde, exiliado en París y recuperada la lucidez, conoce a Félix Rodríguez y se dan un abrazo. Los dos coinciden en que, de diferentes formas, ambos han sido víctimas del castrismo. Benigno primero creyó respetar al Che. Con el tiempo llega a la conclusión de que, realmente, le temía. Luego, por un largo período, se siente obligado a pensar que, aun cuando estuviera equivocado, el arrojo con que el Che defendía sus ideas merecía un especial aprecio. Más tarde se daría cuenta de que no es posible separar los medios y los fines. La terca valentía de Hitler, que se quita la vida antes que rendirse, o la heroicidad suicida de los camisas pardas en la defensa inútil de Berlín, no los redimen ante la historia. Si la valentía no está al servicio de unos fines nobles no pasa de ser otra cosa que la fatal consecuencia de una peligrosa secreción hormonal. La temeridad del Che, su coherencia moral, su *robespierrismo* y su desprendimiento de los bienes materiales, no lo salvan de la verdad final que impulsaba sus actos: mataba con el objeto de implantar una dictadura despiadada.

Este fracaso en modo alguno arredra a Castro o lo disuade de las tareas internacionalistas. Lo que consigue es poner un mayor énfasis en el aparato militar convencional. La pobre y relativamente pequeña Cuba pronto tendrá el noveno ejército del planeta. Una fuerza que, descontadas las legiones del Ministerio del Interior, en su momento estelar, cuando los soviéticos la arman hasta los dientes, con más de sesenta mil toneladas anuales de equipos y municiones, incluye 225 000 soldados y oficiales de infantería, 190 000 reservistas, 500 000 milicianos, 1 400 tanques de guerra, una cantidad similar de piezas de artillería, 2 fragatas, 4 submarinos y otras sesenta naves de diversos tamaños, mientras la fuerza aérea alcanza la cifra de 400 aviones y helicópteros de combate y transporte. Es un ejército mayor que el brasilero, el canadiense o el español. Como canta el *trovador* Pedro Tamayo, la respuesta disidente a Silvio Rodríguez, en Cuba «no hay cebollas pero hay camiones de soldados». Y trastocando la regla de la fisiología: el órgano, en este caso, crea la función, la fabrica. El desarrollo de unas enormes fuerzas armadas —explica el politólogo Irving L. Horowitz— genera un comportamiento más agresivo en el castrismo. En 1973, en medio de la guerra de *Yom Kippur*, los israelíes descubren que en el frente sirio hay toda una brigada de tanquistas cubanos. Son hábiles, pero la aviación y la artillería judías los barren sin compasión. Los hebreos son mejores soldados.

Dos años más tarde le llega a Castro la revancha. El imperio africano de Portugal ha colapsado y tres fuerzas insurrectas angolanas se disputan el poder. En enero de 1975 estos grupos han firmado un pacto para participar conjuntamente en el Gobierno que sustituirá a los portugueses, mas ninguno de los tres piensa cumplirlo. Comienzan a «posicionarse» de manera ventajista. Pronto se inician las batallas por conquistar Luanda y otras ciudades menores. Es una guerra civil con participación franca o encubierta de poderes extranjeros. Se trata de tres organizaciones guerrilleras vinculadas a la izquierda, formadas en el marxismo, pero con alianzas estratégicas coyunturales de distinto signo. *Grosso modo*, el *Movimiento Popular de Liberación de Angola* (MPLA), dirigido por Agostinho Neto, es abastecido por soviéticos y cubanos y mantiene fuertes lazos con los comunistas portugueses. La *Unión Nacional por la Independencia Total de Angola* (UNITA), bajo el mando de Jonás Savimbi, recibe ayuda de China comunista, y, en su momento, la recibirá de Sudáfrica. El *Frente Nacional para la Liberación de Angola* (FNLA), creado por Holden Roberto, el más pequeño de los tres ejércitos irregulares, es respaldado simultáneamente por la CIA y por Pekín. Cada uno trata de arrimar el ascua a su sardina. Pretoria teme la instalación de un régimen comunista en la región. Moscú, Washington y Pekín buscan influencias en el Atlántico Sur. La Habana procura la gloria de una victoria militar. Castro se siente la punta de lanza de la causa comunista en el Tercer Mundo. Posee un pequeño país, pero desarrolla una política exterior imperial de gran potencia. El episodio angolano es una expresión del más puro *napoleonismo* caribeño. Castro disfraza su intervención en África con la coartada de que Cuba, ciertamente, es un país donde la mitad de la población en alguna medida —la medida del mestizaje— proviene de ese continente, pero se trata de un burdo pretexto. También mandó sus soldados a Yemen, donde pusieron y quitaron gobiernos, y en Cuba apenas hay árabes o musulmanes. Tampoco es cierta la simplificación propagandística de que sus tropas fueron a África a impedir el atropello de los racistas sudafricanos blancos. Ésa es la coartada. Sudáfrica era sólo un factor lateral y escasamente importante en ese pleito. Eso se verá con toda claridad en

Etiopía, poco después, donde el ejército cubano derrota a unos negros en beneficio de otros. Su verdadero *leitmotiv* es el placer de ganar batallas y de clavarse en la historia por encima de los demás mortales. Lo que busca es la gloria y la sensación de poder que le proporciona a cierta gente decidir sobre la vida o la muerte de miles de personas. Castro se hace fabricar una sala de guerra y la llena de mapas. Desde La Habana dirigirá las batallas. ¿Cuándo un pueblo latinoamericano ha enviado un ejército completo a combatir en otro continente? Bolívar y San Martín pelearon en el vecindario latinoamericano. Castro se siente más grande. Angola es un país dotado de grandes riquezas naturales, pero no es el botín lo que deslumbra y moviliza al Comandante, aunque se hace pagar sus tropas con petróleo y fuertes sumas de dólares. El negocio —aunque exista— no es la prioridad. Creer esto es no entender su psicología. O creer que fue a África porque se lo ordenaron los rusos. Por el contrario: es Castro quien enreda a los soviéticos en la maraña angolana, tentándolos con ofrecerles en bandeja de plata el control de uno de los pasos marítimos más concurridos del planeta. Mozambique en el Índico, más Angola y Namibia en la otra costa africana, significaba para la URSS poseer el derecho de peaje sobre el Atlántico Sur.

Ante la retirada de Lisboa, todos salen a pescar en río revuelto. Es un juego de suma-cero. Lo que un bando gana el otro lo pierde. Pero el que se lleva la pieza es Castro. Se mueve velozmente, convence a los rusos de la conveniencia de enviar tropas de signo comunista, y anuncia que está dispuesto a poner la carne de cañón que sea necesaria. Los rusos sólo tienen que proporcionar la intendencia, las armas y las municiones. Los alemanes del Este pueden suministrar unos cuantos oficiales. Nunca sobra la organización germánica. Los cubanos aportan los muertos. Los de ellos y los del enemigo, y comienzan a trasladar mortíferas unidades de soldados listos para el combate. Utilizan para esa tarea la flota pesquera, la de carga, y cualquier avión capaz de hacer la travesía. Esto genera unas graves dificultades para el abastecimiento de Cuba, pero no importa. Según Castro, sus compatriotas siempre están felizmente dispuestos a cumplir tareas revolucionarias. Es el suyo —Castro ha descubierto para asombro de los propios cubanos— un inquieto pueblo de sacrificados guerreros.

Y así fue: a partir del verano de 1975, y a marcha acelerada,

Cuba traslada unos setenta mil hombres a Angola —cifra que luego se estabiliza en unos cuarenta mil soldados y seis mil civiles—, que permanecen en ese país la friolera de doce años, la guerra más larga jamás librada por un ejército del hemisferio americano, incluido el de Estados Unidos. Sufren entre ocho y diez mil bajas, y, en un principio, logran su objetivo de apuntalar al MPLA, pero sin que eso signifique la derrota definitiva de los otros grupos, y especialmente de UNITA, que nunca, y hasta hoy, veinte años después, dejó de controlar una buena parte del sur del país. Tampoco faltan los excesos. El general Rafael del Pino, que dirigió la aviación cubana en Angola y luego desertó, contó las terribles masacres de los soldados cubanos contra la población civil. El escritor Jorge Dávila, soldado en esa guerra, en la que también perdió un hermano, ha dejado su testimonio brillante y doloroso. No era una tropa de mosqueteros galantes que acudían a defender la noble causa de sus camaradas en peligro, sino un ejército, como todos, brutal, que despreciaba a los nativos, a quienes calificaba de indolentes y cobardes. Algunos de los «héroes» cubanos de aquel conflicto ajeno y absurdo, como Rafael del Pino, luego serían execrados. Pero peor le iría a la gran estrella de la guerra: el general Arnaldo Ochoa, como se verá más adelante. En 1987, a regañadientes, tras los acuerdos de paz, visiblemente indignados por la «traición» de Gorbachov y la «blandenguería» de los angolanos, los cubanos, finalmente, comenzaron a abandonar Angola.

El triunfo en Angola le abrió a Castro el apetito imperial. Comprobó que Estados Unidos estaba paralizado tras la derrota de Vietnam, mientras Jimmy Carter oraba como un arcángel en la Casa Blanca. Y así, en 1977-1978, se produjo la intervención cubana en Etiopía, un viejo reino sacudido por las conmociones revolucionarias tras el derrocamiento del emperador Haile Selassie en 1974 y la instauración de un régimen prosoviético en 1975. Lo que allí ocurrió vale la pena tratar de descifrarlo para comprender la fundamental falta de principios del «internacionalismo» de Castro. Felizmente, existe un excelente libro escrito por un miembro de los servicios cubanos, experto en África, que desertó del régimen, Juan F. Benemelis: *Castro, subversión y terrorismo en África*. Primero veamos los actores. Son dos los que pugnan contra Etiopía. Está Eritrea, una artificial provincia de Etiopía, donde la lengua y la religión predominantes no son las del Estado en donde se encuentra adosada como consecuencia de las maniobras diplomáticas de los imperios europeos, principales repartidores del pastel africano. Los eritreos, desde hace muchísimo tiempo, quieren independizarse de Etiopía y han formado unas belicosas guerrillas islámico-marxistas —todo es posible en esta vida— auxiliadas por Cuba, Moscú y Libia. Está Somalia, una nación que, con grandes dificultades, atenazada por Inglaterra e Italia, en 1960 logra al fin convertirse en Estado independiente. Se trata del país más homogéneo de África. Es una etnia que ocupa desde hace siglos su territorio natural. Hay una zona limítrofe, el desierto de Ogadén, poblada por somalíes, que en el reparto organizado por las grandes potencias europeas resultó asignada a Etiopía, país que también reclamaba su soberanía. En 1969 el general somalí Mohamed Siad Barre da un golpe militar y proclama la República Democrática Somalí. Se sitúa en la esfera soviética y comienza a recibir ayuda militar de la URSS y de Cuba. A sus socios comunistas les parece justo que Somalia asuma el control de un territorio, el Ogadén, que debe pertenecerle. La Habana envía «cadres» que adiestran a los somalíes. Pero de pronto ese juicio cambia radicalmente cuando el coronel etíope Mengisto Haile Mariam se hace con el poder en Addis Abeba, ejecuta a todos sus adversarios —*terror rojo* le llaman los historiadores—, se coloca bajo la tutela de Fidel Castro y le pide ayuda al dictador caribeño para derrotar a los somalíes y a los eritreos.

Súbitamente se produce un cambio de alianzas. Fidel Castro decide apadrinar —verbo que se conjuga en La Habana en el sentido *mariopuzano* de la palabra— a los etíopes contra sus antiguos camaradas. Los patriotas somalíes y eritreos de la víspera, todos ellos radicales y simpatizantes del marxismo, se convierten en los despreciables agentes del imperialismo yanqui frente a un descomunal ejército de 30 000 cubanos, apresuradamente enviado desde Angola a Etiopía vía Mozambique, 2 000 soviéticos, 2 500 yemenitas, cierto número de búlgaros y polacos, 120 tanques y varios escuadrones de aviones Migs. ¿Por qué ese sangriento cambio de alianzas? Porque Castro, con su incontrolable manía unificadora y su odio patológico a la diversidad —que se le antoja como una especie de insufrible desorden—, tras un recorrido por la zona de siete intensas semanas, soñaba con crear una especie de gran país federal en el «cuerno de África», para gloria de la causa socialista, capaz de controlar el acceso al golfo Pérsico, supernación radical que incluyera a Yemen del Sur, Somalia, Etiopía, Eritrea y Ogadén, y las querellas nacionalistas de la zona le habían echado a perder su ambicioso plan. Tal vez las armas harían entrar en razones a los desobedientes revolucionarios de esa polvorienta pero importante región del mundo. Él les impondría la necesaria disciplina.

El resultado era predecible. Miles de somalíes perecieron en combate y otras decenas de miles fueron obligados a emigrar. Triunfo total de las armas cubanas frente a un enemigo que tenía más de tiro-al-blanco que de adversario real. Se produjo una enorme catástrofe humana que desestabilizó a Somalia de una manera tan brutal que todavía, una década más tarde, y tras haber recibido la primera intervención humanitaria decretada por Naciones Unidas, el país sigue sumido en el caos.

Hubo, naturalmente, un número de bajas entre los cubanos, calculadas sin demasiada precisión en 1 200 muertos, pero fue tan contundente la victoria que Estados Unidos, incluso bajo la débil batuta de Carter, se apresuró a crear una «Fuerza de Intervención Rápida» concebida para actuar en guerras del Tercer Mundo. La victoria de los comunistas cubanos, por supuesto, sería parcial y transitoria. Eventualmente, Mengisto, el etíope, huiría hacia Zimbabwe y su régimen se desplomaría (1991), Eritrea alcanzaría la independencia (1993), mientras en Angola el MPLA y UNITA, sin dejar de hacerse la guerra, comenzarían a acercar sus posiciones políticas para tratar de encontrar una suerte de arreglo pacífico. Los sacrificios impuestos al pueblo caribeño en esas guerras africanas, donde quedaron varios cementerios llenos de cruces cubanas —sólo fueron repatriados unos cuantos cadáveres—, no sólo habían sido un crimen. El tiempo demostraría que también habían sido una indefendible estupidez.

Pero cuando terminaba la década de los setenta Fidel Castro se sentía en la cúspide de su poder e influencia y, ciertamente, tenía razones para ello: había sido elegido presidente del *Movimiento de los no-alineados* —lo cual resultaba grotesco, puesto que todo su empe-

ño militar y diplomático consistía en conseguir que el Tercer Mundo
se colocara bajo las banderas de la URSS y el campo socialista—, sus
ejércitos habían vencido en Angola y Etiopía, había tropas y asesores cubanos en una docena de países africanos, los norteamericanos,
desmoralizados y derrotados en Vietnam, no eran capaces de reaccionar, y muy pronto, en 1979, La Habana se anotaría otros dos
triunfos en su haber. En marzo, el *Movimiento de la Nueva Joya*,
presidido por Maurice Bishop, un dirigente radical que se autocali-
ficaba como marxista, derroca en la isla caribeña de Grenada
—*Grenada* prefieren ellos, que son de cultura inglesa y pronuncian
mal el español— a Eric Gairy, un político que a fuerza de excentri-
cidades bordea la locura, e instaura un régimen que, como diría el
propio Bishop en Cuba poco después, busca su inspiración en la Revolución cubana. En julio le toca su turno a Nicaragua. Durante
veinte años Castro ha estado intentando derrocar la dictadura de
Somoza y el Departamento de América del Comité Central ha hecho
un excelente trabajo con las diversas fuerzas insurrectas, adiestrán-
dolas, suministrándoles fondos, y logrando unirlas bajo el nombre
de *Frente Sandinista de Liberación Nacional*. Además de colocar a todas las fuerzas bajo el mismo rótulo, Castro, indirectamente, con
sólo mostrar sus preferencias —especialmente por Humberto—, ha
elegido a los hermanos Daniel y Humberto Ortega como *primus
inter pares*, como los «comandantes» de más peso entre los nueve
que componen la dirección, y los ha convencido a todos de que no
defiendan por las claras un proyecto comunista. Deben hacer exactamente lo que él hizo frente a Batista: en una primera fase
—ya habría luego formas de expulsarlas del carro de la Revolución— tendrían que integrar a las fuerzas de la burguesía democrática para no asustar a la sociedad nicaragüense ni darle argumentos
a Estados Unidos que los precipiten a una intervención. Los sandinistas aceptan la sugerencia. Al fin y al cabo, la guerra contra Somoza
se ha revitalizado como resultado del asesinato del periodista Pedro
Joaquín Chamorro, un demócrata anticomunista que era, de alguna
manera, la cabeza más prestigiosa y visible de la oposición. Una vez
montado el *Frente* e iniciada la ofensiva, Castro busca otros apoyos internacionales. La paradoja es que Cuba puede enviar sus ejércitos a
África, mas no a Latinoamérica, pues sería excesiva la provocación

a Washington. Pero siempre hay otros medios de llegar al mismo fin. En Venezuela gobierna Carlos Andrés Pérez, quien también siente que preside un país con responsabilidades regionales, y al que no se le ocurre otra cosa que competir con Fidel Castro colaborando con él en la aventura nicaragüense, mientras en Panamá manda Omar Torrijos, un populista hábil y corrupto con quien Cuba mantiene las mejores relaciones. Todo lo que los tres países deben hacer, bajo el liderazgo soterrado de Castro, es ponerse de acuerdo, mediante la complicidad o el soborno de funcionarios costarricenses —Nicaragua limita al sur con Costa Rica y Costa Rica con Panamá—, para abastecer con armas, municiones y hombres a los sandinistas, quienes, finalmente, sólo se enfrentan a una pequeña (pero peleadora) Guardia Nacional de menos de diez mil efectivos, institución que, a fuerza del total descrédito del somocismo y de la incisiva propaganda adversa, ya ha perdido totalmente el respaldo de Estados Unidos.

Tras la victoria sandinista, que inmediatamente tiene un efecto revitalizador en los grupos subversivos y terroristas de El Salvador y Guatemala, en un momento de suprema euforia, no es de extrañar que en una reunión sostenida por aquellas fechas con el historiador venezolano Guillermo Morón, Fidel Castro le asegurara que en el plazo de diez años todo el Caribe sería el *Mare Nostrum* de los cubanos. Ya se veía al frente de una gran federación de estados comunistas que le daría la estocada final al odiado adversario norteamericano. El mundo, que había coreado «Fidel, seguro / a los yanquis dales duro», lo recordaría como el gran debelador del imperialismo estadounidense. Nunca sabrían cuán duro, en realidad, les dio. San Jorge había triunfado frente al dragón. El futuro era rojo. Y no era él sólo quien entonces veía las cosas de esa manera. La verdad es que en ese momento de la historia el planeta parecía condenado a acogerse al modelo de la URSS. No en balde alguien tan lúcido como Jean-François Revel comienza entonces a escribir su pesimista *Por qué terminan las democracias*. Era perfectamente verosímil pensar que llegaba a su fin el período histórico comenzado en el siglo XVII con la Revolución inglesa, más tarde seguido por la norteamericana de 1776, y luego imitado por unas cuantas naciones afortunadas, Francia entre ellas. Fueron —opinaban Revel y otros consternados demócratas— pocos siglos de ilusiones que se desvanecían ante la incapacidad de Occidente para reaccionar frente al espasmo imperial de los soviéticos. Pronto el sueño de la libertad, la pluralidad y el Estado de Derecho serían sustituidos por el control asfixiante del partido único, mientras un enorme archipiélago Gulag se extendería por toda la civilización. La democracia apenas habría sido un hermoso y pasajero paréntesis en la bárbara historia política de la especie humana.

Paradójicamente, ese pesimismo, alimentado por los éxitos del comunismo, tuvo un efecto imprevisible: contribuyó a la elección de Ronald Reagan a la Casa Blanca en los comicios de noviembre de 1980. Tras el gobierno de Carter, empantanado en la inflación, y paralizado frente a múltiples enemigos que lo mismo secuestraban impunemente a decenas de norteamericanos, como sucedía en Irán, que instauraban en Managua un régimen francamente procastrista, llegaba al poder un político que prometía mano dura frente a Moscú y sus satélites. «Iremos contra la fuente del Mal», advertía Reagan ominosamente mirando a la cámara con el talento de un viejo profesional que se ha aprendido un buen guión, y enseguida demostró que hablaba en serio. ¿Cómo? De varias maneras, y todas arraigadas en la vieja «estrategia de la contención» diseñada por el brillante diplomático norteamericano George Kennan a fines de la década de los cuarenta. En primer término, volcando la enorme capacidad económica y científica del país en planes defensivos técnicamente denominados *Iniciativa de Defensa Estratégica,* a los que popularmente se llamó, con un poco de imaginación, *La guerra de las galaxias,* reto que se tradujo en un esfuerzo económico devastador para Moscú y tal vez en una de las causas del agotamiento y crisis final de la URSS. Y en un segundo plano, firmando las correspondientes «órdenes ejecutivas» para que la CIA le hiciera frente a la política cubano-soviética en Centroamérica y en África.

En América Latina el primer beneficiado de este cambio en la política de Washington fue el gobierno de El Salvador. Las armas, los asesores y el caudal de ayuda económica que fluyeron de Estados Unidos le permitieron a ese país frenar el avance de los comunistas, salvar la vacilante democracia que en medio de crímenes horrendos trataba de consolidarse, y comenzar a revertir la suerte de la batalla en el terreno militar, pese a que en 1981 las guerrillas ya habían sido capaces de lanzar una peligrosa ofensiva sobre la misma capital. Naturalmente, Castro empezó a preocuparse y a tomar en serio al nuevo inquilino de la Casa Blanca. No tardó en saber que en la primera reunión del gabinete de Reagan se había discutido si la invasión a Cuba era necesaria para contener el avance de los comunistas en la región. Y muy pronto, en 1983, comprobaría que la amenaza tenía ciertas posibilidades de materializarse. El 19 de octubre de ese año, el sector estalinista de Grenada, comandado por Bernard Coard, por rencillas internas y puro y sangriento sectarismo, da un golpe militar y ejecuta a Bishop, circunstancia que Reagan aprovecha para inmediatamente —apenas una semana— lanzar una invasión militar sobre la pequeña isla del Caribe y desplazar a los comunistas del poder. A todos: a los de Bishop y a los de Coard, porque aunque el pretexto de la invasión es proteger las vidas de los norteamericanos que residían en la Isla —fundamentalmente varias docenas de estudiantes de Medicina—, el propósito real del Pentágono es evitar la terminación de un aeropuerto y de una larga pista de aterrizaje cuya utilidad final, según las fuentes de inteligencia norteamericanas, sólo podía ser la recepción de los enormes bombarderos soviéticos y la nueva generación de Migs 29.

Para Castro el episodio de Grenada fue una embarazosa derrota. Primero, porque se trataba de un territorio bajo la influencia directa de La Habana, muy cercano a Venezuela —su sueño dorado—, y, sobre todo, porque el contingente cubano destacado en la Isla, un millar de efectivos entre soldados y trabajadores de la construcción, todos armados y con adiestramiento militar, recibió órdenes de pelear hasta el último hombre y hasta la última bala para demostrarle a Estados Unidos el inmenso costo de tratar de invadir Cuba. Tan seguro estaba Castro de que sus deseos se convertirían en realidades, que la radio cubana, informada de las heroicas instrucciones del Comandante, tras la emotiva transmisión del himno nacional, llegó a anunciar que el último de los combatientes cubanos había caído envuelto en la sagrada bandera de la patria. Cuba se estremeció. Los niños de todas las escuelas del país fueron sacados a saludar la bandera en homenaje a los nuevos mártires de la patria. Incluso los anticastristas, conmovidos, derramaron lágrimas de solidaridad cubana. Fueron 24 horas de luto nacional. Hasta que comenzaron a llegar los vídeos de lo que verdaderamente había sucedido: los soldados cubanos se entregaron casi sin ofrecer resistencia, apenas tuvieron bajas, y fueron muy cortésmente tratados por las tropas invasoras. Poco después, por una gestión realizada por el gobernante español Felipe González, los cubanos fueron repatriados rumbo a Cuba, y cada uno de ellos llevaba en sus manos una gloriosa cajita con comida y utensilios de primera necesidad amorosamente donada por la Cruz Roja norteamericana. Fue muy extraño verlos llegar al aeropuerto de La Habana y escucharles decir a Fidel Castro: «Misión cumplida, Comandante.» El coronel que los mandaba, Pedro Tortoló Comas, un militar prudente que pensó que era inmoral sacrificar a un millar de personas por consideraciones de carácter político y por hacer un gesto de oscuro significado, fue degradado y enviado a Angola como soldado raso. Su nombre, injustamente, se convirtió en una fuente de perversos chistes sobre la falta de valor de los soldados cubanos.

Castro y Gorbachov

Si Fidel no pudo darle una lección a los norteamericanos, él sí aprendió la suya de los soviéticos, que casi nada hicieron por impedir la pérdida de Grenada. En 1982 había muerto su amigo Leonid Brézhnev —quien siempre tuvo una costosísima debilidad por Castro—, y era evidente que el Kremlin andaba manga por hombro, de manera que no le hicieron el menor caso cuando urgentemente solicitó al nuevo *Premier* que mantuviera una posición enérgica frente a los norteamericanos en el caso de Grenada. Como sustituto de Brézhnev había sido elegido Yuri Andrópov, un hombre bastante refinado, formado en la jefatura del KGB, que conocía a fondo las deficiencias y problemas reales por los que atravesaba su país, y no parecía inclinado a agravarlos para mantener los frutos de un expansionismo cuya racionalidad comenzaban a cuestionar los propios estrategas soviéticos: ¿tenía sentido conquistar Angola, Etiopía o Nicaragua para luego colgarlas del magro presupuesto soviético? La URSS comenzaba a darse cuenta de que era una metrópoli —quizá la única en la historia— saqueada por sus colonias. ¿Había sido una sabia decisión tratar de apoderarse del avispero afgano al precio de miles de hombres y de una inmensa cantidad de rublos? ¿Cuánto había costado la aventura cubana? El subsidio a Cuba ya andaba en varios miles de millones de dólares anuales, mientras la situación económica en la propia URSS se deterioraba rápidamente en el frente financiero y en el de la producción. Ya se sabía, por ejemplo, que comenzaba a reducirse la esperanza promedio de vida entre los soviéticos. El país involucionaba hacia el Tercer Mundo como consecuencia de garrafales disparates económicos.

En 1984 murió Andrópov y lo sucedió en el cargo Konstantin Chernenko. Fidel Castro fue al entierro con un gorro de astracán que subrayaba la preocupación de su ceño arrugado. Era febrero y ése es un mes implacable en Moscú. El mismo día que anunciaron al sucesor, un hombre borroso y viejo, los corresponsales extranjeros advirtieron que estaba muy enfermo. Y no se equivocaban: casi al año exacto, marzo de 1985, Chernenko entregaba su alma a quien en el cielo o el infierno correspondía la delicada tarea de recogerlas cuando expiraban los mandamases del Kremlin. El escogido como heredero era un «joven» —a los cincuenta y tantos era casi un niño dentro de la jerarquía comunista— llamado Mijail Gorbachov, firmemente determinado a poner orden en medio del creciente caos que padecía el país. Gorbachov era un técnico más que un ideólogo, protegido de Andrópov, pero bajo la desconocida influencia de Alexander Yakolev. Este último, héroe de la Segunda Guerra Mundial, herido en combate, ex embajador en Canadá —adonde lo enviaron por las inconveniencias que solía decir— había desarrollado la teoría de que la clave del relativo fracaso soviético se debía a la imposibilidad de examinar sin temor los problemas que afectaban a la sociedad. La URSS, para salvarse y superar a Occidente, necesitaba de *glasnost,* de transparencia en el análisis y libertad de expresión, algo que sólo podía darse dentro de una reforma profunda del Estado, la *perestroika,* capaz de eliminar la violencia leninista de las relaciones entre la sociedad y el Partido. Gorbachov creía en esto. Estaba convencido de que por esa vía podría colocar a la URSS a la cabeza del mundo. Fidel Castro, que algo intuía de cuanto sucedía en Moscú, ni se molestó en acudir al entierro de Chernenko. Marzo también es un mes muy frío en Rusia.

Situado Gorbachov en el poder, no tardó en comenzar a emitir señales preocupantes para el siempre belicoso aliado cubano. En 1986 las tropas soviéticas iniciaron su retirada de Afganistán y los emisarios del Kremlin les advirtieron a los sandinistas y al gobierno de Angola que no podían contar indefinidamente con la ayuda rusa. La retirada de Afganistán no era sólo el fin de un episodio bélico fallido, sino de toda una época. La prioridad del nuevo Gobierno ruso era el desarrollo económico y llegar a ciertos acuerdos con Washington en el agobiante terreno de la carrera armamentista. La existencia de un régimen prosoviético en el traspatio norteamericano enfrentado a tiros con aliados de Estados Unidos, no parecía una señal feliz de la renovada URSS anunciada por Gorbachov. Por otra parte, para esas fechas, la «contra» nicaragüense, armada por la CIA, había adquirido una gran eficacia y parecía inderrotable en el campo militar, pese a que el ejército sandinista ya era uno de los mayores de América Latina, y, con el millonario subsidio ruso, había multiplicado por diez los efectivos de la Guardia Nacional de Somoza. Al frente de los asesores extranjeros situados en Nicaragua estaba, o había estado, el mejor general cubano, Arnaldo Ochoa, formado en la URSS, héroe de Angola y Etiopía, ex guerrillero en Venezuela y protagonista de incontables hazañas del internacionalismo cubano, unas conocidas y otras clandestinas, como su secreta participación en el adiestramiento de los guerrilleros y terroristas argentinos que en 1988 atacaron el cuartel de La Tablada en la débil pero democrática Argentina de Raúl Alfonsín.

La narco-revolución

Pese a lo anterior, en 1989, poco después de una sonada visita de Gorbachov a Cuba, la prensa cubana sacudió al mundo con la noticia de las detenciones de los generales Arnaldo Ochoa y Patricio de la Guardia, jefe de «Tropas Especiales» (los *rangers* cubanos), el ex general y ministro de Transporte Diocles Torralba, el coronel Antonio *Tony* de la Guardia, hermano gemelo de Patricio, hombre poderoso y allegado a Fidel Castro, por cuyas manos pasaba la mayor parte de las operaciones clandestinas más delicadas. Junto a ellos también eran apresados otros oficiales menos conocidos del Ministerio del Interior. ¿Qué había sucedido? La historia ha sido minuciosamente reconstruida en dos libros fundamentales para entender la Cuba actual: *Fin de siglo en La Habana,* escrito por Jean-François Fogel y Bertrand Rosenthal, dos periodistas franceses, y *La hora final de Castro* del argentinoamericano Andrés Oppenheimer.

Al principio las noticias fueron muy confusas. Los cubanos enseguida advirtieron que las dos figuras clave eran Arnaldo Ochoa y Tony de la Guardia, pero no resultaba sencillo introducir a estos dos personajes dentro del mismo saco. Aunque se conocían y mantenían cierta amistad, Ochoa era un militar que se movía en el ámbito de las Fuerzas Armadas y de la Guardia, era una especie de «Pimpinela Escarlata» de los servicios cubanos de inteligencia. Tony, hombre audaz, inteligente, pintor aficionado, y con cierto refinamiento intelectual, era capaz de llevar a cabo acciones que bordeaban el suicidio. De él y de su hermano se contaba —por ejemplo—, sin que jamás se confirmara fehacientemente, que cuando la Crisis de Octubre de 1962 habían introducido potentes cargas explosivas en la sala principal de Naciones Unidas con el objeto de volarla en plena sesión si Cuba resultaba invadida por Estados Unidos. Fidel Castro, como Sansón, estaba dispuesto a acabar con el templo y con los filisteos al precio de una catástrofe internacional.

Tras los iniciales momentos de titubeo, rápidamente las autoridades cubanas formularon una acusación concreta: estos militares estaban dedicados al narcotráfico y a la corrupción. Se les hizo un escandaloso juicio en el que actuó como fiscal el general Juan Escalona, un hombre de la confianza de Raúl Castro que, como su propio jefe, en el pasado había tenido serios problemas de alcoholismo. Tras un proceso descaradamente manipulado, en el que se interrumpían las sesiones cuando los acusados decían cosas «inconvenientes», a casi todos —la más conspicua excepción fue Patricio— se les condenó a muerte. La sentencia del Tribunal Militar, siguiendo la vieja tradición de las pandillas —todos tienen que mancharse las manos—, fue ratificada por el Consejo de Estado y por numerosos generales que luego fueron llevados a manifestar su conformidad con la ejecución y su desprecio por los acusados. Quienes no se prestaron, o quienes lo hicieron sin demasiada convicción, fueron separados de sus cargos, como le sucedió al general Raúl Tomassevich, un cubano con antepasados eslavos que sentía un genuino afecto por Ochoa.

¿Qué había ocurrido? ¿Habían sido descubiertos unos maleantes dentro de las estructuras de mando de la honorable revolución cubana y se les castigaba por su felonía? Nada de eso. El delito sí, había sido descubierto, pero no por los servicios de inteligencia cubana —que eran los delincuentes—, sino por el *Drug Enforcement Administration*, la DEA norteamericana que vigila y persigue el narcotráfico en el terreno internacional. Sencillamente, el Gobierno cubano había sido agarrado con las manos en la masa de la cocaína. La DEA tenía las pruebas de la complicidad con el narcotráfico de la Marina, la Fuerza Aérea, el Ministerio del Interior y hasta del Ministerio de Relaciones Exteriores de Cuba. Los cuerpos policíacos estadounidenses habían infiltrado en la operación a un piloto taiwanés, Hu Chang, que el 8 de mayo de 1987 aterrizó en una de las más secretas instalaciones del Gobierno cubano, en un vuelo procedente de Colombia cargado de cocaína. Prueba contundente que reproducía la experiencia previa de dos narcotraficantes cubanoamericanos, Reynaldo Ruiz y su hijo Rubén, vinculados por lazos familiares a un alto oficial de los servicios de inteligencia cubanos, Miguel Ruiz Poo, situado en Panamá. Reynaldo y Rubén, obligados a colaborar con la DEA como modo de reducir las acusaciones que se les formularían por narcotráfico, le habían dado al Gobierno norteamericano todas las pruebas y pistas necesarias para que Castro pudiera ser llevado a los tribunales por sus vínculos con el tráfico de narcóticos y «lavado» de dinero. No obstante, decidido a presentar el caso de manera totalmente irrefutable, el Gobierno norteamericano comete entonces una increíble estupidez: se propone tenderle una trampa al mismísimo ministro del Interior, el general José Abrantes, y para esos fines saca de la cárcel a un narcotraficante cubano llamado Gustavo Fernández, *Papito*, que en el pasado había colaborado con la CIA, y le propone una sustancial rebaja de su pena si se presta a montar la celada. El plan —en el que piensan hasta utilizar un submarino— incluye el apresamiento en aguas internacionales de Abrantes y su posterior presentación a los tribunales y a la prensa. Gustavo Fernández, naturalmente, acepta, pero en un descuido de quienes lo vigilan escapa a La Habana y cuenta todo lo que sabe: va a estallar el escándalo y Castro dejará de ser la heroica figura de la Revolución para convertirse ante los ojos del mundo en un vulgar narcodictador de la categoría del panameño Manuel Antonio Noriega, figura absolutamente desacreditada por aquellas mismas fechas.

Esto ocurre entre abril y mayo de 1989. El Comandate se preocupa. Sabe que esta vez los norteamericanos pueden destruir su imagen. Monta en cólera y culpa a Tony de la Guardia. Como siempre, la excusa es la patria: Tony ha puesto en peligro a la Revolución al actuar con una mezcla de audacia e irresponsabilidad. Ahora Estados Unidos podrá invadir a Cuba sin que nadie la defienda. A sus ojos, el delito de Tony no es el narcotráfico, algo de lo que Castro estaba perfectamente enterado, pues era una práctica frecuente desde principios de los años setenta. Vender droga en Estados Unidos es también una forma de debilitar al imperialismo yanqui, como revela a la prensa Juan Antonio Rodríguez Menier, mayor de los servicios de inteligencia que ha desertado a Estados Unidos, en una entrevista concedida a *El Nuevo Herald* poco antes del escándalo. Ése no es el problema. El delito de Tony es la imprudencia. Y la imprudencia, en este gravísimo caso, se confunde con la traición a la patria. Pero para Castro hay otro elemento tan inquietante como las pruebas del narcotráfico que tenía, la DEA: los servicios de contrainteligencia del Gobierno cubano, dirigidos por el incansable general Colomé Ibarra, *Furry*, le han puesto sobre su mesa las comprometedoras grabaciones de varias conversaciones entre los gemelos Tony y Patricio de la Guardia, Diocles Torralba y Arnaldo Ochoa. Se burlaban de él y de su hermano Raúl. Hacían chistes, opinaban positivamente de Gorbachov y de la *perestroika*, se quejaban de la terca insistencia en la ortodoxia estalinista del Gobierno.

Sotto voce, Fidel Castro era el hazmerreír de la dirigencia cubana en ese momento. El Comandante lo sabía y le irritaba. Deliraba de una manera tan extraordinaria que le había pedido al Centro de Biotecnología y Genética, entonces dirigido por Manuel Limonta, que «diseñara» una pequeña vaca casera para que cada cubano pudiera tener en su casa uno de estos cuadrúpedos enanos capaces de darle cuando menos un litro de leche al día. Y no era una broma: el Comandante se había aparecido en la reunión con los científicos hasta con los planos del mueble para poder alimentar a la vaca doméstica. Castro reinventaba la chiva. En medio de ese clima de burla general, el «máximo líder» descubre que Ochoa y los de la Guardia también lo tomaban a chacota. Cómo se reían. No le temían. Ya no eran unos revolucionarios leales. Se habían convertido en unos peligrosos desafectos, instalados en la frontera misma de la conspiración. Algo realmente peligroso porque Ochoa estaba a punto de hacerse cargo de la dirección del Ejército de Occidente —donde se encuadra La Habana—, mientras Patricio de la Guardia acantona allí mismo sus *tropas especiales*. Aunque en ese momento no hay una conspiración en marcha, potencialmente pudiera haberla, porque se ha relajado un principio de autoridad fundado en la pleitesía al Caudillo. Y Castro es de los que están convencidos de que «sólo los paranoicos logran sobrevivir».

Ante esa situación, el Comandante corta por lo sano. Toma una decisión drástica: matará tres pájaros con el mismo disparo. Hará detener a Ochoa, a los de la Guardia y a otros oficiales menores —siempre tiene que haber una cadena de mando— y los juzgará públicamente. ¿Qué logra con ello? Primero, por encima de todo, defender su propia imagen. Dado que negarlo es inútil, admite que, efectivamente, existía tráfico de droga, pero que él no lo sabía. ¿Qué prueba mayor de su propia inocencia que fusilar a su más valioso general y a su *James Bond* preferido? En segundo lugar, da un escarmiento en el Ministerio del Interior y entre los funcionarios del «aparato». Todo aquel que manifieste veleidades *perestroikas* sabe lo que le espera. Quien se mueva un milímetro de la línea oficial se expone a lo peor. Tercero, elimina los riesgos de colocar a su gobierno al alcance de una intentona militar. Sólo le quedan dos cabos por atar: cómo lograr que los acusados cooperen y cómo conseguir que el mundo lo crea. Lo primero no es difícil. Los cuerpos de seguridad les aplicarán a los detenidos una conocida técnica de ablandamiento. Durante horas y horas, día tras día, sin dejarlos dormir, siempre bajo la luz perpetua y cegadora de los calabozos «especiales», los convencerán de que han actuado con un grado tal de negligencia y temeridad que han puesto en riesgo la existencia misma de la patria. ¿No recordaban el ejemplo del Che, que antes de su aventura boliviana, para proteger a la Revolución había escrito su carta famosa? Ahora los odiados gringos pueden invadir Cuba. Tienen una excusa y el mundo no moverá un dedo por ayudarlos, pues los narcotraficantes no tienen amigos públicos. Pero hay una forma de evitarlo: si admiten su responsabilidad total y exclusiva, y si exculpan al Gobierno, la reputación de la Revolución no quedará en entredicho y ellos salvarán sus vidas. El Gobierno no tiene necesariamente que fusilarlos. Hay precedentes. ¿No le perdonaron la vida a Rolando Cubelas, pese a su atribuida complicidad con la CIA en un plan para matar al Comandante? Si colaboran, la Revolución puede ser generosa.

Los acusados cooperaron. A veces se salían del guión, había que detener el juicio, repasar las declaraciones y volver a empezar. «Son como las tomas fallidas en la filmación de una película», declararía Jiménez Leal, autor del electrizante docudrama 8-A sobre este episodio. Pero, al final, son traicionados y los condenan a muerte. El ministro del Interior, José Abrantes, no está de acuerdo y se atreve a decírselo a Fidel Castro: «Tú sabías perfectamente lo que ellos hacían; y ni siquiera todos, pues Ochoa jamás tuvo nada que ver con esas operaciones», le reclamó Abrantes. Castro lo hizo detener y encarcelar. Poco después murió en la cárcel de un misteriosos infarto. Tenía unos cincuenta años y hacía ejercicios frecuentemente. Sus compañeros de celda y sus familiares están convencidos de que lo mataron.

Para darle credibilidad a esta pantomima Castro necesitaba un testimonio creíble. ¿Quién mejor que su buen amigo Gabriel García Márquez, el prestigioso Premio Nobel de Literatura? Nadie pensaría que avalaba al Gobierno cubano por dinero, pues el colombiano es notablemente rico y ni se vende ni se deja comprar. Tampoco que apoyaría la versión de Castro por razones ideológicas, puesto que *Gabo* —como le llaman sus amigos— no es comunista. Sus ilusiones con el marxismo las dejó colgadas en la frontera entre las dos Alemanias tan temprano como en la década de los cincuenta. Incluso, tenía una buena amistad personal con Tony de la Guardia, y hasta exhibía uno de sus cuadros en la pared de su casa, pero —según la familia de Tony— no hizo nada por impedir su fusilamiento. García Márquez secretamente presencia el espectáculo junto a Castro. No es la primera vez que ve un juicio político en Cuba. Cuando era un joven periodista, feliz e indocumentado, en 1959, viaja a La Habana junto a Plinio Apuleyo Mendoza, su compadre y amigo, otro gran escritor, y ambos se horrorizan de los procesos contra los criminales de guerra batistianos. Treinta años más tarde algo ha ocurrido en la sensibilidad de García Márquez que ha perdido la capacidad de indignarse ante los atropellos. Alguna vez le pregunta a Castro por qué no hace cambios hacia la democracia —cambios que a García Márquez le gustarían— y la bárbara respuesta que recibe sólo consigue hacerlo sonreír: «Porque no me sale de los cojones», le responde el Comandante. La justa fama y el merecidísimo éxito, por razones que probablemente ni él mismo sepa explicar, lo han convertido en una especie de dios caribeño más allá del bien y del mal. La vida, el tiempo, o vaya usted a saber, lo han anestesiado frente a la conducta humana. Puede tratar sin asco a un sacatripas de la guerrilla, a traficantes de drogas o a un latoso que lo halaga sin sentido del límite. No se le ocurre juzgar a los seres humanos, como no se le ocurre juzgar a los personajes de sus novelas. Carece o ha renunciado a una escala de valores razonablemente estructurada. Los mecanismos del juicio ético se le han atrofiado. Fidel, además, le fascina. Le despierta una indomable curiosidad antropológica. Habla tanto. Hace tantos cuentos. Está tan loco. Y le gusta ayudarlo y hacerle favores. ¿Por qué? García Márquez es un hombre servicial. Disfruta siendo útil a los poderosos, aunque también puede hacerlo con los infelices. La bondad tampoco le es ajena. Ha sacado presos políticos de las cárceles (Reinol González) y ha conseguido difíciles permisos de emigración (Norberto Fuentes). Pero su goce emocional no parece estar en la recompensa moral que recibe por sus actos, y ni siquiera en la gratitud que merecerían sus servicios —que no espera—, sino en el placer de demostrar el inmenso poder personal que se deriva de su bien ganado prestigio como novelista. ¿Y qué mayor deleite que poder solucionarle un problema importante a uno de los hombres más poderosos del mundo? Es el escritor perdido en el laberinto de su muy compleja psicología.

En todo caso, ¿por qué el Gobierno cubano incurría en ese comportamiento delictivo? En primer término, porque nadie jamás podrá acusar a Castro de respetar el derecho burgués. No está en su naturaleza. Las leyes son para los otros. Si la causa final que defiende le parece justa, cualquier medio le resulta aceptable. Los sesenta y dos millones de dólares conseguidos por los *montoneros* argentinos como rescate de un riquísimo empresario agrícola van a parar a los bancos cubanos. Castro no ve nada malo en ello. Los secuestros, como el tráfico de drogas, son sólo expresiones de la lucha contra el imperialismo. El diplomático panameño José Blandón, representante de Noriega, contó cómo Castro, en su presencia, medió en una disputa entre su presidente y el Cartel de Medellín por doscientos millones de dólares procedentes de la droga. Los colombianos acabaron cediendo. Ése es sólo un botón de muestra. Los agentes cubanos han asaltado bancos en México y en Líbano —hay un verosímil relato de estas y otras fechorías muy bien escrito por Jorge Masetti, protagonista él mismo de numerosas acciones «revolucionarias»—, han secuestrado millonarios en Ecuador y Panamá, reclamando luego el correspondiente rescate. En Cuba se han falsificado dólares, bonos del tesoro americano, cuadros de Lam, champán Moët-Chandon, pantalones Lois, o cigarrillos Winston. En Cuba, como cabeza oculta de estas operaciones, vivía y trabajaba para el Gobierno Robert Vesco, un conocido estafador norteamericano, hoy preso en la Isla por tratar de engañar a Castro en un negocio relacionado con medicinas. (Menudo loco ese americano.)

El contacto entre la Revolución cubana y el narcotráfico comenzó en las selvas colombianas. Los primeros testimonios fidedignos son de los años setenta. Las guerrillas necesitaban armas y los cubanos dinero. Dentro del Ministerio del Interior de Cuba se había creado un organismo, el MC, destinado a burlar el embargo norteamericano. Era una estructura secreta que incluía docenas de compañías fantasmas situadas en diversas partes del mundo, pero especialmente en el Panamá de Torrijos y Noriega. Tony de la Guardia era la estrella de ese grupo. El MC, que se servía de sus contactos con la izquierda furiosa en toda América, no tardó en comenzar a hacer negocios con las guerrillas colombianas. El embajador cubano en Colombia, Fernando Ravelo, era íntimo amigo de Pablo Escobar Gaviria y de otros notorios narcotraficantes. El dinero de las guerrillas procedía de las drogas, de manera que surgió lo que en la jerga empresarial contemporánea se llama la *sinergia*. Ambos grupos se unieron de una manera casi natural para maximizar sus beneficios. Primero los cubanos cobraban mil dólares por cada kilo de cocaína que los aviones lanzaban sobre sus aguas. Unas lanchas luego recogían los paquetes y los trasladaban a Estados Unidos. Más tarde los narcotraficantes utilizaban las pistas militares de aterrizaje. Las relaciones cada vez fueron más estrechas. Hasta el día en que reventó la burbuja.

Muertos Ochoa y Tony de la Guardia, Castro suponía que había desactivado el escándalo del narcotráfico. Sabía que no lo creerían, pero le traía sin cuidado. Era su coartada y no se movería ni un milímetro de esa posición. Su propósito era establecer una verdad oficial, la suya, y distribuirla *urbi et orbe* para consumo de simpatizantes, tranquilidad de indiferentes y contrariedad de adversarios. Eso es lo que siempre había hecho: interpretar la realidad, acuñar su versión, y luego ordenarles a los sicofantes que la repitieran sin un asomo de duda. Ahora tenía por delante una tarea más difícil: impedir que el vendaval que azotaba al mundo comunista también barriera a la Revolución cubana. Era evidente que el Ministerio del Interior —el feudo de Abrantes y Tony de la Guardia— estaba lleno de reformistas que veían con agrado cuanto sucedía en el Este. Así que ordenó a su hermano Raúl, ministro de Defensa, que «interviniera» y «depurara» ese ministerio, sustituyendo a los podridos o a los *perestroikos* con oficiales del Ejército probadamente leales. Él mismo, Fidel, que se precia de tener un don especial para descubrir cuándo le mienten, interrogó personalmente a cientos de oficiales de la policía política, hizo retirar a una buena parte de ellos, y hasta encarceló a unos cuantos, incluidos los generales Pascual Martínez Gil y Luis Barreiro Caramés. Fue la mayor purga que había conocido el «aparato» desde su creación.

El *postcomunismo*

¿Era un espasmo paranoico o, realmente, el régimen peligraba? Las dos cosas. Poco después del caso Ochoa vinieron la desaparición a martillazos del Muro de Berlín y el desplome total del comunismo en el Este. La URSS dejó de ser un aliado fiable —pronto hasta dejaría de ser la URSS— y le avisaron al gobierno cubano que se reducía sustancialmente el caudal de ayuda económica. Un periodista occidental que presenció junto a Castro por televisión los primeros sucesos de Rumanía, cuando las multitudes se lanzaron a las calles arengadas por un pastor protestante de la minoría húngara, recuerda los gritos de cólera que daba el Comandante: «Ceaucescu es un maricón; si me hacen eso a mí saco los tanques a la calle y los mato a todos.» Lo decía en voz alta para que lo oyeran sus subalternos. El mensaje era muy claro: en Cuba no ocurriría lo que estaba sucediendo en Europa del Este. ¿Por qué? En realidad, porque a él no le daba la gana y le alcanzaba la autoridad para impedirlo, pero enseguida vino la racionalización: porque el origen de la Revolución cubana era diferente. Los rusos no impusieron la Revolución. Llegaron como invitados, no como anfitriones. Rápidamente desempolvaron a Martí y comenzaron a hablar de marxismo-martianismo. Ricardo Alarcón, el presidente de la Asamblea Nacional del Poder Popular, sin el menor escrúpulo intelectual, fue de los primeros en apuntarse a ese bobo sofisma. En una época se le tuvo por un hombre inteligente y crítico. Luego se vio que era un pobre papagayo con la espina dorsal de papel de china. Le siguió, tartamudeando, Armandito Hart. Eso resultaba más predecible. Eusebio Leal, en cambio, tuvo la sensatez de callarse la boca. Miguel Barnet también. Una cosa es defender la Revolución en abstracto, y otra más penosa decir tonterías concretas. Aun cuando las referencias socialistas se hundieran, los teóricos del castrismo eran capaces de rastrear en el pensamiento martiano hasta encontrar media docena de frases a las cuales atar la justificación retórica de la dictadura de partido único. En el colmo de la manipulación hasta propusieron el siguiente axioma: «Martí sólo creó un partido político, no dos ni tres, así que el pluripartidismo es algo que no pertenece a la tradición histórica de Cuba.» También hubieran podido afirmar que como Lincoln sólo perteneció al partido republicano, y no al demócrata, Estados Unidos debía renunciar al bipartidismo y pasarse en masa al partido de Lincoln. Nadie se atrevió a decir —hubiera ido a la cárcel— que todos los problemas de Cuba republicana habían surgido, precisamente, cuando un grupo le había cercenado las libertades políticas al resto, intentando imponer, precisamente, el monopartidismo.

Entre 1989 y 1992 fue una época de miedo e incertidumbre por parte del Comandante. Pero Castro, cuando teme, huye hacia adelante, de manera que endureció su discurso y comenzó a anunciar una catástrofe mortal en la que todos caerían defendiendo el último reducto del comunismo. No habría marcha atrás ni «transición» a ningún otro modelo. Esa transición ya se había hecho, y para siempre, en 1959. No hacía más que hablar de holocaustos y muertes. Puso de moda la trágica leyenda española de Numancia, con todos los habitantes muertos antes que rendir la ciudad, y creó la actitud correspondiente: el *numantinismo*. Decretó el «período especial» —una época de excepcionales carencias— y continuó abriendo grandes agujeros para esconder sus herrumbrosas armas por todo el país en espera de la invasión yanqui, del levantamiento de la oposición o de la llegada de un brumoso enemigo que no conseguía distinguir en medio de las sombras. En Europa, los comunistas podían rendirse sin pelear, pero ése no era el caso de los cubanos. La Isla se transformaría en una reserva moral del socialismo científico conservado en toda su pureza. Algún día, cuando la humanidad recobrara la razón, el mundo podía encontrar en Cuba un vivero ideológico capaz de revitalizar la ideología marxista en el planeta. Cuba era el parque jurásico del comunismo, el último reducto, el banco de semen revolucionario, lo que fuera, con tal de no aceptar la derrota de las ideas que él había defendido ardientemente desde su mocedad.

Tenía, sin embargo, algunas secretas esperanzas alimentadas por sus viejos vínculos con el KGB. Su mejor fuente seguía siendo el general Leonov, su antiguo amigo de México, su intérprete en todos los viajes a la URSS. Sabía que la derecha soviética no estaba totalmente liquidada y esperaba como agua de mayo un levantamiento que revirtiera el curso de la historia. No podía ser cierto que la gloriosa Revolución de Octubre fuera a desaparecer sin lucha de la faz de la tierra. En la primavera, Castro se reúne en México con Salinas de Gortari, Carlos Andrés Pérez, César Gaviria y Felipe González. Los cuatro mandatarios le brindan la mano para ayudar a Cuba a salir de la situación en que queda la Isla tras el fin de la masiva ayuda soviética, y para contribuir al tránsito hacia otro inevitable modelo. Son personas inteligentes, con experiencia, instruidas. Hablan, argumentan, razonan. Castro los escucha en silencio. De pronto abre la boca y comienza a decir cosas sorprendentes: lo que va a desaparecer es el capitalismo, a punto de reventar por una crisis financiera peor que la del 29. La Bolsa de Nueva York es una bomba de tiempo. El mundo occidental está condenado al estallido social y a la revolución reden-

tora que provocará ese trallazo. Los cuatro mandatarios lo miran so-
bresaltados. ¿Es un loco este hombre? El comunismo regresará con
ímpetu, muy pronto, insiste Castro. Algo sabe. Algo barrunta. Y, en
efecto, el 19 de agosto de 1991 se produce una sublevación de parte del
Ejército Rojo dirigida por la línea dura de los comunistas. En La Habana
se descorchan botellas de champán. El comunismo ha vuelto. Eso
creen. La alegría les dura lo que un suspiro. Boris Yeltsin, entonces presidente de la República Rusa, consigue en pocas horas detener el levantamiento y las fuerzas democráticas, o lo que fueran esas fuerzas, de-
salojan a los golpistas a cañonazos. El 25 de diciembre —¿habría otra
estrella dando vueltas en el firmamento?— Mijail Gorbachov renuncia. La URSS ha dejado de existir. El Partido Comunista de la Unión Soviética, antes de esa fecha, ha sido disuelto por decreto. Sin una lágri-
ma. Sin un poema del oportunista Evtuschenko. No eran veinte
millones de miembros fanáticos. Eran veinte millones de farsantes.

Ahora el dilema de Castro consiste en cómo pagar la factura sin
dinero soviético y sin abrirles las puertas a la propiedad privada y
la economía de mercado. Piensa en tres avenidas: el turismo, las exportaciones de biotecnología —ya, felizmente, se le había olvidado el asunto de la vaca enana— y las remesas de los emigrantes.
Para lo tercero necesita legalizar la tenencia de dólares, medida que
tomará más adelante, en 1993, cuando esté con la soga al cuello.
Si el exiliado A quiere ayudar a su madre B, todavía en Cuba, podrá mandarle dólares sin que eso constituya un delito. Castro sabe
que en toda la cuenca del Caribe las remesas de los emigrantes son
la mayor fuente de divisas con que cuentan esas débiles economías.
Dos millones de exiliados, calcula y no se equivoca, pueden acabar
girando hacia la Isla entre quinientos y mil millones de dólares al
año. Eso es más de lo que vale la zafra azucarera. Discretamente,
excarcelan a los infelices condenados por poseer dólares. Lo que
antes estaba prohibido ahora merece aplausos. Eufórico, promete
que en el plazo de dos años el país habrá resuelto el problema del
abastecimiento de comestibles. Esto ocurre en 1991, nada menos
que en el seno del IV Congreso del Partido Comunista. El Congreso, pese a las falsas ilusiones que mucha gente se hace, no es para
anunciar cambios, sino retrancas. Castro viaja hacia el pasado. Pero
el hambre aprieta y hay que prometer comida. Él mismo se coloca

al frente de un plan alimentario que resolverá esta cuestión. En La Habana suele decirse que en Cuba todo está resuelto, menos tres «problemitas»: el desayuno, el almuerzo y la cena. Y esas tres carencias acabarán por provocar una grave epidemia de desnutrición: la neuritis afecta a decenas de miles de personas. Muchas quedan ciegas, cuando ataca al nervio óptico, y otras padecerán dolores en las extremidades durante toda la vida. El hambre les habrá devorado la membrana que recubre ciertos nervios. Pero todavía hay algo más serio que esa enfermedad: hablar de ella. Reconocer que existe y atribuirla correctamente a la falta de alimentos. El ministro de Sanidad lo hace y es despedido con cajas destempladas. Al enemigo nunca se le dan argumentos. Años más tarde otro investigador, el médico Dessy Mendoza, irá a la cárcel por advertir que en Santiago de Cuba hay una epidemia de dengue hemorrágico. Denunciar a esos mosquitos —entiende Castro— es una forma de cooperar con la CIA. En Cuba el comunismo ha terminado con los malos mosquitos. No puede haberlos. Por no hacerle caso a Mendoza miles de cubanos se ven afectados por la enfermedad.

Para poder desarrollar el turismo y la biotecnología, Castro propone una estrategia de *joint-ventures*. El que quiera ganar dinero en Cuba deberá asociarse al Gobierno para explotar conjuntamente la dócil y educada mano de obra nativa. Él garantiza la total paz laboral. El socio extranjero debe aportar capital y *know-how*. El capital, siempre en divisas fuertes, es para importar los insumos y para pagarle al Gobierno una cantidad por asalariado. El Gobierno es, además de socio, una agencia de empleo. Y muy rentable: el hotelero extranjero, digamos, paga quinientos dólares mensuales por un trabajador, y el Gobierno le paga a ese trabajador unos trescientos pesos. Como el dólar se cambia a veinte por uno —ha llegado a estar a cien por uno—, el Gobierno se embolsa cuatrocientos ochenta y cinco dólares y le paga al empleado quince. O sea, le confisca el noventa y cinco por ciento de su salario. Es difícil que en la época de la esclavitud a alguien se le hubiera ocurrido un trato tan perverso. Desde dentro del país los obreros que intentan organizar un sindicato clandestino lanzan una advertencia: «Cuando cambien las tornas los inversionistas tendrán que reintegrarnos lo que nos han robado.»

No hay duda de que existe un estado de resentimiento en Cuba con relación a los extranjeros, especialmente entre los varones. En 1993, cuando se produjeron disturbios callejeros en La Habana, fue apedreado con rabia un hotel —el Deauville— regentado por españoles. Es el resultado de una mezcla explosiva entre la rabia política y el honor mancillado. Es muy sencillo de entender: muchas mujeres prefieren relacionarse con extranjeros que con los propios cubanos. No importa la edad, la apariencia o la personalidad del visitante. Puede ser un viejo gordo, feo e imbécil. Un extranjero posee divisas, puede comprar en las tiendas especiales, puede adquirir medicinas en ciertas farmacias bien abastecidas. Las otras, las que aceptan pesos, no tienen ni aspirinas. Un extranjero no tiene que aguardar horas en filas interminables. Puede entrar en los restaurantes, en los hoteles y en las salas de fiesta. Un extranjero es un buen proveedor y una puerta para escapar algún día de ese infierno. Tiene un pasaporte maravilloso, una especie de alfombra mágica para volar a otros sitios. Encarna absolutamente todos los signos del poder. Un cubano de a pie, en cambio, es un infeliz sin destino, encaramado en una bicicleta, que pedalea hacia no se sabe dónde bajo un sol de mil diablos. Patterson, un ensayista afrocubano, ha hecho una inteligente observación: «Mientras duró la esclavitud, las negras, instintivamente, preferían a los blancos para garantizarse el sostenimiento de la descendencia y una mejor vida personal. Castro ha logrado que, mentalmente, ahora todos los cubanos, incluidos los blancos, se sientan como los negros del siglo pasado.» Hay, pues, en Cuba, cuatro clases de personas, cuatro castas: en la cúspide están los extranjeros, los que todo lo pueden, los que son tratados obsequiosamente por las autoridades; luego les siguen los *pinchos*, los miembros de la *nomenklatura*, tienen acceso a dólares, mantienen contactos más o menos irrestrictos con los extranjeros y poseen toda clase de privilegios; detrás vienen los cubanos que reciben dólares del exterior, o que los ganan —como es el caso de las prostitutas o jineteras— vendiendo sus cuerpos. No pueden entrar donde desean, pero al menos son capaces de visitar las tiendas del Estado en donde se compra en dólares. Pueden sostener a sus familias. Como promedio, las mercancías que les vende el Gobierno valen tres veces lo que cuesta comprarlas en

Panamá o México. El Estado, empresario que goza del monopolio total de las transacciones comerciales, aprovecha su privilegiada situación para esquilmar sin compasión a los ciudadanos. Los exprime con mentalidad de agiotista. Así son todos los monopolios. Ese comercio obligado y ruin es una de las principales fuentes de ingreso de un gobierno incapaz de producir riquezas. La cuarta categoría es la más triste y la más vasta: está integrada por ese 75 por ciento de la población que no recibe dólares del exterior, ni es capaz de conseguirlos en el mercado interno, porque ni tiene nada que vender ni encuentra oportunidades para ello. Esta inmensa legión de cubanos vive en su tierra como ciudadanos de tercera categoría, siempre expuestos a que la policía los trate como sospechosos, mientras se les veda el acceso a casi todos los lugares agradables que el país posee. Varadero, los buenos centros de recreo. Esos cubanos viven rumiando la insatisfacción de saberse tratados de la manera más discriminatoria y vejaminosa posible. La Cuba del tardocastrismo, la del último período, ha sido concebida para use y disfrute de los capitalistas extranjeros.

Sin embargo, los capitalistas no acuden ni en el número ni con los recursos que Castro esperaba. Van hordas de turistas jóvenes a comprar sexo degradado a bajísimo precio, pero no inversionistas. Pese a lo que el Comandante cree de la economía de mercado, la verdad es que el sistema de libre empresa se basa en la existencia de un Estado de Derecho, con reglas claras, tribunales fiables y la posibilidad de hacer planes a largo plazo. Y nada de eso existe en Cuba. El propio Castro ha dicho que cualquier reforma de la economía que se vean forzados a llevar a cabo, será provisional. Cuando recobren el resuello se volverá a las andadas ortodoxas. Esta actitud «provisional» se reflejará en los *joint ventures* firmados con extranjeros. El Gobierno siempre establece asociaciones por períodos más bien cortos. El economista español Carlos Solchaga, a instancias de Felipe González, viaja a La Habana y les explica a Castro y a la plana mayor que todo eso es un disparate. Les diseña unas pautas para salir del atolladero. Pierde su tiempo. Solchaga lo admitirá con toda honradez, más adelante, en un artículo publicado en *Encuentro*, la revista que dirige en Madrid el novelista Jesús Díaz. Para Castro los cambios económicos no son más que concesiones coyunturales a un sistema y a unas personas que le provocan un asco casi incontrolable. Es capaz de poner ciertos parches, pero sin recurrir a ninguna cirugía severa. Quiere dejar en claro que el futuro seguirá siendo comunista. Pero eso no es lo que los inversionistas perciben. Por el contrario: en Cuba se respira un ambiente de fin de régimen, en el cual todo el mundo está a la expectativa de ver qué ocurrirá cuando «las cosas cambien». Fidel parece ser la única persona en el mundo convencida de que Cuba seguirá siendo un Estado comunista por los siglos de los siglos.

Circula, además, la noticia de su mal estado físico. La prensa reportó su cuasi desmayo en presencia del embajador español José Antonio San Gil, uno de los mejores diplomáticos europeos de cuantos han pasado por La Habana. Castro no atinaba a darle la mano. Desorientado, lo tenía delante y no lo veía. Hubo que sentarlo porque se caía. Aparentemente, algún tiempo atrás había sufrido dos «pequeños» derrames cerebrales. Algo parecido le sucedió junto a Violeta Chamorro, la presidenta de Nicaragua, durante una de las Cumbres iberoamericanas. Se desvaneció en su presencia. Dos de sus forzudos guardaespaldas se lo llevaron en andas rumbo al baño para reanimarlo. No hay duda de que estaba enfermo. La delgadez súbita, el color pajizo y el pecho cóncavo apuntaban al cáncer pulmonar, dictaminó el médico Andrés Cao, un excelente clínico que bordea la magia. Pero enseguida aclara: «Las dificultades motoras, en cambio, señalan a episodios cerebrales motivados, quizá, por la alta presión arterial que padece.» Era difícil establecer el diagnóstico. Un periodista usualmente escrupuloso, Pablo Alfonso, averiguaría que Castro fue examinado por un cardiólogo en una visita a Suiza. Nada raro: un ex fumador de setenta y tantos años siempre está a punto de morirse. En todo caso, esas noticias inhibían aún más a los inversionistas. La salud del Comandante era como una ruleta. Parecía una buena idea «posicionarse» en Cuba antes del cambio, pero como no se sabía cómo o cuándo iba a sobrevenir ese cambio, y dado que Castro, lejos de facilitar las cosas, se dedicaba a obstaculizarlas, lo más prudente era esperar para ver cómo se desarrollaba el entierro. No en balde, una de las más frecuentes frases que se escucha en los corrillos financieros asegura «que no hay animal más cobarde que un millón de dólares».

Disidentes y sociedad civil

Este clima de incertidumbre era alimentado, además, por la labor de la oposición dentro de Cuba. A principios de los años ochenta, en la cárcel, bajo la orientación de Ricardo Bofill, un profesor de Ciencias Sociales de origen marxista, pero divorciado del Gobierno desde la década de los sesenta, cuando conoció la prisión por primera vez —pasaría más de diez años tras la reja—, se había creado un Comité Cubano pro Derechos Humanos que seguía de cerca la forma de oposición que los disidentes ensayaban en el Este, especialmente personas como Vaclav Havel o Andrej Sajarov. Era un movimiento pacífico, que no pretendía derrocar al Gobierno por la fuerza, pero sí hacer valer los derechos fundamentales de las personas. A ese movimiento —la mayor cantidad de oposición política que permitía la realidad— se habían sumado, preferentemente, prisioneros que provenían de las filas revolucionarias y habían sido condenados por denunciar el autoritarismo del Régimen. Bofill logró integrar en su organización a figuras como Gustavo y Sebastián Arcos, a los hijos de este último, Sebastián y María Rosa, a María Juana Cazabón, a Adolfo Rivero Caro, a Yanes Pelletier, a Reynaldo Bragado —un talentoso prosista—, a Elizardo Sánchez Santa Cruz —profesor que luego creará su propio grupo, con un contenido francamente socialdemócrata—, a Óscar Peña, un maestro de historia, idealista y peleador, que chocó con el comunismo tratando, precisamente, de cumplir con honradez las instrucciones del Partido. Y estas personas, una vez extinguidas sus condenas —al menos los que pasaron largas temporadas en las cárceles—, continuaron en las calles tratando de organizar una suerte de resistencia cívica, hasta contar con centenares de simpatizantes y colaboradores en todo el país y en el extranjero.

Tras el ejemplo de Bofill y los Arcos, y entusiasmadas por cuanto acontecía en el Este de Europa, comenzaron a multiplicarse dentro de Cuba las organizaciones de disidentes, pero siempre muy perseguidas, controladas y penetradas por la policía política. Así surgió Criterio Alternativo, una agrupación de orientación liberal fundada por José Luis Pujol, su hija Thais y Roberto Luque Escalona, después liderada por María Elena Cruz Varela. Por primera vez la prensa registra el nombre de Osvaldo Alfonso Valdés, quien más tarde llegaría a presidir el Partido Liberal Democrático de Cuba y obtendría el reconocimiento de la Internacional Liberal junto al Partido Solidaridad Democrática de Fernando Sánchez. María Elena encabeza una «Carta abierta» dentro de la Unión de Escritores y Artistas de Cuba (UNEAC) en la que pide libertades y elecciones libres. Una decena de intelectuales tiene el valor de firmarla. Luego se unirán otros pocos. En el exterior puede parecer una nimiedad, pero dentro de la cerrada sociedad cubana se trataba de un temerario desafío. Entre estos valientes se encuentran algunos reconocidos intelectuales cubanos: Manuel Díaz Martínez, Raúl Rivero, Roberto Luque Escalona —un magnífico escritor que, sin abandonar Cuba, se atrevió a publicar en el exterior un feroz ensayo contra el castrismo—, Fernando Velázquez, crítico de arte y narrador, quien redactó la carta y por ello fue a parar a la cárcel durante varios años, Bernardo Márquez, Víctor Serpa, José Lorenzo Fuentes, Jorge Pomar. Está de visita en Cuba *Hattie* Babbitt, poco después embajadora de Estados Unidos en la OEA. Se entrevista con los disidentes y saca la carta clandestinamente. Su marido Bruce, ex gobernador de Arizona, quien la acompaña, pronto formará parte del gabinete de su amigo Clinton. Tras esa visita ya nadie podrá engañarlos en el tema cubano.

El Gobierno responde con una «contracarta» en la que reitera su más descarnado estalinismo. La ha redactado Carlos Aldana, entonces ideólogo del «aparato» y tercera espada del castrismo. Es un funcionario competente en la más deleznable de las profesiones: es un gran represor en el terreno intelectual. Sabe cómo acosar a sus enemigos hasta destruirlos, aunque, simultáneamente, muestra síntomas de cierto aperturismo político, como señala Lissette Bustamante, periodista disidente, hoy exiliada, con la que mantuvo cierto grado de amistad. Aldana viene del *Departamento de Orientación Revolucionaria* (DOR), un *orwelliano* organismo dedicado a definir la realidad. En su alambique de policías, psicólogos y estrategas se filtran los infinitos informes de la inteligencia hasta destilar la verdad oficial, la más conveniente para la perpetuación del poder. Aldana sueña con sustituir a Castro. Ha pensado en una fórmula: convertir al Comandante en reina madre, asignarle el cargo de símbolo de la patria, y ponerse él a gobernar. Esa fantasía le venía de su veta poética. Compone versos y no son malos. Pocos meses más tarde será separado de su cargo, acusado de corrupto. Se dice que el detonante fue una publicación de sus discursos en plan de franco heredero. Pero en ese momento, cuando la prensa internacional recoge la noticia de la «carta de los diez», todavía era el gran ideólogo del país. Abel Prieto, el comisario político del mundillo intelectual cubano, un cuentista que no se cree ni una coma de los textos que recita, se encarga de recoger cuatrocientas firmas. Rogelio Quintana, un artista plástico que fue su amigo en la universidad, cuando ambos eran rebeldes y contestatarios, se ríe de buena gana: «¿Abelito es el inquisidor? No me jodas.» Abel a veces se inventa las firmas. Algunos de los signatarios, se excusan en privado con la cabeza gacha: «Tuve que hacerlo; tú sabes cómo son esas cosas.» La cobardía es lo único que no está racionado en los regímenes totalitarios. En la universidad bulle también la protesta. El profesor Félix Bonne Carcassés, de la facultad de Ingeniería, redacta un documento en la misma línea que el de María Elena. Lo firman varios catedráticos, entre ellos: Georgina González Corbo, Dani González, Miguel Morales, Rafael González Dalmau. Son dos docenas y todos resultan expulsados sumariamente. A algunos les organizan actos de repudio. Tratan de desacreditarlos con chismes y calumnias sobre sus vidas íntimas. Se extiende la inconformidad hasta el otro extremo del país. En Oriente el profesor de Física Robier Rodríguez es encarcelado por más o menos las mismas razones. Curiosamente, la represión es más fuerte en provincias que en La Habana. Y hay una razón: en provincias no hay corresponsales extranjeros ni sedes diplomáticas. La impunidad del Gobierno es total. Los presos políticos del oriente del país casi nunca logran dar a conocer sus quebrantos. La respuesta de Castro a este desafío de la *intelligentsia* es muy dura. El propósito del Gobierno es que los cubanos sepan que oponerse al régimen siempre conlleva un alto costo de infelicidad personal. Cada disidente tiene asignado uno o dos policías que lo «atienden», o sea, que lo visitan, «aconsejan», intimidan o detienen, de acuerdo con las instrucciones del Ministerio del Interior. Ese policía —el mismo— puede darle una palmada en la espalda o una bofetada en el rostro. Está autorizado para todo. Pero continúa la resistencia en el país. Aparecen los verdes y también son perseguidos. Surgen imaginativas organizaciones ecologistas —*Armonía* es una de las más mentadas— y los grupos políticos inician cierto tanteo ideológico con el mundo exterior. René Vázquez Díaz, un socialdemócrata de origen cubano arraigado en Suecia, del entorno de Pierre Schori, ex simpatizante del castrismo, viaja a nombre de su partido y de su país de adopción y hace contactos para tratar de fortalecer la sociedad civil con actividades aparentemente inocentes. La policía política, que no se succiona el pulgar, tras interrogarlo ácidamente, acaba por prohibirle la entrada.

¿Qué pasa allá afuera, en el mundo situado tras la cortina de bagazo? Hace treinta y tantos años que las puertas y ventanas están cerradas. René Gómez Manzano, uno de los más respetados juristas del país, organiza un gremio independiente de abogados. Le llama «Corriente agramontista», en memoria de Ignacio Agramonte, insigne letrado y guerrero cubano del siglo XIX. Algunos pedagogos y médicos intentan agruparse. Se empiezan a conocer disidentes como Samuel Martínez Lara, Omar del Pozo, Luis Pita Santos, Roberto Bahamonde. Este último, un ingeniero sin miedo, rodeado de una familia entusiasta hasta el sacrificio, intenta postularse para un cargo electivo y acaba recluido en un psiquiátrico. La prueba de su locura es esa misma: ha creído que un disidente puede retar al gobierno en las urnas. No es la primera vez que el régimen utiliza los hospitales psiquiátricos y los electrochoques contra la oposición. Hay toda una tétrica sala del Hospital Ameijeiras —la «Carbó Serviá»— dedicada a esa tarea represiva. Mederos es el apellido de quien usualmente les aplica las descargas eléctricas a los opositores. La lista de las víctimas de esta utilización policiaca de la psiquiatría es muy larga. La han sufrido, entre otros, los cineastas Marcos Miranda y Nicolás Guillén Landrián, el periodista Amaro Gómez Boix, el ingeniero Andrés Solares, el historiador Juan Peñate. Hay hasta un valioso libro de los académicos Charles J. Brown y Armando Lago (*The politics of Psychiatry in Revolutionary Cuba*) que documenta una veintena de casos. Pero estos brutales castigos no arredran a la oposición. En un momento dado dos docenas de organizaciones independientes logran reunirse y forman un Concilio para pedir libertad y democracia. El Gobierno arremete contra ellas. La función de la policía política es disgregar a la sociedad. Impedir que se vertebre alguna institución no controlada. Los periodistas crean «agencias de prensa» —una máquina de escribir de cuando reinaba su majestad Smith Corona— y, si hay suerte, una resma de papeles amarillentos. La policía los acosa y les confisca las máquinas como si fueran ametralladoras. A través de las embajadas amigas sale la información. Hay —por lo menos— dos diplomáticos españoles que ayudan a los disidentes y perseguidos con un admirable sentido de la compasión y el afecto: Jorge Orueta y Mariano Uriarte. Son diplomáticos responsables, pero también son personas que no pueden reprimir la indignación. En Madrid sus jefes se preocupan. Ellos, discretos, pero firmes, continúan aliviando las miserias de los disidentes. Benditos sean. Esa embajada ha sido un gran puesto de observación. En los setenta, un agregado comercial, Alberto Recarte, economista curioso y azorado, tomó notas de su paso por Cuba y luego escribió una excelente historia de la economía cubana contemporánea. Algunos periodistas independientes se arriesgan a utilizar el teléfono y dictan las crónicas. En el exilio, manos amigas las reproducen: en Puerto Rico se ocupan de ello Carlos Franqui, Ángel Padilla y Ariel Gutiérrez; en Miami, Juan Granados y Nancy Pérez Crespo; en Suecia, Alexis Gainza y Carlos Estefanía; en Italia, Laura Gonsalez y Valerio Riva; en Francia, Jacobo Machover y Eduardo Manet. *Periodistas sin Frontera* hace suya la causa de estos colegas perseguidos. La solidaridad internacional se estrecha como un abrazo cóncavo. Roberto Fabricio y Roberto Suárez, por medio de la SIP, les abren camino en los grandes periódicos de América Latina. La revista *Desafíos*, en Venezuela, de la mano de Heriberto Fernández y Pedro Pérez Castro, les brinda sus páginas. La prensa oficial de Cuba se enfrenta por primera vez a la visión crítica de un periodismo independiente: *Internet* también es un campo de batalla. Pero dentro de la Isla esa maravilla de la comunicación les está vedada a los cubanos. No se puede tener e-mail o antenas parabólicas sin la autorización y el control de la policía. En todo el planeta, Internet es un mágico y democrático medio de participación universal. Menos en Cuba. En Cuba, Internet es un privilegio sólo al alcance de ciertos revolucionarios de la cúpula y una nueva manera de ejercer la represión. Guillermo Gortázar, el diputado español generosamente enredado en la hiedra política cubana, crea en Madrid toda una revista y toda una fundación para darles voz a los perseguidos. El día que inaugura la Fundación, los estalinistas en España, azuzados y organizados por la embajada de Cuba, orquestan en Madrid el primer acto de repudio fuera de la Isla. Annabelle Rodríguez, la hija de Carlos Rafael, una señora exiliada en España, es tirada al suelo y se lastima en la caída. Llueven los insultos y los huevos. Pero Gortázar no se arredra. Es profesor e historiador, viene de la izquierda y no le asusta la pelea. Antes que él, otra española, Mari Paz Martínez Nieto, ha hecho lo mismo durante años: concientizar sin tregua a sus compatriotas. En Cuba, la policía amenaza, encierra, o apalea a los periodistas independientes. Pero ellos siguen. O vienen otros. Así se dan a conocer los nombres de Yndamiro Restano, Raúl Rivero, Tania Quintero, Rafael Solano, Néstor Baguer, Héctor Peraza, Ana Luisa López Baeza, Orlando Fondevila, Olance Nogueras. En el exterior se leen sus textos con admiración. Es la sociedad civil que, muy trabajosamente, comienza a parirse a sí misma. Se empieza a hablar de «democracia cristiana», de «socialdemocracia», de «liberalismo». Hay una clara voluntad de romper el aislamiento impuesto por el Gobierno e integrarse en el mundo contemporáneo. Se escucha el nombre de Leonel Morejón Almagro, abogado y poeta que acabará en la cárcel por un buen/mal tiempo. Un ingeniero con madera de líder, Oswaldo Payá Sardiñas, profundamente católico, crea el Movimiento Cristiano de Liberación, pero no obtiene el apoyo de la jerarquía eclesiástica. Lo respetan —¿quién no respeta a Oswaldo?—, pero lo encuentran demasiado comprometedor, aunque Payá siempre trata de no salirse de la más estricta legalidad. Es un líder cívico, no un agitador. Vladimiro Roca, el hijo de Blas Roca, fundador del Partido Comunista y máxima figura del marxismo en Cuba hasta la llegada de Castro, se suma a la disidencia dentro de la vertiente socialdemócrata, junto a Elizardo Sánchez Santa Cruz. Más tarde romperán, pero sin dejar de ser afluentes de la misma corriente política, grupo que acaba por ser reconocido por la Internacional Socialista, entre otras razones, por los desvelos en el exterior de Antonio *Tony* Santiago, un viejo líder de esta cuerda política. La disidencia de Roca no es la excepción. Esto es exactamente lo que también sucedió en el Este. Arthur Koestler —¿o fue Ignacio Silone?— alguna vez profetizó que el enfrentamiento final sería entre comunistas y ex comunistas. No es, en fin, nada extraño que la oposición se nutra de antiguos camaradas. Desde la cárcel —después se exiliaría— Ariel Hidalgo le hace una inteligente crítica marxista a la Revolución. Luego, en el exilio, se mantiene en posición parecida. Evoluciona poco. Es su derecho. Enrique Patterson, en cambio, ex marxista, va tirando del hilo de la democracia hasta que encuentra el ovillo liberal: larga zancada, propia de una mente muy abierta. La oposición dentro de Cuba, pobre, atomizada, perseguida, aun así, en harapos, abarca todo el abanico de una sociedad moderna. Afortunadamente, prevalece entre los disidentes la convicción de que sólo en las formas democráticas y en la expresión plural hay salvación para el país. Pero la verdad es que la gran masa, el grueso de la sociedad, no se atreve a demandar sus derechos y espera a que la libertad le caiga del cielo.

La visita del Papa

Lo más cerca que estuvo Cuba de eso fue la visita del Papa en enero de 1998. No era el cielo, pero casi. Fidel lo recibió en la escalerilla del avión y allí mismo le leyó la cartilla: la Iglesia tenía muchas cosas de que arrepentirse. De paso, arremetió contra los atropellos de la conquista española. Su Santidad estuvo cuatro días en el país, lo recorrió de punta a rabo, dio varias misas multitudinarias y pronunció conferencias y homilías en las que en el habitual lenguaje del Vaticano —deliberadamente vago, alambicado, compasivo— dejaba entrever la apuesta de la Iglesia por la libertad y el cambio democrático. El obispo de Santiago de Cuba, monseñor Pedro Meurice, se llenó de valor y defendió sin ambages el derecho de los cubanos a vivir democráticamente. El pueblo, entusiasmado, coreaba un astuto pareado: «El Papa, libre / nos quiere a todos libres.» Si iban a dar palos que se los dieran a Su Santidad, que era el que pedía libertad. Ellos —los del pueblo— se limitaban a consignar la solicitud del Santo Padre. Con su español filtrado a través de un polaco gutural y abaritonado, Wojtyla sembró su mensaje escueto con el *expertise* de un publicitario de Madison Avenue: «Que Cuba se abra al mundo y que el mundo se abra a Cuba.»

Y el mundo se abrió a Cuba. Enseguida llegó el *premier* canadiense, Jean Chrètien —la primera visita de un Primer Ministro de ese país a Cuba—, y le sucedió exactamente igual que al Papa, o parecido: en la ceremonia de recibimiento Fidel Castro le espetó un discurso en el que reafirmaba las líneas maestras de su régimen: nada iba a cambiar en la Isla, porque los cubanos disfrutaban del mejor sistema posible. No eran bienvenidos, pues, los sermones democráticos de quienes defienden un capitalismo vil y explotador. Chrètien, que llevaba las mejores intenciones de contribuir a aliviar las tensiones entre Washington y La Habana, y cuyo Gobierno había alentado las inversiones privadas en Cuba, no quedó muy feliz. Él pensaba —le habían hecho pensar algunas personas de su Cancillería— que el problema de Castro era que estaba arrinconado por Estados Unidos, y suponía que lo que había que hacer era facilitarle puertas de escape para que pudiera adaptarse a la realidad internacional tras la desaparición del Bloque del Este. Le sorprendió encontrar a un hombre tan absolutamente convencido de la superioridad moral del comunismo y de las ventajas materiales de la economía planificada, pese a las cuatro décadas de fracasos en Cuba. No obstante, Chrètien le hizo una petición muy especial: la libertad de los cuatro disidentes, integrantes de lo que se llamaba el *Grupo de trabajo de la disidencia interna,* presos por escribir el célebre documento «La patria es de todos»: Vladimiro Roca, Marta Beatriz Roque Cabello, Félix Bonne Carcassés y René Gómez Manzano, cuatro ex comunistas con excelente preparación académica. Para hacerle esa petición el canadiense tenía la autoridad de quien había tratado a Cuba amistosamente pese a las presiones norteamericanas, representaba a la nación que más inversiones había hecho en la Isla, y la que más turistas enviaba. Por otra parte, lo que pedía era poco y justo: resultaba indefendible mantener en la cárcel a unas personas por hacer un análisis crítico de la situación del país en el que viven. Castro lo escuchó con impaciencia y no le hizo el menor caso. Como una especie de desafío a un mundo que le pedía clemencia y racionalidad, el Parlamento cubano endurecía aún más la legislación represiva con leyes encaminadas a silenciar a periodistas y críticos. Ya no sólo se podía ir a la cárcel por difundir información contraria a la dictadura. Bastaba con recabarla. Los disidentes fueron sentenciados a cinco y seis años de privación de libertad. Chrètien regresó a Canadá muy disgustado con lo sucedido. Poco después su país suspendió algunos convenios favorables con los que pretendía aliviar la situación de la Isla. Él, y los políticos que a lo largo de los años 98 y 99 visitaron La Habana, comprobaron que el *quid pro quo* propuesto por el Papa no había tenido el menor efecto: el mundo se había abierto a Cuba, pero Cuba, por decisión de Fidel Castro, se mantenía cerrada al mundo. También comprobaron que la política de aislamiento de Washington podía ser errónea o acertada, pero no era responsable de la obcecación totalitaria de Castro. Con embargo o sin él, el régimen de Castro permanecería, en lo fundamental, dentro del modelo comunista tomado de la URSS en tiempos remotos. Había sido una ingenuidad creer que tendiéndole una mano al castrismo aumentaban las posibilidades de establecer una democracia en Cuba.

¿Por qué la saña de Castro contra estos cuatro cubanos? Primero el Papa y luego el Primer Ministro canadiense pidieron su libertad y no la concedió. Antes, sin ningún éxito, lo habían hecho la Internacional Socialista y otras cuarenta instituciones. El mismísimo rey de España puso como condición para viajar a Cuba la liberación de estos detenidos, y nada pudieron prometerle sus interlocutores. Robaina —entonces canciller— tomó nota y dijo que cursaría la petición, pero él no podía garantizar nada: «son presos de Fidel», se excusaba siempre que le preguntaban. Y así era: Fidel había ordenado su detención y sólo él podía liberarlos. ¿Qué delito cometieron estos cuatro cubanos que había enojado tanto a Castro? Ninguno. Se habían limitado a responder un reto del propio Comandante, dejándolo en ridículo. Con motivo del V Congreso del Partido Comunista, el Comandante había hecho plasmar su visión de la historia y del presente cubanos en un documento intelectualmente muy pobre. Los cuatro disidentes le contestaron con argumentos sólidos y en un tono irónico. Castro, simplemente, quiso darles un escarmiento. Era, tres décadas más tarde, un episodio parecido al «caso Padilla». Había unos «tipos» que se creían con el derecho a criticar a la Revolución y merecían que se les castigara severamente. La policía política se encargaría de «romperlos». Casi siempre lo logran. Bastaría meterlos en la cárcel por un tiempo, asustarlos, y exigirles alguna suerte de retractación antes de soltarlos. Luego, confusos y desacreditados, serían remitidos al exterior, rumbo a cualquiera de esos países que se habían interesado por ellos, y el incidente habría terminado. Pero sucedió que los cuatro disidentes se mantuvieron firmes, y Castro, que todo en la vida lo analiza como si fuera un reto personal, «de hombre-a-hombre», decidió no ceder ni un milímetro, porque concederles la libertad a estos disidentes, sin antes quebrarlos, se le antojaba como un signo de debilidad del régimen y una derrota a sí mismo. De manera que, al precio que fuera, prefirió sacrificar sus buenas relaciones políticas con Canadá antes que dar a torcer su invicto brazo político. En el exterior, la portavoz del Grupo de Trabajo de la Disidencia Interna, Chuny Montaner, con una enérgica y muy efectiva campaña informativa, le cobró ese precio en cuotas de desprestigio.

Los logros de la Revolución

A pesar de estos encontronazos entre Gobierno y oposición —presos de conciencia, periodistas maltratados, ayunantes a todo lo largo del país—, los invitados extranjeros que llegaban a la Isla en visita oficial se veían obligados a recorrer escuelas, hogares infantiles, instalaciones deportivas, ciertos hospitales modelos, y los modernos edificios del Centro de Biotecnología y Genética, donde, naturalmente, nadie les hablaba de la historia de la vaca enana proyectada por Fidel Castro. El Gobierno insistía en legitimar su modelo totalitario con sus buenos resultados en el terreno de la educación, la salud, los deportes y la ciencia. Con la megalomanía incurable que lo caracteriza, discurso tras discurso, como si se tratara de una infinita malla de palabras, Castro había tejido una coartada retórica con la cual blindar y justificar cuarenta años de dictadura, mientras los medios de comunicación controlados por el Estado se dedicaban sistemáticamente a establecer un contraste entre la realidad cubana y la latinoamericana, muy favorable a la Isla, o entre Cuba y los países del Bloque del Este que abandonaron el comunismo. El mensaje subliminal era clarísimo: «no intenten cambiar, que es peor».

Castro insistía en que Cuba era una «potencia médica», sin igual en el mundo, con más médicos per cápita que ningún otro país, y en donde los cubanos sin costos directos, obtenían cuidados universales y gratuitos, aunque en hospitales —todo hay que decirlo— en los que no hay medicinas, jabones, ni sábanas limpias, exceptuados los centros al servicio de la *nomenklatura* o los de turistas con dólares, todos moderna y perfectamente equipados. Mientras esta orgullosa información se repetía hasta las náuseas, se brindaban imágenes de los niños asesinados por la policía en las favelas brasileras, de lastimosos pordioseros en Haití, y se resaltaban los más lamentables datos sanitarios de algunos paises latinoamericanos. El promedio de vida de los cubanos era de Primer Mundo, el índice de niños que sobrevivían al primer mes de vida también. Algo muy diferente a lo que se observaba en Haití, Honduras o República Dominicana. Por supuesto, nada se decía de ese mismo panorama antes de la Revolución, ocultando que a lo largo del siglo xx, Cuba, como Argentina, Uruguay y Costa Rica, según los anuarios estadísticos más confiables —Unión Panamericana, ONU, OMS, FAO— también formaba parte del pelotón de avanzada. Ni nada se decía, obviamente, que en países como Argentina, México, Chile, Uruguay, Costa Rica o Puerto Rico la población más pobre sí tiene acceso a cuidados médicos, sólo que en instalaciones infinitamente mejor dotadas que las cubanas. El propósito era convencer a los cubanos —y al resto del planeta— de que, gracias a la Revolución, las capas más pobres de la sociedad habían sido redimidas de la más abyecta situación.

Poca gente reparaba, sin embargo, en que el modelo sanitario cubano tenía la impronta faraónica de Castro, su gigantismo enfermizo. ¿Por qué Cuba debía empeñarse en tener dos veces más médicos per cápita que Dinamarca, un rico país a la cabeza del planeta en cuidados médicos? Más que un logro de la medicina cubana, lo que esto evidenciaba era un disparate de los planificadores comunistas y un dispendio asombroso de los escasos recursos con que el país contaba. Educar a un médico en Occidente cuesta, aproximadamente, trescientos cincuenta mil dólares. Ésa es la cifra que resulta de dividir el inmenso costo de las instalaciones universitarias y las propiamente médicas entre los estudiantes que pasan por esa facultad durante un buen número de años. Para contar, como tiene Cuba, con 65 000 médicos, los cubanos han debido pagar una factura de 22 750 millones de dólares. Si en lugar de poseer esa innecesaria cantidad de médicos, tuvieran la mitad —la proporción danesa—, y los utilizaran eficientemente, con el ahorro de casi diez mil millones de dólares, los cubanos hubieran podido dotar a todas las ciudades con abundante agua potable, electricidad y suficientes teléfonos, e, incluso, hubieran podido reparar los edificios y las calles de una Habana que parece que ha sido bombardeada por la OTAN. O sea, que la «potencia médica» que Castro exhibe con orgullo, más que un «logro» del que afanarse, es una prueba palpable de la alocada y arbitraria asignación de recursos que se produce en una sociedad cuando no hay controles democráticos que lo impidan, como ha consignado el Premio Nobel James Buchanan con el hastío que provoca tener que demostrar lo obvio, lo que se cae de la mata.

¿Qué hacer con tantos médicos? Exportarlos. Hay médicos cubanos en medio planeta. En general, se trata de gente abnegada y competente que, si pudiera, la mayoría se exiliaba. Algunos lo hacen, pero esa «deserción» —como si fueran soldados que huyen en medio de la guerra y no civiles que no quieren vivir en su país de origen— tiene un alto costo. Se les castiga con cinco años de total separación de sus familiares. Ni ellos pueden volver a Cuba de visita, ni los familiares directos pueden salir de Cuba. Se expulsa de los trabajos al cónyuge que permanece en la Isla, salvo que firme una carta condenando la «cobarde actuación» de su compañero/a. Castro es riguroso en este asunto de la Medicina. Para él su inmensa cosecha de médicos es hoy su mayor blasón revolucionario, un pilar de su política exterior y el único elemento que le permite hacer gestos de gran potencia. Son *sus* médicos. Los presta o alquila al mejor postor. Es una clase profesional que le pertenece por entero, y quienes forman parte de ella deben agradecerle perpetuamente la oportunidad que les ha brindado. Por eso, cuando el huracán Mitch destruyó media Centroamérica, mandó brigadas de médicos para ayudar a los damnificados. Cuando terminó la guerra por Kosovo, ofreció mil médicos para restañar las heridas, proposición, por cierto, que ni siquiera mereció una respuesta por parte de las naciones vencedoras. Incluso anunció, en 1998, en un momento en el que Cuba está más necesitada que nunca de cualquier clase de recursos, la creación en la provincia de Matanzas de una Escuela de Medicina para becar a diez mil latinoamericanos. ¿Su propósito? Ejercer como gran potencia en algún aspecto. Merecer el reconocimiento internacional. Ser percibido como una fuerza moral sobre el planeta. Ejercer su influencia en Centroamérica, África y el Caribe ofreciendo becas a estudiantes de estas zonas.

Quienes tienen que vérselas con Castro en el terreno diplomático han percibido la vanidad faraónica del Comandante y siempre comienzan sus peticiones o sus críticas reconociéndole a Cuba su extraordinaria importancia en el terreno de la Medicina y la salud pública, y entonces Castro sonríe magnánimamente y a veces concede lo que se le pide. Por razones que algún día descubrirá el sicoanálisis profundo, Castro —que ya sabe que no va a conquistar el planeta para gloria de la causa comunista— asocia su dignidad como persona y justifica su paso por la historia con las operaciones de apendicitis o los trasplantes de riñón realizados por sus legiones de médicos, mientras sueña con que *sus* científicos descubran y desarrollen alguna pócima milagrosa que cure el cáncer o el sida, para poder hombrearse con Estados Unidos, Europa o Japón en el terreno científico. Ya anunció que Cuba pronto curará el sida. Y como el investigador que debía entregarle ese descubrimiento —Manuel Limonta— no consiguió su propósito, fue destituido fulminantemente. Cuando el Comandante da la orden de curar el sida, simplemente, hay que obedecerlo.

Con el modelo educativo sucede más o menos lo mismo. Es bastante lo que en cuarenta años ha construido la Revolución, pero el punto de partida era de los más altos de América Latina. Castro se ufana de haber terminado con el analfabetismo —un 24 por ciento de la población—, pero oculta que en 1958 Cuba tenía menos analfabetos —proporcionalmente— que España (en verdad era así desde fines del siglo XIX), y esa lacra iba desapareciendo paulatinamente. Igual puede decirse de los índices de escolaridad: cuando comienza la Revolución no eran satisfactorios, pero estaban bastante cerca de los de Italia, dato que no debe ignorarse porque el desarrollo es siempre un ejercicio de comparaciones y contrastes. En el terreno educativo, en la década de los cincuenta, Cuba tenía, lógicamente, problemas y dificultades, pero hay un dato muy curioso que es bastante elocuente: en ese momento más de la mitad de América Latina utilizaba profusamente los libros de texto escritos por profesores cubanos e impresos en Cuba —Marrero, Baldor, Gran, Marbán—, y eso sólo podía ser posible si el magisterio cubano había alcanzado un nivel de calidad y profesionalismo ejemplares.

Es verdad, sin embargo, que la educación ha llegado en Cuba hasta los más remotos rincones de la ruralía, y que el país cuenta hoy con un verdadero ejército de graduados universitarios, pero estos datos auspiciosos —que ocultan que se trata de una educación ideológicamente rígida, llena de censuras y prohibiciones, en las que no se forma a los estudiantes, sino se les amaestra—, también provocan una lectura crítica: ¿cómo es posible que una sociedad que posee semejante «capital humano» viva tan miserablemente? ¿Cómo es posible que tantos ingenieros, economistas, médicos y maestros no hayan podido construir una sociedad más próspera que la cubana? Lejos de absolverla, es el cuantioso capital humano lo que incrimina a la Revolución, lo que demuestra su medular desastre como sistema económico. No hay país en el mundo —salvo Cuba—, en el que tantos profesionales a veces pasen hambre o tengan que desplazarse con los zapatos rotos. En toda América Latina las personas educadas por lo menos forman parte de las clases medias. Los incondicionales amigos de Castro insistirán en que la culpa es del bloqueo norteamericano, pues se trata de una pobre isla asediada por un vecino gigante y continental que la hostiga en todos los frentes, olvidando que en las antípodas del planeta, otra isla, Taiwán, también asediada por un gigante implacable, fue capaz de sobreponerse a todos los obstáculos, asedios, presupuestos de guerra y bloqueos hasta convertirse en uno de los países más desarrollados de Asia. En 1949 el 60 por ciento de la población taiwanesa era analfabeta —analfabeta en chino, que es mucho más grave, pues cuentan con 40 000 códigos escritos— y la Isla tenía una cuarta parte del per cápita de Cuba. En la frontera del siglo XXI los taiwaneses tienen diez veces el per cápita de los cubanos y han terminado totalmente con el analfabetismo. Olvidan los defensores de Castro que, si el famoso bloqueo norteamericano le ha causado al Gobierno cuantiosas pérdidas, mucho mayor volumen alcanzó el subsidio soviético a lo largo de treinta años: más de cien mil millones de dólares, según la angustiada auditoría de la historiadora rusa Irina Zorina, una cifra que multiplica por ocho el monto del Plan Marshall destinado a reconstruir toda Europa después de la Segunda Guerra Mundial. No es el bloqueo: es el sistema lo que no funciona. Un sistema que penaliza la creatividad, aplasta las iniciativas individuales y malgasta los recursos colectivos de una forma criminal. Cuba posee hoy —por ejemplo— más de un millar de geógrafos y geólogos, muchos de ellos muy bien formados en la antigua URSS. Y tiene centenares de ingenieros especializados en locomotoras y organización de tránsito terrestre, cuando las necesidades del país se hubieran podido solucionar con pocas docenas. ¿Qué sentido tiene que una nación de las dimensiones de Cuba cuente con ese elefantiásico «parque» de profesionales? Claro que el problema no es sólo cubano: ése es el sello de una educación socialista planeada por burócratas para formar más burócratas. ¿Qué importaba que cuando el joven profesional abandonara las aulas universitarias con su diploma bajo el brazo no lo esperara una sociedad abierta, en la que podía crear riquezas, sino un oscuro puesto de trabajo y un salario apenas vinculados a los resultados de su gestión? ¿Qué le importaba al astrónomo Juan o al ornitólogo Pedro adquirir una especialidad sin destino económico, si de todas maneras le asignarían una responsabilidad artificial y un salario de hambre en algún rincón del vasto universo burocrático, hiciera o no falta su labor? Osmany Cienfuegos, hombre importante del segundo anillo de poder —Castro jamás lo ha tragado del todo— alguna vez le dijo a un visitante, al periodista mexicano Carlos Castillo Peraza, que la tragedia de la Revolución era que, junto con los burgueses, «había tirado la aritmética por la ventana». Y es cierto: dedicados a realizar hazañas históricas al ritmo impuesto por el cómitre Castro, se olvidaron de que el crecimiento económico y el desarrollo son consecuencia de las relaciones entre los costos, los beneficios, los ahorros y las inversiones. Cuando una sociedad tira la aritmética por la ventana, acaba por descubrir que ella misma es la que ha saltado al vacío.

¿Y los deportes? Cuba, en efecto, es una potencia deportiva. Gana muchas medallas en las competiciones internacionales y tiene miles de entrenadores formados en Alemania del Este y la URSS, también potencias deportivas en la era de la Guerra Fría. ¿Qué prueba eso? En realidad, nada, salvo —otra vez— que los escasos recursos del país se emplean mal. ¿Cuánto le cuestan a la pobre Cuba los medalleros de oro, plata y bronce que van acumulando sus atletas? A Castro no le importa, porque su naturaleza de incansable competidor la ha trasladado al terreno de juego. Castro es un fanático natural, un «hincha» puro, como dicen los españoles. Una persona que obtiene unas infinitas recompensas emocionales con estos enfrentamientos entre bandos adversarios. No sabe perder. Todo lo trascendentaliza. Cuando los cubanos salen a competir, se juegan el honor de la Revolución. Cómo se relaciona el honor de la Revolución con la cantidad de veces que una pelota pasa por un aro o por la longitud del salto de un señor que tiene las piernas muy largas es otro insondable misterio. Pero es así. Cuando un equipo de béisbol —el deporte nacional cubano— en el año 1999 se enfrentó a los Orioles del Baltimore, Castro convirtió esos encuentros en su particular guerra de las galaxias. Los cubanos —que siempre han sido buenos peloteros— perdieron el primer partido, celebrado en Cuba, y ganaron el segundo, que tuvo lugar en Estados Unidos. Al regreso de los deportistas el Comandante los esperaba con honores y discursos. Los saludó como si hubieran detenido a los nazis en Stalingrado. Era la derrota del imperialismo, la venganza de Grenada, la prueba de que la revolución era invencible. En última instancia, Castro estaba solicitando al mundo que juzgara a la Revolución por «hazañas» como ésa (ganarles a los americanos). ¿Era justo hacerlo? ¿Se puede juzgar al Gobierno de Kenya por la fortaleza asombrosa de sus corredores de fondo o a Francia o a México por su poco peso relativo en el terreno deportivo?

¿Qué más puede decirse de los «logros» de la Revolución? Uno de los más escuchados es el de la «dignidad del pueblo cubano». Para quienes esto sostienen, los cubanos, al enfrentarse altivamente a Estados Unidos, adquieren una especial categoría moral que los distingue del resto de los cipayos latinoamericanos. En primer lugar, es difícil creer que los cubanos han elegido voluntariamente la confrontación con Estados Unidos. Cada vez que pueden se marchan a ese país y no a otro. Ya uno de cada seis cubanos vive en Estados Unidos. A juzgar por los síntomas, medio país haría lo mismo. Por otra parte, ¿en dónde radica la «dignidad» de una sociedad que no puede elegir libremente el sistema en el que quiere vivir, los gobernantes, los libros, los amigos, el sitio de residencia o el lugar de trabajo que realmente desea? ¿Son esos cubanos que no pueden entrar en los sitios destinados a los turistas más «dignos» que el resto de los latinoamericanos? ¿O esos que son detenidos por la policía en las calles cuando pasean junto a los extranjeros y se les advierte que el Gobierno condena este tipo de relación, «porque para hablar con los extranjeros están los guías turísticos»? ¿Dónde se esconde la «dignidad» de la persona que tiene que silenciar sus querencias porque mostrar afecto hacia el perseguido es una forma de señalarse? ¿Dónde radica la del que se ve obligado a simular odio y desprecio, y lo arrastran a un acto de repudio a insultar a una persona o a vejarla por instrucciones del Partido Comunista? ¿Cómo puede ser «digna» esa familia que ve prostituirse a las muchachas de la casa para beneficio de todos, y hasta sus padres o abuelos les prestan la cama matrimonial como balsa simbólica en la que todos escaparán de la miseria?

Pero ¿y la raza? Al menos el comunismo les ha traído a los negros cubanos la dignidad que antes les negaba la etnia blanca dominante. Es verdad que en la esfera privada —escuelas, clubes, ciertos centros de trabajo y sindicatos— de la Cuba prerrevolucionaria los negros eran recibidos a cuentagotas o se les vedaba la entrada. Es triste, pero así era buena parte de América Latina hasta los años cincuenta, y, especialmente Estados Unidos. También es cierto que en la esfera oficial la discriminación era mínima. La escuela o la universidad públicas estaban abiertas para todos. El Parlamento y las Fuerzas Armadas también. Batista, un mulato, era presidente de la República, y al menos en 1940 había ganado ese puesto en las urnas limpiamente. El problema estaba en el ámbito de la sociedad civil. A los blancos no les inquietaba excesivamente que los negros fueran senadores o jueces. El prejuicio surgía en los sitios donde se confraternizaba. Ahí los hábitos y las costumbres mantenían su tensión racista concretada en una frase muy común: «los negros tienen que saber darse su lugar». Cada raza te-

nía un lugar. No era, como en Estados Unidos, una segregación implacable —bebederos, baños o asientos en los autobuses separados—, pero existía.

Afortunadamente, la Revolución aceleró el fin de esa injusta situación. Hubiera ocurrido de todos modos, de la misma manera
que sucedió en Estados Unidos, pero en la Cuba de Castro no hay
duda de que se intentó darles más oportunidades a los cubanos de
la etnia negra. Sin embargo, junto a esa discriminación positiva
había dos elementos contradictorios. El primero era que los castristas entendían poco de las sutilezas de la sociología, y de pronto
vieron que, pese a la proclamada igualdad de las razas bajo el comunismo, apenas había negros en el Comité Central del Partido
Comunista, en el Consejo de Ministros o entre los 125 generales
que componían la jefatura de las Fuerzas Armadas. El poder seguía
siendo blanco. ¿Por qué? Porque las estructuras de poder en Cuba
no se habían configurado con arreglo a la meritocracia, sino a la
cooptación efectuada por unos jerarcas invariablemente blancos. Se
gobernaba con los amigos, en busca de lealtades personales, y
el círculo de esas relaciones siempre era blanco. Originalmente el
único negro de la alta jerarquía era Juan Almeida y apenas tenía
poder. Luego hubo otros, pero siempre fueron muy pocos.

La segunda contradicción tenía que ver con la ideología. La Revolución castrista «elevaba» a los negros a la categoría de los blancos, pero no lo hacía como un justo acto de reparación de una injusticia, sino como una dádiva especial que los negros cubanos
tenían que agradecer con su permanente militancia dentro de las
filas revolucionarias. Los negros y mulatos *tenían* que ser castristas, o se convertían en traidores a la Revolución, a su raza y a la
patria. Un blanco anticastrista era, simplemente, un contrarrevolucionario. Un negro anticastrista era, además, un ingrato traidor, y
así lo trataba la policía si era detenido por manifestar su repudio al
Gobierno o por solicitar la salida del país. Antes, por ser negros, no
podían entrar a los clubes de la burguesía. Ahora, por ser negros,
no podían pensar con su cabeza. No podían llegar a la conclusión
de que el marxismo era un disparate o de que Castro estaba acabando
con el país. Es difícil precisar cuál de las dos situaciones es más
humillante para un ser humano.

Otro de los «logros» de la Revolución, a juzgar por sus alabarderos, es la consolidación de la conciencia nacional. Los cubanos —de acuerdo con esta hipótesis— hoy son más nacionalistas, y lo son, claro, frente a Estados Unidos, porque el nacionalismo es siempre la reafirmación del perfil propio frente a un elemento que lo pone en peligro. Es una lástima que la historia real de Cuba contradiga totalmente esa interpretación. Cuando Cuba se estrenó como República, en 1902, cierto porcentaje de la sociedad era anexionista. Eran los cubanos y —sobre todo— españoles, que deseaban que la Isla fuera incorporada a Estados Unidos para salvaguardar sus intereses y gozar de la tranquilidad institucional que brindaba este padrinazgo. En ese momento, un fragmento del territorio de Cuba —Isla de Pinos— era disputado por Estados Unidos, y los cubanos habían sido obligados a aceptar la Enmienda Platt como parte de los acuerdos de posguerra dirigidos a entregarles la soberanía. Asimismo, una parte importante y creciente de la economía —azúcar, banca, medios de transporte— estaba en poder de los norteamericanos, y el embajador de Estados Unidos actuaba como un no siempre discreto procónsul que intervenía en los asuntos internos de Cuba, práctica que alcanzó su punto de mayor ocurrencia en los años veinte, durante el gobierno de Zayas, cuando hasta la composición del gabinete presidencial tuvo que ser aprobada por la embajada de Estados Unidos.

Pero esa influencia fue decreciendo muy rápidamente en la sociedad cubana. Primero desaparecieron los anexionistas por falta de espacio en la realidad del país. Luego la burguesía criolla, muy empobrecida durante la Guerra de Independencia, comenzó a recobrar paulatinamente el control de la economía. En 1925 Estados Unidos renunció a Isla de Pinos. En 1934 fue eliminada la Enmienda Platt y nunca más los marines desembarcaron en Cuba para poner orden en los desaguisados de los cubanos o para defender sus intereses. En la década de los cincuenta ya las dos terceras partes de los ingenios azucareros estaban en poder de los cubanos, la banca privada cubana controlaba más del 50 por ciento de los depósitos, y los capitales extranjeros apenas gerenciaban un 6 por ciento del PIB nacional. Por otra parte, la influencia de Washington en los asuntos cubanos había disminuido tan drásticamente, que en 1952, aunque le disgustaba, la Casa Blanca no pudo impedir el golpe de Batista (como en 1933 había sido incapaz de «orquestar» la caída de Machado), y en 1958, aunque le asustaba, tampoco pudo impedir el acceso de Castro al poder. Desde los períodos «auténticos» —1944-1952— Cuba no era ni más ni menos dependiente de Estados Unidos que el resto de los países de la cuenca del Caribe. Poco a poco, sin traumas ni alharacas, se había afirmado la nacionalidad cubana y la sociedad tenía el control de su soberanía. En ese momento los cubanos no pensaban en emigrar a ningún sitio, y la Isla, por el contrario, seguía recibiendo inmigrantes de diversas partes del mundo.

¿Qué sucede a las puertas del siglo XXI? El 20 por ciento de la población cubana se ha trasladado a territorio norteamericano, ya no hay confianza en el destino de la Isla, y se ha creado en Estados Unidos una entidad —los *Cuban-americans*— capaz de influir en las relaciones de Washington con La Habana de una manera y con un poder que los anexionistas jamás pudieron siquiera soñar que era posible. Por otra parte, dado el fracaso del modelo cubano, quienes tienen más peso en la economía de la Isla son hoy esos cubanoamericanos, con sus remesas millonarias, mientras a Castro sólo se le ocurre una fórmula para aliviar las tremendas presiones que afectan a Cuba: negociar con Washington la concesión de veinte mil visas anuales, mediante sorteo, para mantener en calma a una población cuya más grata ilusión es marcharse rumbo al país que durante cuarenta años le han advertido de que es el causante de todos los males que padece Cuba. No hay duda de que Castro, lejos de revitalizar el nacionalismo de los cubanos, lo que ha hecho es revertir una sana tendencia que imperaba en el país hasta que él asumió el liderazgo. El peor anexionista ha resultado ser él mismo.

Por último, queda el tema de la «liberación femenina» traída por la Revolución, mito muy bien desarmado por dos agudas ensayistas cubanas: Ileana Fuentes y Uva de Aragón. La verdad es que muy pocas sociedades occidentales han sido tan machistas como la cubana durante la época del castrismo. En primer término, los orígenes y la posterior proyección general del proceso siempre remiten a la cosmovisión de una sociedad de guerreros enzarzados en una pelea infinita. El lenguaje es belicista: la «batalla» de la produc-

ción, la «guerra» contra el imperialismo o esos ridículos gritos rituales con que siempre terminan sus discursos («¡Patria o muerte!
¡Venceremos! ¡Socialismo o muerte!»). Luego está la permanente,
cruel y neurótica persecución a los homosexuales, o la protección
del honor de los varones de la jerarquía, a los que la policía política les comunica las infidelidades de sus esposas o compañeras para
que inmediatamente se separen y pongan fin a una situación que
rebaja la dignidad de la revolución. Todo esto explica la poca importancia que, en realidad, tienen las mujeres en los centros de
toma de decisión de Cuba. Hay sí, como en toda América Latina,
un número creciente de mujeres profesionales, pero las cubanas
casi nunca suelen ocupar posiciones relevantes. Soportan, eso sí,
situaciones familiares realmente apabullantes, como consecuencia
del altísimo índice de divorcios —más del 50 por ciento de las
parejas se deshace—, y la carga familiar que ello conlleva, pues los
hijos casi siempre quedan bajo la custodia de madres sin recursos.
De ahí, tal vez se deriva un triste dato ya consignado en otro lugar
de estos papeles: la mujer cubana tiene el más alto índice de suicidios del mundo entero. Ésa sí es una marca que los cubanos nunca
hubieran conseguido sin la influencia de la Revolución.

VI

La otra orilla

Miles de «balseros» han llegado a las costas norteamericanas. Entre un 20 y un 40 por ciento muere en el intento. Esta foto, publicada en The Miami Herald, *pertenece al éxodo masivo de 1994.*

P or qué vives en Miami?», preguntan con sorna los norteamericanos. Y enseguida se contestan: «porque es la ciudad más cercana
a Estados Unidos.» La broma lleva oculta una crítica y el reconocimiento de un hecho antropológico evidente: hay un sector importante del sur de la Florida que culturalmente está más cerca del
mundo hispano que de los propios Estados Unidos. Basta llegar al
aeropuerto de Miami para comprobarlo. Ese mundo hispano está
formado con los dolorosos restos de varios naufragios y desastres:
en primer término, por supuesto, el cubano. Luego han seguido el
nicaragüense y el colombiano. Ahora van llegando las riadas de
venezolanos razonablemente asustados por el Armagedón que se
anuncia en ese país. Pronto la dieta casi suicida de esa ciudad aña-
dirá la arepa venezolana al «sándwich» cubano o a la tortilla de
maíz centroamericana. Miami entonces, además de más obesa, será
un poco más cosmopolita, más mestiza en el sentido cultural, más
interesante, en la medida en que estos nuevos inmigrantes, aun sin
proponérselo, enriquecerán con sus hábitos y formas de vida ese ya
complejo mosaico de nacionalidades y etnias que fulgura en las
series de televisión y que le va dando a la ciudad un perfil único
dentro del contorno urbano de Estados Unidos, y hasta un grato y
amanerado estilo arquitectónico decorado en amables tonos pas-
teles.

En todo caso, como se sabe, Miami no es la única ciudad hispana de Estados Unidos. Los Ángeles y San Antonio —entre
otras— también lo son. Pero lo son de una manera diferente. En

Los Ángeles y en San Antonio, no obstante el enorme peso demográfico de los ciudadanos de origen mexicano, la cultura dominante, el *mainstream,* es estadounidense. En Miami, sin embargo, hay dos culturas que conviven sin mezclarse excesivamente, dos *mainstream.* ¿Por qué? Porque la legendaria capacidad de asimilación de la sociedad y la cultura norteamericanas, apta en el pasado para fagocitarse a millones de alemanes, italianos o judíos centroeuropeos sin grandes dificultades, todavía no ha tenido tiempo de absorber a los cientos de millares de inmigrantes latinoamericanos que van llegando en imparables oleadas sucesivas. Para que se produzca la integración y americanización de estas personas habrá que esperar a que se reduzca el flujo de recién llegados y predominen en el censo los hispanos de segunda o tercera generación, ya educados en inglés, y eso sucederá, pero dentro de varias décadas. Será una lenta digestión.

Este cambio radical en cierta medida es una consecuencia de la revolución cubana. En 1959 Miami era otra cosa. Era, fundamentalmente, un tranquilo balneario utilizado por norteamericanos ricos que escapaban de la crudeza del invierno, alegre tropa de ciudadanos, casi siempre de la tercera edad, a la que discretamente se habían incorporado algunas figuras de la mafia o del espectáculo. La ciudad no se distinguía en el terreno académico, industrial o comercial. Lo suyo era la playa, el cocotero, y la piña colada que entonces comenzaba a beberse copiosamente. Sin embargo, para los cubanos, desde hacía cierto tiempo, Miami tenía otro destino: era un refugio político. Lo fue en la década de los treinta, cuando unas cuantas docenas de exiliados de la dictadura de Machado se radicaron en la ciudad, y volvió a serlo en la de los cincuenta, cuando les tocó el turno a unos cuantos centenares que huían del gobierno de Batista. De estos últimos, y de la posterior evolución de la ciudad hasta nuestros días, puede seguirse la pista histórica por medio de un periódico en español fundado en 1953 por un emprendedor abogado nicaragüense, exiliado de la dictadura de Somoza, don Horacio Aguirre, quien de alguna manera previó el curioso destino de Miami como refugio latinoamericano de las catástrofes de la zona, y desde entonces se entregó a la tarea de prestarles una voz a los perseguidos. Quien hoy quiera averiguar cómo Miami se ha convertido en lo que es, una especie de capital latinoamericana de la cuenca del Caribe, todo lo que tiene que hacer es asomarse a los archivos del *Diario las Américas*. Ahí está todo.

Dadas las experiencias de los exiliados durante el machadato y el batistato, fue de una manera natural que desde el primer momento quienes huían del régimen de Castro tomaran a esta ciudad floridana como punto de llegada. Incluso, en los días iniciales de 1959, prácticamente se cruzaron en el aire los que regresaban a Cuba y los que la abandonaban. Quienes huían del castrismo en ese momento no eran demasiados, y es muy probable que el grupo calificable como «batistiano» en esos primeros tiempos no pasara de los diez millares, la mayor parte de ellos oficiales de los cuerpos armados o políticos que, ciertamente, corrían peligro de ser encarcelados por los nuevos gobernantes. No obstante, es posible que en los seis meses iniciales de ese año el saldo migratorio fuera favorable a Cuba. Eran más los cubanos que regresaban a la Isla que los que la dejaban. Y entre los que regresaban la mayor parte ni siquiera eran exiliados antibatistianos. Se trataba de ciertos emigrantes económicos que se habían trasladado a Estados Unidos a partir de la Segunda Guerra mundial en busca de mejores oportunidades de trabajo que las que encontraban en Cuba. Muchos de ellos vendieron sus casas, enseres y automóviles, y regresaron jubilosos e ilusionados a la nueva Cuba que anunciaban los medios de comunicación. Estos «retornados» llegaban a la Isla llenos de buena fe, y, como muestra de ello, pública y notoriamente canjeaban sus bien ganados dólares —los ahorros de toda una vida— por pesos cubanos «para ayudar a la Revolución». Un buen número no tardó en regresar a Estados Unidos con las manos vacías, a empezar otra vez, profundamente decepcionados.

En efecto: la luna de miel duró poco. A partir del segundo semestre de 1959 comenzó a incrementarse el éxodo de los cubanos. Ya no eran batistianos que huían. En la medida en que se hacía evidente que Castro había elegido el camino de la dictadura comunista —algo perfectamente nítido a partir de julio de 1959, tras el enfrentamiento entre el presidente Urrutia y Fidel Castro—, las familias más prudentes e informadas, generalmente mejor educadas

que la media nacional, iniciaron el éxodo, especialmente si contaban con recursos económicos. En ese momento casi nadie suponía
que el régimen comunista podía consolidarse y durar cuatro décadas —se pensaba en un período de meses o, a lo sumo, de pocos
años—, pero se creía que el país marchaba hacia la guerra civil y a
una confrontación final con Estados Unidos. Entonces el análisis
geopolítico más urgente se resumía en una frase repetida hasta las
náuseas, como recuerda con amargura el empresario exiliado Fernando Vega Penichet: «Estados Unidos no a va a permitir un gobierno comunista aliado de Moscú a noventa millas de sus costas.»
Casi nadie fue capaz de percatarse de que desde 1933 Estados
Unidos no había tenido mucho éxito en el diseño de su política
cubana. Cuando cayó Machado el poder fue a parar a manos im-
previstas y no queridas por Washington. En 1952 Batista dio un
golpe militar que contrariaba los deseos del Departamento de Estado. En 1959 todas las presiones e intrigas norteamericanas sobre
Batista y la oposición no fueron capaces de organizar la transmisión
de la autoridad en Cuba de una manera que sirviera a los intereses estadounidenses. Pero los cubanos veían las cosas de otro modo.
Impregnados por la vieja memoria de principios de siglo, continuaban pensando que Estados Unidos era punto menos que invencible y siempre conseguía imponer su imperial voluntad. La ingeniosa frase entonces puesta en circulación por el periodista Viera Trejo
resultó ser absolutamente equivocada: «Fidel dice que la historia
lo absolverá; no se da cuenta de que la geografía lo condena.» La
geografía, como los astros, inclinaba, pero no obligaba.

Exilio provisional y permanente

Al principio el exilio tuvo un aire de provisionalidad. Era cuestión de poco tiempo, así que no parecía sensato dedicarse a crear
unas bases sólidas en Estados Unidos. Sin embargo, en la medida
en que transcurría 1960 se iba transparentando una realidad mucho más preocupante: sacar del poder a Castro iba a resultar bastante más difícil que a Machado o a Batista. Por lo pronto, la policía política no cesaba de detener opositores o de infiltrar con gran

éxito a los grupos clandestinos, mientras ya estaban funcionando en Cuba las milicias populares y los Comités de Defensa de la Revolución. El gobierno, generosamente abastecido con equipos y municiones provenientes del Este, armaba a todos sus partidarios y se disponía a dar una batalla a sangre y fuego. Ante esta creciente tensión, y ante las dificultades económicas que comenzaban a multiplicarse, decenas de millares de profesionales y empresarios decidieron marcharse del país. Pero ya no huían solamente los perseguidos políticos o los perjudicados por las crecientes expropiaciones. También se iban, simplemente, quienes no querían vivir bajo una dictadura comunista, quienes se negaban a convertirse en funcionarios y burócratas manejados a su antojo por la «nueva clase» revolucionaria que iba surgiendo al amparo del castrismo. Y a veces, cuando estaban atrapados por lazos familiares o por obligaciones de otra índole, estos desafectos de los comienzos ni siquiera se iban ellos mismos, sino enviaban por delante a sus hijos pequeños para «salvarlos de los horrores que se avecinan», como consignó el ensayista Leonardo Fernández Marcané: así partieron varios millares de menores de edad, sin familiares, amparados por la Iglesia católica, que les consiguió hogares de adopción, en una operación conocida como «Peter Pan», angustiosamente puesta en marcha cuando se corrió el rumor en la Isla de que el gobierno planeaba privar a los padres de la *patria potestad* de sus hijos. «Fue —le he escuchado coincidir al abogado Ricardo Martínez Cid y al editor Francisco *Pancho* Rodríguez, ambos miembros de aquella dolorosa expedición— una experiencia terrible; no sabías si ibas a volver a ver a tus padres o si algún día regresarías a tu país.» Algunos muchachos tardaron varios años en reencontrarse con sus familiares. Otros se separaron para siempre, o, cuando se volvieron a ver, eran unos perfectos extraños. El escritor Carlos Verdecia —quien en el exilio se convertiría en director de importantes publicaciones— embarcó a su hijo mayor rumbo a Estados Unidos —entonces un adolescente— una semana antes de su propia partida. El gobierno le negó y le prohibió la salida. No volvió a verlo hasta quince años más tarde. Esa historia se repitió mil veces: destruir cruelmente familias y matrimonios, a veces de manera irreparable, era (y es) una política del Estado cubano.

¿Se trataba de una reacción histérica y exagerada de los adversarios del castrismo? No necesariamente, pues poco después, en el afán de construir «hombres y mujeres nuevos», bajo el pretexto de enseñarles tareas agrícolas para que colaborasen con la prosperidad de la patria, el Gobierno cubano pondría en marcha sus «escuelas en el campo», experimento pedagógico encaminado a liberar a los niños y niñas de la influencia de sus padres para colocarlos bajo la tutela moral de un Estado que se encargaría de modelarlos de acuerdo con los superiores valores y principios del marxismo. Y esas escuelas —unas mil fabricadas al aproximado costo de un millón de pesos cada una—, si bien no sirvieron para incubar «hombres y mujeres nuevos», sí fueron tristemente útiles, en cambio, para que muchos de ellos o ellas se asomaran a las relaciones sexuales y a la promiscuidad a una edad en la que difícilmente estaba formada la escala ética que debe acompañar a este tipo de decisiones personales. Cuando quienes hoy viajan a Cuba, se sorprenden de la desembozada facilidad con que la juventud cubana mantiene relaciones sexuales, o de la cortísima edad en que las empiezan —una conducta que en algo difiere de las demás sociedades latinoamericanas—, es ahí, en esas escuelas, donde deben buscar el origen de este notable cambio en las costumbres del país. Los llevaban a muy temprana edad a descubrir el comunismo, sin una atenta supervisión de los adultos, y acababan, naturalmente, descubriendo el sexo.

Primero tras el fracaso de Bahía de Cochinos, abril de 1961, y luego tras el desenlace de la llamada «Crisis de los misiles», octubre de 1962, se hizo patente que la dictadura de Castro iba a ser mucho más duradera de lo que nadie calculó en un principio, de manera que es en ese punto en el que la «provisionalidad» del destierro le dio paso a una actitud diferente. Tanto los que ya estaban fuera de Cuba como los que se disponían a emigrar sabían que el exilio sería una prolongada o permanente forma de vida, convicción que, si bien era triste, poseía sus aspectos positivos: a partir de ese momento se desató entre muchos cubanos lo que algunos sociólogos han llamado «la fiebre del emigrante». Esa urgencia vital de trabajar furiosamente para recuperar el tiempo perdido y conseguir insertarse exitosamente en la nueva sociedad. Y así fue: miles de profesionales, al tiempo que desarrollaban los típicos trabajos de los inmigrantes —camareros, empacadores de frutas, sirvientes— estudiaron para revalidar sus títulos —tres mil médicos entre ellos—, haciendo unos titánicos esfuerzos para que sus hijos asistieran a buenas instituciones educativas —fin al que el gobierno norteamericano contribuyó generosamente con unos préstamos especiales—, mientras los que tenían cierta experiencia en el comercio y la industria, cuando lograban acumular cierto capital se aventuraban a dar los primeros pasos para abrirse camino.

Al cabo de pocos años ya era inocultable el éxito económico de la comunidad cubana en Estados Unidos —Miami, Nueva Jersey y Los Ángeles básicamente—, incluido Puerto Rico, isla hermana en la que buscaron refugio unos cincuenta mil exiliados. Poco a poco fueron surgiendo los datos: era la comunidad hispana con el mayor índice de ingresos per cápita y la que más empresas creaba: unas 42 000 de todos los tamaños y modalidades. Y era, además, la que con mayor facilidad había penetrado el gran mundo corporativo norteamericano con un notable número de altos ejecutivos: Coca-Cola, Morgan, Kellogg's y, naturalmente, Bacardí, un emporio creado por exiliados cubanos, cuya facturación excede a la del valor de la zafra azucarera de la Isla en el mercado internacional: ochocientos millones de dólares. El perfil estadístico de los cubanos quedaba, pues, muy cerca del de la clase media blanca norteamericana. Solamente los cubanos avecindados en el sur de la Florida —un millón más o menos— producían más bienes y servicios que los once que quedaron en la Isla obligados a vivir en un sistema notablemente ineficiente. Pocas veces en la historia de Estados Unidos unos emigrantes habían tenido tanto éxito en tan poco tiempo. Cuando Reagan llegó a la presidencia quiso celebrar este fenómeno y escogió dos notorios casos de éxito empresarial para distinguirlos especialmente: Carlos Pérez, un cubano que había revolucionado las fórmulas de comercialización de las bananas, y Armando Codina, un constructor que había llegado a la Florida en medio del torbellino de los niños Peter Pan y se había convertido en un coloso de las edificaciones urbanas.

Una válvula para Castro

El gobierno cubano, mientras tanto, veía el fenómeno de la emigración con una actitud totalmente esquizofrénica. Por una parte entendía que era el puente de plata para el enemigo en fuga —algo que le convenía y propiciaba—, pero, por otra, colocaba toda clase de obstáculos o les infligía humillantes castigos a quienes manifestaban su deseo de abandonar el país. Simultáneamente, la válvula de la emigración le servía a Castro para poner presión sobre Estados Unidos. En 1964, cuando arreciaba la crisis económica, expresada por el desabastecimiento y la agudización de la inflación, con el propósito de obligar a Washington a aceptar a millares de cubanos desafectos, La Habana estimuló el éxodo por medio del puerto de Camarioca, provocando que centenares de botes partieran desde la Florida para recoger a familiares que no habían conseguido salir del país por medios legales. Ante esos hechos, el gobierno de Johnson autorizó los «Vuelos de la libertad», y, finalmente, más de doscientos mil cubanos lograron llegar a Estados Unidos por esa vía.

Este episodio volvió a repetirse otras dos veces: en 1980, por medio del Puerto de Mariel, para poner fin al hecho insólito y avergonzante de que once mil personas buscaran asilo en la embajada de Perú, Castro «abrió» el puerto de Mariel y —exceptuados los jóvenes en edad militar o los graduados universitarios— autorizó a salir a quien así lo deseara. En esa oportunidad —durante el mandato de Carter— unos ciento veinticinco mil cubanos arribaron a tierras norteamericanas antes de que se cerrara la espita, pero Castro se ocupó de colocar entre ellos a un buen número de locos y de endurecidos criminales comunes sacados de las cárceles con el objeto de destruir la imagen de los exiliados en Estados Unidos —una de sus pasiones permanentes—, librarse de estos indeseables, y, además, demostrar que quienes se iban del país eran delincuentes, o, como entonces comenzaron a llamarlos, «escoria». Afortunadamente, entre los emigrantes reales, no los colocados por el gobierno, había un buen número de intelectuales y artistas que luego demostrarían su valía, como los escritores Reynaldo Arenas, Carlos Victoria y los hermanos Abreu, o Roberto Valero, un notable poeta que falleciera muy joven algunos años más tarde.

El último de estos incidentes, copia al carbón de los anteriores, ocurrió en el verano de 1994 como consecuencia de la creciente salida ilegal de balseros que huían de Cuba y encontraban amparo en Estados Unidos. Para terminar con el trato favorable dado a los inmigrantes cubanos —protegidos por una ley especial promulgada durante la administración de Lyndon Johnson, legislación que Castro pensaba que era un estímulo para la emigración—, volvió a permitir el éxodo sin controles de balseros, y varias decenas de millares de cubanos se echaron al mar en cualquier cosa capaz de flotar. Unos treinta mil consiguieron sobrevivir —no se sabe cuántos millares perecieron— y fueron internados en la base de Guantánamo hasta que se les permitió viajar a Estados Unidos. Como resultado de este «pertinaz chantaje migratorio» —así lo calificó el periodista español Alberto Míguez—, el gobierno de Clinton se avino a aceptar anualmente la cifra de al menos veinte mil refugiados anuales, reiterándose con ello la paradoja de que es en Estados Unidos donde Castro encuentra alivio para las presiones internas que aquejan a su gobierno. La suma total de exiliados, *grosso modo,* es como sigue: de Cuba han salido un millón de cubanos —incluidos unos cuantos millares avecindados en España, Venezuela, México y Costa Rica—, que a lo largo de cuatro décadas han tenido un millón de hijos. Hoy, uno de cada seis cubanos vive en el extranjero. Pero según las estimaciones de los diplomáticos radicados en la Isla, más de la mitad de la población estaría dispuesta a emigrar si contara con visa y cómo costear el pasaje.

El éxito económico de los exiliados, sin embargo, no ha ido parejo con una buena percepción en los medios de comunicación. El estereotipo, alentado por la hábil propaganda de La Habana y el auxilio de numerosos simpatizantes del castrismo, los ha mostrado como acaudalados cómplices de la dictadura de Batista, apasionados e intolerantes, cuando, en realidad, la inmensa mayoría son personas que inicialmente simpatizaron con la Revolución, y que salieron de Cuba sin un céntimo en los bolsillos, a las que la experiencia en carne propia de lo que es una dictadura totalitaria convirtió en anticomunistas e inclinó hacia posiciones más bien conservadoras, fenómeno totalmente entendible y similar a lo que sucedía con los exiliados de Hungría, Checoslovaquia y demás víctimas de las tiranías del Este. Tampoco es conocido el hecho de la importantísima presencia de estos exiliados en el terreno académico, donde unos tres mil profesores han ocupado cátedras universitarias en sitios tan diversos como la Universidad Nacional Autónoma de México —Beatriz Bernal, una eminente jurista—, Harvard —Jorge Domínguez y Modesto Maidique, hoy presidente de una de las mayores y mejores universidades del sur de Estados Unidos—, la Universidad de Puerto Rico —Leví Marrero, autor de una monumental e insuperada historia de Cuba, o José Luis Fajardo, profesor de piano en Conservatorio de Madrid.

Esa distorsión de la imagen de los exiliados, descontada la hábil manipulación de los servicios cubanos, en buena medida se debió al tipo de noticia que solía recoger la prensa, casi siempre asociada a conflictos e incidentes políticos violentos entre los desterrados y el gobierno de Castro. Y, en efecto, así ocurrió durante casi toda la década de los sesenta y setenta, cuando una parte de la oposición insistió en la vía armada para tratar de desalojar a Castro del poder, recurriendo a métodos parecidos a los que él mismo había utilizado para alcanzarlo. Tras la muerte de Kennedy, cuando Johnson puso fin a los planes subversivos contra el gobierno cubano, varios grupos independientes llevaron a cabo acciones comando muy audaces, pero escasamente eficaces —Tony Cuesta y Santiago Álvarez trataron de hundir un tanquero soviético que navegaba hacia Cuba, Juan Manuel Salvat y varios de los miembros del Directorio ametrallaron un hotel en el que sesionaba la dirigencia comunista—. Otros, además, se infiltraron para intentar revivir la lucha guerrillera en las montañas —como los comandantes Eloy Gutiérrez Menoyo y Ramón Quesada (fundadores de *Alpha 66* junto a Nazario Sargén y Diego Medina) quienes pasarían más de veinte años en las cárceles, o Vicente Méndez, quien sería fusilado—, pero a la altura de 1970 ya resultaba obvio que Castro era prácticamente inderrotable en el terreno de la violencia. Por otra parte, tampoco su temperamento o sus instintos le permitían quedarse con los brazos cruzados ante los retos de la oposición. En respuesta a las actividades de los exiliados —reveló el general Rafael del Pino tras escapar de Cuba en 1987—, el ex comandante revolucionario Aldo Vera era asesinado en Puerto Rico por los servicios cubanos de inteligencia, al igual que Rolando Masferrer —destrozado por una bomba-lapa colocada bajo su automóvil—, mientras José Elías de la Torriente, quien había desarrollado un plan militar contra la dictadura que el gobierno juzgó peligroso, y, sobre todo, quien había logrado un cierto grado de unidad entre la oposición, resultaba ejecutado dentro de su propio hogar por medio de pistoleros castristas que le dispararon a través de la ventana.

Una nueva etapa

Una vez desechada la vía armada, y tras unos oscuros y censurables actos de terrorismo —como la voladura de un avión de Cubana de Aviación en pleno vuelo—, nunca aclarados del todo, muchos de los opositores que en el pasado habían tomado las armas comenzaron a explorar otras vías de solucionar los conflictos políticos cubanos. Así las cosas, en 1978 el banquero Bernardo Benes entra en contacto con Castro, y, tras consultar muy cuidadosamente con la administración de Carter, se coloca al frente de varias docenas de exiliados —algunos de ellos habían peleado muy bravamente en Playa Girón, como era el caso de Miguel González Pando— para entablar una suerte de diálogo con el gobierno cubano. ¿Qué buscaban Benes y quienes lo acompañaron en esa delicada tarea? En primer término, la excarcelación de miles de presos políticos que llevaban prácticamente dos décadas en las cárceles. Era, en esencia, una misión humanitaria. También, que los exiliados pudieran regresar de visita a la Isla a retomar contacto con sus familiares. ¿Qué buscaba Castro? Tres objetivos: primero, consolidar oficialmente su legitimidad política. Si sus enemigos acudían en son de paz a sus predios, era obvio que implícitamente reconocían que estaban derrotados y se liquidaba la etapa de la insurrección frente a su régimen. Segundo, vaciar las cárceles de unos adversarios que ya no tenían oportunidad de volver a tomar las armas, cautiverio que carecía de sentido como forma de escarmiento público, pues la situación interna estaba absolutamente bajo control. Y, tercero, comenzar una suerte de reconciliación con Estados Unidos repitiendo lo que en 1963 había intentado con Kennedy tras la devolución de los expedicionarios de Bahía de Cochinos: cambiar presos políticos por buenas relaciones. El gobierno de Carter estaba dispuesto a terminar la vieja disputa entre los dos países, pero exigía que finalizara la ayuda de Cuba a la subversión centroamericana, y, especialmente, la enorme presencia cubana en África. Castro no estaba dispuesto a conceder nada de esto, pero sí, en cambio, a liberar prisioneros. Ése era su *quid pro quo*: soltaba a miles de presos y les permitía (más bien los urgía) a que abandonaran la Isla, a cambio de lo cual Estados Unidos debía cancelar su vieja política hacia Cuba.

Una combinación de factores impidió que la estrategia de Castro tuviera éxito. Lo más impactante fue el regreso masivo de los exiliados. Durante veinte años el gobierno había bombardeado a la población con historias terroríficas sobre el desajuste emocional y el fracaso de los «gusanos» que habían optado por el exilio, y hasta había prohibido que se mantuviera contacto con esta gente despreciable y hambreada que padecía todo género de discriminaciones por parte de la sociedad norteamericana. Ésa era la versión oficial. Pero de pronto esta caricatura resultó desmentida cuando descendieron de los aviones miles de exiliados económicamente poderosos, llenos de regalos, que les contaron a sus familiares cómo habían logrado escalar posiciones económicas y sociales inalcanzables para los familiares que quedaron en Cuba, generando con esto una explosión de insatisfacción que muy pronto se alcanzó a percibir. Ocurría que el más pobre de los exiliados vivía mejor que el más acomodado de los familiares que permanecieron en Cuba, siempre que no fueran de la *nomenklatura,* claro, pues, como demostrara el sociólogo Juan Clark en su obra *Cuba: mito y realidad*, la distancia entre la calidad de vida de los jefes de la Revolución y la del pueblo llano era abismal.

Pocos meses más tarde, en 1980, los sucesos de la embajada de Perú —esas once mil personas que ocuparon milímetro a milímetro los predios de una casona y un jardín familiares—, y el posterior éxodo de Mariel parecen haber sido las secuelas de aquellas visitas. Los cubanos de la Isla sabían que estaban muy mal, pero cuando contrastaron sus vidas tensas y llenas de privaciones con las de sus parientes, muchos se echaron a llorar de frustración. Otros, más prácticos, se echaron a correr hacia el exilio. Irónicamente, mientras Benes y quienes lo acompañaron en su misión humanitaria eran acusados de «traidores» por exiliados que no querían ningún tipo de contacto con la dictadura, el Gobierno cubano lamentaba profundamente haber accedido a aquella mínima apertura. La reconstrucción de los lazos familiares y el intercambio de información habían pulverizado veinte años de incesante campaña propagandística.

Por aquellos años —fines de la década de los setenta— comenzó a cambiar públicamente la percepción internacional de los exiliados en los medios intelectuales. En el verano de 1979, en un Congreso de Escritores convocado en Canarias por el narrador J. J. Armas Marcelo —novelista español que, sin renunciar a posiciones progresistas no tenía la menor simpatía por la dictadura de Castro y no se ocultaba para decirlo— se invita a varios escritores cubanos exiliados y se discute apasionadamente y a fondo el tema político de la Isla. La mayoría de los participantes, entre los que abundaban los comunistas y los antinorteamericanos patológicos, todavía respalda a Castro, pero ahí se escuchan las voces de condena de Federico Jiménez Losantos, Fernando Sánchez Dragó, y otros (entonces) jóvenes escritores procedentes de la izquierda que habían roto frontalmente con el comunismo.

Animados por esta experiencia, ese mismo año se convoca en París el Primer Congreso de Intelectuales Cubanos Disidentes, al que se suma una docena de figuras de primer orden como Fernando Arrabal, Alain Ravennes, Bernard Henri-Levy, Phillippe Sollers, Paul Goma o Vladimir Bukovsky. Eugéne Ionesco, Jean-François Revel, Néstor Almendros, Juan Goytisolo, y Jorge y Carlos Semprún prestan su apoyo entusiasta. El poeta y ensayista Miguel Sales y el escritor cubano-francés Eduardo Manet se ocupan de coordinarlo junto al pintor Siro del Castillo y el agrarista Mario Villar Roces. Varias docenas de intelectuales cubanos viajan a París desde diferentes partes del globo. Pedro Ramón López Oliver —una rara y eficaz combinación de cuentista, banquero e ideólogo socialdemócrata— facilita generosamente buena parte de los fondos que se requieren; el editor Ramón Cernuda hace lo mismo. La novelista Hilda Perera, finalista del Planeta (1972), veinte veces premiada en certámenes literarios, escribe algunos de los documentos que luego circulan. La psicóloga Marian Prío se ocupa de una buena parte de la logística. Lo importante es demostrar que la *intelligentsia* democrática de Europa no sólo se opone y condena a Castro, sino que apoya a la oposición y se identifica con los intelectuales cubanos disidentes. Lo que se intenta es romper el aislamiento y hasta el rechazo en que han vivido numerosos intelectuales y artistas cubanos por adversar vigorosamente al régimen. En ese Congreso se le rinde homenaje a algunos de los grandes escritores cubanos totalmente silenciados y hasta desacreditados por el castrismo: Lidia Cabrera, Gastón Baquero, Lino Novas Calvo. Si el «caso Padilla» marcaba el inicio de la ruptura entre los intelectuales democráticos del mundo occidental y el castrismo, este Congreso de París señalaba el acercamiento expreso y el aval moral a la oposición.

Tras esta experiencia hubo otras igualmente exitosas en Nueva York (1980), Washington (1982), Madrid (1986) y Caracas (1987). En Nueva York, en Columbia University, el dramaturgo Iván Acosta y los profesores Julio Hernández Miyares y Modesto Maidique convocaron —y acudieron— a relevantes miembros del mundo académico de Estados Unidos. Los encabezaba el sociólogo Irving L. Horowitz. En Washington fueron Oilda del Castillo, Frank Calzón y Marcelino Miyares —politólogo, publicitario, buen comunicador— quienes lo organizan. En la capital de Estados Unidos lo importante es lograr la atención de la clase política con un análisis de la situación cubana que trascendiera los tópicos convencionales. Se logra a plenitud. En el de Madrid hay dos notables incorporaciones: la del novelista César Leante, quien había desertado recientemente en España, asqueado de la represión policiaca en la estela de los sucesos de Mariel, y la del poeta Armando Valladares, puesto en libertad tras una vigorosa campaña de Fernando Arrabal, quien prácticamente obligó al presidente François Mitterrand a pedirle a Castro la libertad de este prisionero, dado el estado de indignación generado por el dramaturgo hispano-francés en los influyentes medios intelectuales de París. En Venezuela —el único de estos Congresos organizado en América Latina— tuvo el apoyo de los sindicatos cristianos, dirigidos por Emilio Máspero, y contó con la presencia de los parlamentarios Ramón Guillermo Aveledo, José Rodríguez Iturbe y Carlos Raúl Hernández, los tres escritores y analistas de primer rango, así como de los cubanos Silvia Meso, Fausto Masó y Roberto Fontanillas Roig.

Mas Canosa y el lobby

A fines de los setenta, mientras los intelectuales cubanos del exilio se reunían en París con sus homólogos europeos, otro fenómeno de gran importancia comenzaba a gestarse entre la emigración: Jorge Mas Canosa, acompañado —entre otros— por Raúl Masvidal y de Mario Elgarresta echaban las bases de lo que sería el más efectivo *lobby* creado por los exiliados para influir sobre los políticos norteamericanos, y muy pronto se le sumaron empresarios de la talla de los Moreira —padre e hijo— y Diego Suárez. La vida de Mas Canosa, cuya historia ha escrito Álvaro Vargas Llosa en un notable y generoso libro titulado *El exilio indomable,* era una muestra del talento para las actividades empresariales y de la pasión y total dedicación a la lucha contra la dictadura de Castro. Exiliado antes de cumplir los veinte años, y tras participar en la expedición de *Bahía de Cochinos* —estuvo en uno de los contingentes que no llegó a desembarcar—, Mas Canosa, quien comenzara como repartidor de leche a domicilio, llegó a amasar una fortuna de varios cientos de millones de dólares sin jamás perder de vista su objetivo de terminar con el comunismo en Cuba.

Esta militante vocación política le llevó de la mano por diversos vericuetos ideológicos y distintas estrategias, hasta que se convenció de que el mejor camino para influir en los acontecimientos cubanos, dada la imposibilidad de derrotar a Castro por las armas, era ejercer presión sobre los políticos norteamericanos, haciendo valer el peso electoral de los *Cuban-americans* y los cuantiosos recursos económicos de una parte de la emigración que le era afín. Para Mas Canosa, en ese entonces había tres factores de poder en juego: La Habana, Moscú y Washington, y como era imposible influir sobre los dos primeros, la única y mejor opción disponible era la tercera capital, Washington. Algo, por cierto, que no resultaba nuevo en la historia de las relaciones entre Estados Unidos y Cuba, pues ya a mediados del siglo XIX, durante la administración del presidente Franklin Pierce, se constituyó el primer *lobby* dedicado a parecidos menesteres. El de aquellos años, por supuesto, estaba consagrado a tratar de desalojar a España de la isla de Cuba.

Pero si bien Mas Canosa intuía la importancia de una institución de este tipo, para poder construir la delicada carpintería del *lobby* necesitaba un «americanólogo» acreditado. Alguien que conociera bien la idiosincrasia de la clase política norteamericana y los sinuosos meandros por los que discurre el poder en Washington. La experiencia le había enseñado que en Estados Unidos no existía un centro unívoco donde radicara la autoridad, dado que el juego institucional de balances y equilibrios tendía a la dispersión del poder. Una cosa era la Casa Blanca, y otras las dos cámaras del Parlamento, el Departamento de Estado, los organismos de seguridad —la CIA, el Consejo de Seguridad Nacional, el Pentágono—, los medios de comunicación o la comunidad académica, y con todos estos factores había que entablar cierto tipo de diálogo si se quería construir una política cubana que condujera a la liquidación del castrismo.

Ese hombre, ese «americanólogo», resultó ser Frank Calzón, un respetado activista en el campo de los Derechos Humanos, graduado de Georgetown University, radicado en Washington desde los años sesenta, quien en su época de estudiante había militado en una organización juvenil llamada *Abdala*, creada por Gustavo Marín, y en la que participaron numerosos jóvenes exiliados que luego serían notables profesionales e intelectuales como Ramón Mestre, Laura Ymayo, José Antonio y Silvia Font. Calzón tenía los contactos y sabía que una enérgica combinación entre la ayuda económica a los candidatos —algo que permite y estimula la ley norteamericana— y la presentación de opciones razonables provocaría un importantísimo resultado: por primera vez la clase dirigente de Estados Unidos tendría en cuenta la opinión de los cubanos de la oposición en el diseño de su política hacia la Isla.

El *timing* para la creación de la Fundación Nacional Cubano Americana no pudo ser más atinado. Se puso en marcha en los últimos tiempos de Carter, y luego cuando Reagan iniciaba su primer mandato y estaba a la búsqueda de una nueva política cubana más audaz que la mantenida por su antecesor. Fue entonces cuando la

FNCA planteó la creación de una estación de radio que transmitiera hacia Cuba todas las informaciones y análisis que el Gobierno de Castro les ocultaba a los cubanos, similar a Radio Liberty o a Radio Free Europe que operaban contra las dictaduras del Este de Europa. La proposición tomó casi cinco años en materializarse, pero finalmente, en 1985, fue inaugurada bajo el nombre de Radio Martí, y desde entonces mantiene un altísimo nivel de audiencia y credibilidad entre los cubanos. No obstante, algo más adelante, el *lobby* de la FNCA lograría una medida más trascendente aún: el congresista demócrata Robert Torricelli —legislador, por cierto, situado a la izquierda del centro en su partido—, quien desarrollara unos fuertes lazos personales con Mas Canosa, auspició una ley, la llamada «ley Torricelli», por la que se endurecían las prohibiciones al comercio entre Cuba y Estados Unidos, el llamado «embargo» por los norteamericanos —palabra que vulnera el buen castellano—, o «bloqueo» como le dice el Gobierno cubano, violentando el significado de este vocablo.

Esta última anécdota es muy reveladora, pues existe la muy generalizada creencia de que el «embargo» —de algún modo hay que llamarlo— es la expresión más contundente de la hostilidad de Washington contra el Gobierno cubano, cuando, en realidad, no es eso. Se trata de una política sostenida por la capacidad de intriga y el persuasivo talento de la oposición exiliada, capaz de influir en unos demócratas y republicanos que ya apenas abrigan sentimientos anticastristas, entre otras razones, porque la mayor parte de los gobernantes norteamericanos del fin de siglo eran unos niños cuando Castro llegó al poder.

Es cierto que Eisenhower decretó las primeras restricciones al comercio entre los dos países; y no es falso que Kennedy las endureció a partir de la «Crisis de los Misiles», pero desde Johnson todos los presidentes norteamericanos han estado tentados a normalizar las relaciones económicas entre los dos países, y si eso no ha ocurrido es, en primer lugar, por la terca resistencia de Castro a flexibilizar sus posiciones cada vez que un emisario de la Casa Blanca ha intentado obtener de La Habana alguna concesión que facilitara el cambio de política. Incluso Reagan, el más duro de todos, estuvo dispuesto a modificar totalmente su política hacia Cuba si

La Habana dejaba de ayudar a los terroristas y subversivos en Centroamérica —entonces la mayor preocupación de la Casa Blanca—, pero su enviado, el general Alexander Haig, encontró una firme negativa por parte de sus interlocutores: «Fidel Castro jamás cede un milímetro en materia de principios revolucionarios.»

Los congresistas cubanoamericanos

Casi simultáneamente a la adquisición de poder político *indirecto* en Washington por medio del *lobby* cubano, se producía en el exilio otro notable fenómeno que impactaría las relaciones con Cuba: la aparición de congresistas cubanoamericanos de nivel nacional. Primero fue electa Ileana Ros-Lehtinen, una mujer enormemente querida por los miamenses, luego Lincoln Díaz-Balart —su tía Mirta, irónicamente, fue la primera esposa de Castro—, abogado con madera de estadista y talento para la polémica, y, finalmente, Roberto *Bob* Menéndez. Los dos primeros vinculados al partido republicano y elegidos por Miami, y el último, al demócrata, del estado de Nueva Jersey. Menéndez, además, ocupa dentro de su grupo parlamentario la tercera posición en importancia, lo que puede dar idea de su notable jerarquía en el Congreso.

La elección de estos tres congresistas cubanoamericanos, especialmente tras la muerte de Mas Canosa en 1997 y la desaparición de la influencia que él poseía como persona y líder enérgico y atractivo, tiene una especialísima significación, pues comporta «el desplazamiento del centro de interlocución», como ha señalado Leopoldo Cifuentes, un prominente exiliado, residente en España, que en Cuba poseía una de las mejores fábricas de puros del país. Washington ya cuenta con quiénes consensuar su política cubana: ahora pesan mucho más las opiniones de estos tres legisladores, y la representación que *oficiosamente* se les atribuye de la comunidad cubanoamericana, que lo que puedan decir las organizaciones formadas por exiliados, aun cuando uno de estos congresistas, Bob Menéndez, ha sido seleccionado por un distrito en el que apenas hay electores cubanos. Esto —el gran *leverage* de estos tres congresistas— explica la redacción y aprobación de la llamada *ley*

Helms-Burton, una pieza legislativa que, debido a la mediación de Díaz-Balart, codifica todos los anteriores decretos presidenciales relacionados con el «embargo», y coloca la política cubana en manos del Congreso, atándole las manos al inquilino de la Casa Blanca que quiera cambiar las relaciones con La Habana. Ahora la posibilidad de eliminar el embargo sólo radica en el Congreso, y dentro de esa institución hay tres celosos guardianes dispuestos a no dejarse arrebatar esta medida.

¿Cómo defienden la permanencia del embargo estos tres congresistas? Con una combinación de argumentos jurídicos, morales, estratégicos y políticos que vale la pena examinar. En primer término, aclaran que el embargo no le prohíbe a ningún país del mundo comerciar con el Gobierno de Castro, invertir en Cuba o favorecer al régimen con créditos, préstamos blandos o francas donaciones. Y la prueba es que algunos de los mejores aliados de Estados Unidos —Canadá, España, Francia, Israel— hacen todo eso constantemente. Si en Cuba, de acuerdo con las cifras oficiales de La Habana, operan más de 350 empresas extranjeras, y si Cuba tiene deudas con Occidente que sobrepasan los once mil millones de dólares, es porque el país, por supuesto, no está aislado en el terreno económico. La verdad es que todo lo que Cuba produce con calidad y precio encuentra siempre su mercado en el exterior: básicamente azúcar, mariscos, tabaco, níquel, y ciertos productos biotecnológicos. Y la verdad es que todo lo que Cuba necesita, si tiene dinero para adquirirlo, o si obtiene créditos, puede comprarlo en Europa, Japón, Corea, Taiwán o América Latina, incluidos los productos *made in U.S.A.*, como puede comprobar cualquiera que visite una tienda para turistas. La ley Helms-Burton se limita a prohibirles a los norteamericanos negociar con Cuba —los perjudicados son ellos— y deja abierta la puerta de los tribunales o de la negación de visa a cualquiera que se beneficie o apodere de bienes propiedad de estadounidenses confiscados en Cuba sin previa indemnización.

Por otra parte, también es falso que el Gobierno cubano carece de acceso al mercado norteamericano. Todo lo que tiene que hacer es rellenar una licencia y en el 99 por ciento de los casos se le concede. Más aún: la sociedad norteamericana es la que más ayuda brinda al pueblo cubano. Las donaciones de los particulares y de las iglesias desde la aprobación de la «ley Torricelli» en 1992 hasta 1997, de acuerdo con un informe oficial escrito para el Parlamento norteamericano por Roger Noriega, ayudante del senador Helms, se acercan a los dos mil cuatrocientos millones de dólares, cifra por lo menos veinte veces mayor a la de la Unión Europea. Si a este guarismo se le añaden los cientos de millones de dólares que anualmente giran los cubanoamericanos a sus familiares, o la humanitaria aceptación de veinte mil inmigrantes todos los años, se tiene un cuadro mucho más realista de las relaciones entre los dos países: Estados Unidos, lejos de ser el origen de los problemas económicos de Cuba, resulta ser su principal fuente de alivio. Casi la única.

Desde el punto de vista jurídico tampoco parece haber contradicciones en la aplicación extraterritorial de la ley Helms-Burton. En una época que acepta la mundialización de los códigos penales, como se evidencia en la detención de Pinochet en Londres por solicitud de un juez español decidido a castigar delitos cometidos en Chile, o en el que catorce países le declaran la guerra a Yugoslavia por los genocidios cometidos dentro de su propio territorio, resulta perfectamente coherente que un país decida sancionar o someter al arbitrio de sus jueces a quienes no han tenido inconveniente en lucrar con propiedades de sus ciudadanos que, en principio, han sido robadas a sus legítimos propietarios en terceros países.

Los argumentos de carácter moral que los congresistas cubanoamericanos suelen esgrimir tampoco son desdeñables: un país —en este caso Estados Unidos— tiene la obligación ética de imponer sanciones y castigos económicos a las naciones que violan los derechos humanos, especialmente si se trata de gobiernos que no muestran el menor propósito de enmienda. Esto fue lo que se hizo contra la Sudáfrica racista del *apartheid* o contra la narcodictadura haitiana. Y el hecho de que se trate de sanciones unilaterales, no aprobadas por la ONU, puede ser un dato insignificante. La ONU tampoco aprobó el bombardeo de Yugoslavia y no por eso las principales democracias del planeta dejaron de actuar. Al mismo tiempo, resulta un despropósito tratar de desacreditar el embargo contra Cuba contrastándolo con la política comercial que Estados

Unidos sigue con China. Es verdad que se trata de un caso de justicia selectiva, pero no porque esté mal en Cuba, sino porque está mal en China. El hecho de que Estados Unidos tenga una política incorrecta en China —basada en el tamaño y la población de ese país— no se corrige cometiendo el mismo error en Cuba.

Pero ¿cómo defender el argumento moral si el embargo afecta al pueblo cubano más que a su Gobierno? Porque la anterior es una falsa premisa desmentida por la realidad. Es cierto que el embargo perjudica al Gobierno, pero no a la sociedad. Paradójicamente, es muy probable que ese embargo redunde en beneficio de la sociedad. La experiencia de cuarenta años demuestra que el pueblo cubano sólo ha visto aliviarse su miseria cuando el Gobierno, agobiado por la falta de recursos, se ha sentido obligado a permitir actividades privadas —«paladares», pequeños mercados campesinos, ciertos empleos y profesiones—, mientras ha recrudecido el estatismo y el control oficial de los ciudadanos cuando ha contado con suficientes recursos económicos. Si hoy las granjas estatales han sido convertidas en cooperativas, o si se ha despenalizado el uso del dólar para que los exiliados puedan ayudar a sus familiares, o si Castro se ha visto obligado a reducir las dimensiones de sus Fuerzas Armadas y su aparato represivo, o si ha debido limitar su agresivo internacionalismo, esto ha sido la consecuencia de la crisis financiera del Gobierno. De donde se desprende que levantar el embargo sería una forma de ayudar al Gobierno, *ergo* de perjudicar a la población.

La permanencia del embargo desde el punto de vista político y estratégico también tiene su razón de ser de acuerdo con el análisis de estos tres congresistas: es verdad que en cuarenta años no ha derrocado a Fidel Castro, pero quienes lo rechazan por ineficaz, probablemente decían lo mismo de la política de contención frente a la URSS... hasta que un día, un día de 1989, el mundo comunista se vino abajo como el castillo de naipes de la cansada metáfora. En todo caso, ahí hay un elemento de transacción con el Gobierno cubano que seguramente no servirá para llevar a Castro a la mesa de negociaciones —transar es un verbo cuyo significado desconoce este terco personaje—, pero será muy útil cuando él desaparezca de escena y una persona más realista lo suceda en la casa de gobierno. Por otra parte, es lógico que una oposición a la que en Cuba le está vedada cualquier forma de participación, y que no puede o no quiere recurrir a la violencia para tratar de terminar con la dictadura, se aferre al único instrumento de legítima presión que tiene a su alcance. Si lo sacrificara, piensan los congresistas, ¿con qué cuentan los opositores para tratar de defender sus derechos e inducir la democracia en el país?

La Plataforma Democrática y la reconciliación

Naturalmente, ese carácter de doble representatividad de los congresistas cubanos —representan ante el Gobierno de Estados Unidos a los electores de su distrito y, a la vez, oficiosamente, a una gran parte de los exiliados cubanos— no agota la compleja variedad de una comunidad que cuenta, como queda dicho, con dos millones de personas y tiene, además, que dialogar con muchos gobiernos e instituciones fuera de Estados Unidos. Y es dentro de ese espíritu que en agosto de 1990 se reunieron en Madrid exiliados liberales, socialdemócratas y democristianos, para construir lo que se llamó la *Plataforma Democrática Cubana*, una coalición o asociación de partidos políticos democráticos, vinculados a estas tendencias por medio de las correspondientes internacionales.

El propósito de este encuentro era obvio: preparar un camino sin violencia para el tránsito hacia la democracia. Por eso se escogió Madrid para la cita. Los españoles habían logrado el milagro de la transición tras la muerte de Franco, en la segunda mitad de los setenta, y desde entonces el país era la obligada referencia política para quienes pensaban contribuir al cambio pacífico en sociedades en las que el modelo de gobierno parecía agotado. Por otra parte, la caída del Muro de Berlín y el desplome de los regímenes comunistas en Europa hacían presumir que algo similar podía y debía suceder en Cuba a corto plazo, así que lo más razonable era crear un cauce institucional capaz de conducir o ayudar a conducir eficazmente un proceso que en ese momento parecía inmediato e inevitable.

El documento fundacional —la Declaración de Madrid—, por

el que se renunciaba a la violencia y se proponían fórmulas razonables para propiciar un desenlace democrático con garantías para todas las partes, llevó, entre otras, las firmas de un grupo de exiliados que tenían a sus espaldas una larga ejecutoria en el terreno político e internacional: José Ignacio Rasco, Roberto Fontanillas-Roig, Juan Suárez-Rivas, Uva de Aragón Clavijo, Felícito Rodríguez —un hombre muy cercano a la jerarquía eclesiástica cubana—, Marcelino Miyares, Enrique Baloyra, René L. Díaz, Ricardo Bofill, Emilio Martínez Venegas, el cineasta Miguel González Pando, quien poco después estrenaría dos excelentes documentales sobre la historia del exilio, y Fernando Bernal, autor de unas interesantes memorias de su paso por Sierra Maestra y luego por el gobierno de los primeros tiempos de Castro.

La *Plataforma* tuvo inmediatamente una gran acogida en los principales gobiernos de Occidente, y en el plazo de tres años prácticamente todos los presidentes de América Latina, la cancillería rusa y algunos gobernantes europeos, como el español Felipe González, le abrieron las puertas y le brindaron diversas expresiones de apoyo político y diplomático. Era obvio que existía un genuino interés en estimular el cambio pacífico en Cuba, y la civilizada fórmula propuesta por la *Plataforma* tenía una dosis de sensatez que resultaba notoriamente tranquilizadora. Sólo que Castro no estaba dispuesto a admitir la imposibilidad material de sostener con éxito el proyecto de una Cuba comunista, y entonces dedicó sus baterías propagandísticas a presentar los esfuerzos de la Plataforma como una «estratagema de la CIA», cuando todo el mundo sabía que se trataba de una iniciativa totalmente independiente por parte de exiliados que querían sacar el problema cubano del reñidero La Habana-Washington para colocarlo en un ámbito internacional en el que otros actores —Europa y América Latina— pudieran colaborar con el difícil proceso de democratización del país.

Curiosamente, los ataques de Castro contra la *Plataforma* coincidían con los que le hacían otros sectores del exilio pero por razones totalmente diferentes. Desde la derecha —si es que esa palabra significa algo entendible— la Junta Patriótica —una amplia y antigua coalición de organizaciones políticas y cívicas con bastante arraigo entre los desterrados de cierta edad—, y la Fundación

Nacional Cubano Americana la acusaban por medio de la radio y la prensa escrita de colaborar con el enemigo y de querer salvar al castrismo en su peor momento, destacando como algo censurable el hecho de la explícita renuncia a la violencia por parte de la *Plataforma* o su disposición a sentarse con Castro a buscar una forma pacífica de transitar hacia la democracia; mientras el pequeño sector castrista del exilio repetía la consigna cubana de que las propuestas de la *Plataforma* no eran otra cosa que el otro brazo de la *Fundación*, inventado por la CIA como un ardid político.

En efecto, en el exilio existe un grupo de simpatizantes de Castro, muy minoritario y sin apenas peso en la opinión pública, pero con cierta presencia en los medios de comunicación. Tres son las personas más notables entre ellas: Francisco Aruca, Andrés Gómez y Max Lesnik Menéndez. Aruca en su juventud fue un dirigente católico, y poco después del establecimiento de la dictadura castrista comenzó a conspirar, fue encarcelado y acusado de terrorista, pero huyó de la prisión disfrazado de niño —entonces era delgado y lampiño— y, tras asilarse en una embajada, consiguió llegar al exilio. Estudió economía y fue profesor de esta disciplina, pero luego se convirtió en un exitoso empresario turístico y comenzó a llevar pasajeros a Cuba. Poco a poco, su pasado contrarrevolucionario fue desvaneciéndose hasta que se transformó en una especie de portavoz extraoficial del Gobierno cubano en el exilio, al que le habla todas las tardes por una emisora de radio de Miami, dato que por sí solo desmiente la teoría de que los cubanos de esa ciudad son mayoritariamente violentos e intolerantes.

Gómez, por su parte, llegó casi niño al exilio, estudió en una universidad miamense y, como les sucedió a algunos jóvenes norteamericanos en los sesenta y setenta, sufrió un proceso de radicalización que lo llevó a descubrir el marxismo y a revaluar su análisis de la situación cubana, adoptando los puntos de vista de los castristas con una milimétrica fidelidad y una casi asombrosa falta de originalidad e imaginación. En virtud de esa conversión, creó la *Brigada Antonio Maceo*, una (obviamente) muy pequeña organización de inconformes hijos o nietos de exiliados que han optado por el comunismo, aunque admiten en sus filas a elementos de otras procedencias igualmente conquistados por las «virtudes» del totalitarismo. Lesnik, en cambio, es un caso mucho más raro —una tardía vocación castrista— de alguien que se pasó la vida afirmando en todas las esquinas —y en la mitad de los papeles que publicaba— que Fidel Castro, además de ser su enemigo de la juventud, era un gángster detestable, para terminar desmintiendo esa versión casi a punto de cumplir los setenta años de edad, momento que ha elegido para decir exactamente lo contrario.

Para la policía política cubana estas personas —a las que seguramente desprecia y en las que jamás confiará del todo— tienen un papel muy concreto y triste que jugar: a ellos les toca repetir fuera de Cuba las interpretaciones, versiones y mentiras que el «aparato» se inventa para desacreditar a sus enemigos, y muy especialmente la acusación de que sus adversarios de dentro y fuera, los disidentes y opositores, están pagados y manejados por los órganos de inteligencia norteamericanos. Como las opiniones del Gobierno sobre sus enemigos carecen de credibilidad, el testimonio de estos supuestos exiliados sirve para «corroborar imparcialmente» las acusaciones que ellos fabrican. Este sucio juego se ve muy claramente en un libro apologético de Castro escrito por el novelista español Manuel Vázquez Montalbán, *Y Dios entró en La Habana,* cuando el oficial de inteligencia cubano a cargo de estas operaciones de propaganda, Luis Báez —así identificado por el mayor Rodríguez Menier—, le sugiere a Vázquez Montalbán que utilice a Lesnik como informante: le dirá exactamente lo que el Gobierno cubano quiere, y la fuente, claro, no será oficial. Le dirá, además, lo que Vázquez Montalbán quiere escuchar, pues su interés no es el de encontrar la verdad o contrastar opiniones —algo que ni se molesta en intentar, acaso porque oficia de novelista aun cuando presumiblemente está escribiendo historia—, sino el de redactar apresurada y descuidadamente un libro que le resulte útil a la dictadura cubana, el último reducto de esos paraísos estalinistas que el escritor catalán no ha dejado de aplaudir ni cuando desaparecieron bajo el peso de la historia.

Finalmente, pese a los esfuerzos de la policía política de Castro por evitarlo, inventora de la patraña de que los exiliados quieren regresar para vengarse de los que quedaron en la Isla y privarlos de sus escasos bienes, algo que no ha sucedido en Nicaragua ni en ningún país del Este de Europa y jamás ocurrirá en Cuba, lo que

a finales de siglo está acaeciendo es el acercamiento de las dos sociedades cubanas, la del exilio y la de la Isla, bajo un lema que no
se cansa de repetir Orlando Gutiérrez, el joven líder del Directorio
Revolucionario: «somos un solo pueblo». Y así, en la Isla leen con
fruición los textos de Zoé Valdés, Daína Chaviano, Luis Ricardo
Alonso o Marcos Antonio Ramos, mientras escuchan a Gloria Es-
tefan, Celia Cruz, Paquito D'Rivera, Lucrecia, Willy Chirino, Flores Chaviano o Marianella Santurio —todos prominentes desterrados—, y en el exilio, en cambio, circulan los libros de Pedro Juan
Gutiérrez, Abilio Estévez y Leonardo Padura, o se recibe con los
brazos abiertos a los profesores Pedro Monreal y Julio Carranza
—cualesquiera que sean sus opiniones—, con música de Carlos Varela y Pedro Luis Ferrer como telón de fondo, porque es evidente
que está en camino un necesario proceso de saneamiento y reconstrucción del tejido social del país. Fenómeno que también se advierte en la creciente colaboración entre las comunidades académi-
cas de Cuba y del exilio impulsada por organizaciones como el
Instituto de Estudios Cubanos dirigido por María Cristina Herrera, el Centro de Estudios Cubanos de la Universidad Internacional
de la Florida, o esa asociación de economistas fundada en Cuba
contra viento y marea, el Instituto Cubano de Economistas Independientes, que tiene su contrapartida en el exilio en la imponen-
te —por la calidad de sus trabajos— *Association for the Study of the
Cuban Economy,* círculo de trabajo o *think tank* que en ese terreno
incluye una de las más notables concentraciones de talento de toda
la historia de la nación cubana: Ernesto Hernández-Catá, Plinio
Montalván, Rolando Castañeda, Carlos Quijano, Sergio Díaz-Brisquets, Jorge Sanguinetti, José Salazar Carrillo, Juan del Águila,
Carmelo Mesa-Lago o Roger Betancourt, por sólo mencionar una
decena del centenar de nombres que componen el grupo.

¿Qué augura todo esto? Algo muy importante: la sociedad cubana, a trancas y barrancas, va superando esa inmensa fractura que
fue la Revolución. Los pedazos se van soldando lentamente. Cuando termine el proceso el país empezará a moverse en la dirección
correcta: la de la democracia y la economía de mercado, la de las
veinte naciones prósperas y civilizadas de Occidente. La que le
corresponde por su historia y por su geografía.

EPÍLOGO

El día que murió
Fidel Castro

Disidentes cubanos. Hoy son la estructura básica o embrión de la futura democracia. Las fotos fueron tomadas por Juan Pina, director de Perfiles Liberales.

El dolor sobre la nuca fue intenso y breve. Fidel Castro perdió el conocimiento y cayó de bruces sobre su mesa de trabajo. Lo encontró Chomy Miyar, su ayudante, a quien su adiestramiento como médico no le dejó espacio a la ilusión: el Comandante se moría. Algo perfectamente predecible tras las dos isquemias cerebrales transitorias anteriormente padecidas, la primera de ellas en 1989. Setenta y tantos años, hipertenso, colérico, ex fumador y arterioesclerótico: tenía que sucederle. Y así ocurrió, su corazón se detuvo para siempre dos horas más tarde, de madrugada, pese a todos los intentos de reanimación. Junto a él estaban su mujer Delia del Valle, tres de sus hijos, y sus hermanos Raúl y Ramón. Raúl, el de peor fama, pero el más sentimental, lloraba. De alguna manera, Ramón había asumido el rol paternal de hombre fuerte y sostenía al resto de la familia. Deliberadamente no le avisaron a la hermana Agustina. No era de fiar, y todo había que mantenerlo en el mayor de los secretos.

En un salón contiguo, muy afectados y nerviosos, seis personas hablaban en voz muy baja: José Machado Ventura, Ricardo Alarcón, Julio Casas Regueiro, Abelardo Colomé Ibarra, Juan Almeida y Carlos Lage. Inesperadamente llegó Eusebio Leal. Nadie pudo adivinar quién le había avisado, pero tampoco nadie tuvo la descortesía de preguntarle. Cualquier observador inteligente hubiera percibido que no encajaba en el grupo. Era un *outsider*. Alarcón fue el más frío al saludarlo; Lage, el más educado y amable, pero siempre desde su desvitalizada corrección. Leal llevaba su segundo apellido, Spengler, con un orgullo casi insolente. Era demasiado aristocrático, demasiado afectado. Se le veía a la legua que su vinculación con la Revolución era el producto de una festinada cabriola del destino. Había sido seminarista y lo que le hubiera ido de maravilla era el capelo cardenalicio.

Cuando Raúl se dirigió al pequeño grupo ya se había recuperado. «Fidel ha muerto», dijo, y enseguida añadió lo siguiente: «en marcha la Operación Alba». La Operación Alba estaba prevista para el momento en que sucediera lo inevitable. El Jefe del Estado Mayor acuartelaría inmediatamente a todas las tropas del ejército y las colocaría en alerta máxima, listas para cualquier eventualidad. Oficialmente se decía que era una medida previsoria ante un artero ataque yanqui, pero la verdad profunda era otra: impedir cualquier aventura de posibles oficiales desafectos no localizados por la contrainteligencia. El general Colomé Ibarra, Ministro del Interior, movilizaría a todas las fuerzas policiacas y parapoliciacas, con especial énfasis en los batallones antimotines, pero sin excluir a los Comités de Defensa de la Revolución. Una dotación de diez mil agentes saldría esa madrugada a detener preventivamente a los disidentes, reforzar las embajadas extranjeras y custodiar las estaciones de radio, televisión y los aeropuertos civiles. El doctor José Machado Ventura —el gran *apparatchik*—, se encargaría de controlar al Partido Comunista, cuyos jefes provinciales tendrían que presentarse a las siete de la mañana en la oficina del Comité Central para recibir las instrucciones. Carlos Lage citaría al Consejo de Ministros y Juan Almeida el Consejo de Estado. Ricardo Alarcón haría lo mismo con la Asamblea Nacional del Poder Popular, pues a ésta le tocaría refrendar la prevista sucesión de Raúl a la jefatura del Estado. Felipe Pérez Roque, el inexperto ministro de Relaciones Exteriores, naturalmente, convocaría al cuerpo diplomático y se encargaría de la prensa extranjera.

Con el objeto de transmitir la impresión de calma total, se decidió que el anuncio de la muerte de Castro lo diera primero un locutor de Radio Rebelde. A las cinco de la madrugada comenzarían a tocar marchas militares e himnos políticos para preparar a la población. Todas las emisoras se pondrían en cadena. A las seis de la mañana —una vez que la Operación Alba ya hubiera sido completada— un locutor circunspecto daría la noticia escuetamente:

«en la madrugada de hoy...etc., etc.» La noticia terminaba con el anuncio de que Raúl Castro se dirigiría a la población a las ocho en punto. Se suspendían las clases y se declaraban treinta días de duelo nacional. Los tres primeros incluían el cierre de los centros de trabajo para que el pueblo pudiera llorar su pena y acudir a los funerales.

En efecto, a las ocho en punto, en la oficina del Consejo de Estado, en presencia de sus treinta miembros —que la cámara hábilmente se encargó de recoger— Raúl Castro, con voz entrecortada, leyó dos cuartillas en las que precisaba tres cosas fundamentales: primero, Fidel, el padre de la patria, el maestro, el líder inigualable, había muerto como consecuencia de un devastador episodio cerebral; segundo, los mecanismos sucesorios habían funcionado con arreglo a la ley y todo estaba bajo el más absoluto control; y tercero, la Revolución continuaría su inquebrantable rumbo socialista, ahora más que nunca, pues se trataba de un compromiso de honor con el héroe desaparecido. Tras su intervención se anunció que los funerales se llevarían a cabo 48 horas más tarde en la Plaza de la Revolución, donde se crearía un mausoleo, muy cerca de la estatua de José Martí.

La reacción de los cubanos reflejada por la televisión se movía entre la histeria y el estupor. Llantos, gritos, contorsiones. Algunos grupos de la Juventud Comunista gritaban «Fidel, seguro, a los yanquis dales duro», como si quisieran revivirlo con la consigna. Los opositores, los desafectos y los indiferentes —es decir la inmensa mayoría del país— se recogían prudentemente en sus casas para evitar confrontaciones con los no se sabía por qué encolerizados castristas. Lucía Newman, la corresponsal de CNN, aunque lo intentó, no consiguió filmar ninguna opinión crítica. El representante de Notimex, la agencia oficial de la prensa mexicana, ni se molestó en tratar de buscarla. Lo más cercano a la desaprobación eran personas que se encogían de hombros o que señalaban con un dedo en los labios su decisión de guardar silencio. La sensación prevaleciente era el miedo. Un miedo atroz a lo desconocido. Era como si un descomunal y prolongado eclipse se presentara de pronto ante un pueblo ignorante. El sol, súbitamente, había desaparecido.

El día del funeral, cuando Raúl Castro ocupó la tribuna, la pla-

za ya estaba llena. Fue el único que habló, pero todas las caras
conocidas de la Revolución lo acompañaban en primera fila. Se
quería trasmitir de manera creíble una imagen de unidad. Sus
emotivas palabras, cuidadosamente escogidas, reiteraron el mensaje
anterior: la sucesión era un hecho; la Revolución continuaba; los
hombres mueren, pero el Partido es inmortal. Aceptó, sin embargo, que la situación económica del país resultaba extraordinariamente difícil. El discurso apenas duró cuarenta y cinco minutos y
fue más notable por lo que no dijo que por lo que repitió. No hubo,
por ejemplo, desafíos a Estados Unidos ni retos al modelo occidental. Los astutos castrólogos enseguida notaron que algo había cambiado en el tono. Cuando se iban, en voz queda, Raúl le dio una
orden a Lage: «reúne mañana al Consejo de Estado; están ocurriendo cosas importantes». Se le veía terriblemente preocupado

Tras los monstruosos funerales de su hermano Fidel, Raúl Castro llegó a la reunión del Consejo de Estado con unas enormes oje-
ras que esta vez no se debían a la afección hepática que padece sino
a la falta de sueño y a las inmensas tribulaciones que le embargaban.
Los yanquis no habían desembarcado en Cuba, pero sucedían cosas
igualmente graves. Por ejemplo, la Dirección General de Inteligencia ya le había notificado que antes de las ocho horas de saberse la
noticia, numerosos socios, testaferros y apoderados de Cuba en el exterior habían comenzado a apropiarse de los activos de la Isla situados fuera del país. Era una incontrolable piñata.

En el pasado, la revista *Forbes* de Estados Unidos había informado que Fidel Castro tenía en el extranjero una fortuna calculada en mil cuatrocientos millones de dólares —lo que le hizo excla-
mar a Fernando Arrabal que se trataba de otro gran triunfo de la
Revolución, pues Batista sólo pudo llevarse doscientos—, pero lo
cierto es que esa inmensa cifra estaba fragmentada en varias decenas de cuentas situadas en Panamá, Suiza, Londres, Luxemburgo
o Liechtenstein, al alcance de elementos desaprensivos que en el
momento de la muerte de Fidel, como los buitres, habían iniciado
el saqueo de la sagrada tumba sin que el Ministerio de Comercio
Exterior pudiera evitarlo, pues el propio secreto de las operaciones
lo impedía. El dinero no era de Fidel. Era para usarlo Fidel en actividades marginales de la Revolución. *Forbes* nunca hubiera enten-

dido eso. En general, se trataba de compañías que negociaban las exportaciones cubanas en el exterior —azúcar, tabaco, ron, níquel—, pero la madeja se había ido haciendo más compleja y ya incluía hoteles, restaurantes, instituciones que «lavaban dinero» en complicidad con el Banco Financiero de Cuba, y hasta algún restaurante madrileño repleto de matones.

Pero quizá lo más grave no era la evaporación de esa red exterior propiedad del desaparecido Comandante, sino la extraña actitud asumida por los *brokers* ingleses, franceses y suizos que solían adelantar divisas contra futuras entregas de azúcar. Súbitamente todos se volvieron fríos y cautelosos, dando evasivas cuando se les intentaba conminar a que no perdieran la confianza. En la comunidad financiera internacional se había instalado una demoledora actitud que podía resumirse en una palabra: *expectativa*. Todos estaban expectantes, paralizados, aguardando a ver qué sucedía, y con esa actitud precipitaban a Cuba en una crisis mucho mayor de la que el país había padecido hasta ahora. Una crisis «terminal», llegó a decir Raúl Castro recurriendo al manoseado anglicismo.

Carlos Lage completó el desolador cuadro económico con detalles impresionantes: la zafra, otra vez, no llegaría a los cuatro millones de toneladas de azúcar, y la capacidad real de importación de petróleo, dadas las divisas disponibles y la total ausencia de crédito, apenas alcanzaría para costear tres millones de toneladas, salvo que los venezolanos quisieran extenderles una problemática línea de créditos. Esto es, la mitad del mínimo con que el país podía funcionar. Eso quería decir un drástico recorte de la generación de electricidad y de transporte, una caída en picado de la producción de alimentos, y hasta la imposibilidad de mantener la infraestructura que soporta el turismo fuera de Varadero o Cayo Coco, enclaves aislados en donde artificialmente se podía sostener cierto nivel de confort. El único ingreso considerable eran los 800 millones de dólares que remitían los exiliados a sus familiares, pero se trataba de un regalo envenenado que desalentaba el trabajo local, generaba inflación y destruía los fundamentos éticos del sistema. Estaban a las puertas de una hambruna y de una catástrofe sanitaria como las que habían ocurrido en Norcorea tras la muerte de Kim Il Sung.

La explicación de Colomé Ibarra, ministro del Interior, fue igualmente sombría. El aumento de la delincuencia era un fenómeno de crecimiento exponencial. Si se reducía aún más la cuota de alimentos, eran predecibles asaltos a las *shopping* en donde se vende en dólares, y atracos a los desprevenidos turistas. El peligro de desórdenes públicos y de estallidos sociales no provenía de la cantera de la oposición disidente conocida —que estaba perfectamente controlada y penetrada por la policía política— sino de la población más pobre y desvalida, especialmente entre la etnia negra, pues era la que menos acceso tenía a moneda extranjera, dado el escaso número de afrocubanos exiliados capaces de socorrer a sus familiares.

Julio Casas Regueiro, el general más cercano a Raúl Castro, comenzó por confesar que en las Fuerzas Armadas existía un enorme malestar que, eventualmente, podía provocar conspiraciones y deserciones. Primero, había que aceptar el hecho innegable de que el otrora noveno ejército del mundo, triunfador en Angola y en Etiopía, hoy apenas era un holding económico que labraba tierras, poseía hoteles medio vacíos e instituciones financieras, y en el que los coroneles no aspiraban a la gloria de una victoria militar, sino a conducir un taxi para turistas o a inaugurar un «paladar» en el que se pudiera servir comida a los extranjeros. La Marina había tenido que convertirse en chatarra. La aviación apenas contaba con treinta aviones con capacidad de volar. La artillería móvil y los carros de combate estaban detenidos por falta de baterías y combustible. En caso de un enfrentamiento con los norteamericanos, sólo la guerra bacteriológica podía ser de alguna utilidad, pero la utilización de esas armas en el propio suelo tendría un efecto terrible sobre la población cubana, y era muy dudoso, en caso de guerra, que los aviones pudieran cruzar el Estrecho de la Florida. En resumen: las Fuerzas Armadas ya no eran el brazo de la Revolución, sino un ineficiente conglomerado de actividades económicas, carente de visión y ayuno de misión.

Entonces fue el turno de Eusebio Leal. Con voz temblorosa, el historiador de La Habana se atrevió a decir lo que todos pensaban: «señores, ante una situación como la nuestra, no es moralmente justificable imponerle al pueblo cubano más sacrificios. ¿Para qué?

¿Para estar mañana peor? Hicimos una Revolución gloriosa en el tiempo y en el lugar equivocados. Resistimos cuarenta años. Nadie nos pudo derrotar. Pero no debemos continuar hundiendo a nuestro país en la miseria. Cuba no puede ser la excepción política y económica de Occidente. Y da igual si tenemos o si no tenemos razón. Se trata de un problema de supervivencia. De la supervivencia de nuestra población». El primero que se atrevió a aplaudir fue Alfredo Guevara. Luego siguió Casas Regueiro. Siempre había pensado que era una estupidez aferrarse a dogmas que la realidad desmentía constantemente. Alguna vez hasta se había atrevido a discutirlo con su suegro, Carlos Rafael Rodríguez, y había descubierto un criterio similar. Ricardo Alarcón sonrió levemente y se unió a las palmadas. Raúl Castro asintió con un gesto de resignada fatiga.

Tras jurarle fidelidad eterna a la memoria de Fidel Castro, al Buró Político le tomó seis horas formular una nueva estrategia. El camino era obvio. Había que intentar, a la mayor brevedad, una suerte de reconciliación con Estados Unidos, pues bastaría esa aproximación para lanzar al mundo el mensaje adecuado: en Cuba se iniciaba un periodo de cambios reales y profundos. Simultáneamente, Estados Unidos, directa o indirectamente, era el único poder sobre la tierra capaz de organizar una rápida operación de salvamento. Con la buena voluntad norteamericana el petróleo saudí o kuwaití podía llegar a tiempo, pues las reservas de crudo, incluidas las militares, apenas cubrían cuarenta y cuatro días. Asimismo, los alimentos europeos y los bienes de equipo japoneses sólo llegarían a la Isla si Washington los alentaba a dar ese paso.

El encargado de la misión sería Ricardo Alarcón. Era el americanólogo del grupo y llevaba toda una vida soñando con desempeñar ese papel. Avisado Washington mediante una discreta conversación sostenida en La Habana con la Jefa de la Oficina de Intereses de Estados Unidos, se disfrazó el primer encuentro como una rutinaria continuación de las habituales reuniones sobre temas migratorios que tienen lugar en la capital norteamericana, pero para los observadores más sagaces resultó muy extraño que la delegación estadounidense estuviera presidida por dos funcionarios con línea directa a la Casa Blanca, caracterizados por lo que los gringos llaman *no-non sense*. Gente de habla clara, al grano y con los pies en la tierra.

Alarcón comenzó por describir la pavorosa situación económica del país, para añadir de inmediato que, de seguir así, podían producirse desórdenes y hasta otro éxodo incontrolado de balseros. Muerto Fidel Castro, nadie tenía la autoridad en el país para detener un fenómeno de esa naturaleza. Ése era su ímplicito chantaje. La proposición resultaba obvia: el Gobierno cubano estaba dispuesto a la apertura política a cambio de dos condiciones. La primera, que Estados Unidos se comprometiera a no intervenir militarmente. La segunda, que se pusiera en marcha, por iniciativa y coordinación de Washington, una «operación salvamento», más importante que la llevada a cabo en Norcorea. En suma, y parafraseando la frase israelí («paz por territorio»), se trataba de algo tan sencillo como «democracia por ayuda», *quid pro quo* del cual Estados Unidos derivaría un indudable beneficio: tranquilidad migratoria en su volátil frontera caribeña.

La delegación norteamericana estaba preparada para la oferta. Pero era importante que el Gobierno cubano entendiera de manera muy clara la posición de Estados Unidos: en primer término, la Ley Helms-Burton, justa o injusta, cruel o benéfica, dejaba algún espacio para este tipo de maniobra, mas cualquier acuerdo tenía que ceñirse al espíritu y la letra de ese texto legal. En segundo lugar, a lo largo de casi cuarenta años la comunidad cubana en Estados Unidos —dos millones de personas— había alcanzado un grado de presencia en la vida política y social norteamericana que hacía impensable que sus intereses y deseos fueran totalmente ignorados. Eso, por razones electorales, nunca lo harían ni republicanos ni demócratas. El Gobierno cubano, como había sucedido en los veinte países que mudaron de sistema en las últimas décadas, sencillamente, tenía que pasar por la aduana de la oposición interna y externa. No había escapatoria.

Por otra parte, como ocurrió en la transición española, que la delegación norteamericana conocía a fondo, tres eran las medidas previas que debía adoptar unilateralmente el Gobierno cubano para poder iniciar el proceso de apertura: la primera, era decretar una muy amplia amnistía para los presos de conciencia; la segunda, per-

mitir la libre asociación política y la emisión de la palabra escrita
o hablada; la tercera, autorizar el regreso de los exiliados políticos
que desearan incorporarse a la vida pública del país. Incluso, una
cuarta podía preverse para más adelante: un foro gobierno-oposi-
ción para discutir el destino del país al que serían invitados doscientos líderes prominentes del mundo democrático internacional
vinculados a las grandes familias políticas de Occidente: democristianos, liberales, socialdemócratas y conservadores. Un acto de esta
naturaleza, en el que no faltarían los más importantes políticos de
Estados Unidos y América Latina, sería la prueba del firme compromiso de las democracias con la transición cubana y un clarísimo
mensaje para la comunidad económica de los países desarrollados.

Una vez iniciado el cambio, y en vías de ejecución un plan para
la reconstrucción económica de Cuba, ya esbozado en época del
presidente Clinton, Estados Unidos pondría todo su peso tras una
fórmula que reconciliara a los cubanos sin necesidad de recurrir a
venganzas o a represalias. Afortunadamente, existían los precenden-
tes uruguayo y argentino, en los que una «ley de punto final», re-
frendada por los electores democráticamente, sirvió para pasar una
página negra de la historia de esos países. Nadie esperaba que hubiera olvido, pero sí que se produjera una suerte de perdón colectivo, universalmente exculpatorio. La democracia era un método
excelente para curar heridas y legitimar este tipo de acciones legales. Si Raúl Castro tenía que alejarse del poder como parte del proceso de transición, podría hacerlo con todas las garantías, sacrificio menor, pues —al fin y al cabo— también se trataba de un
hombre bastante enfermo.

¿Significaba el cambio que la Revolución comunista desapare-
cería? Muy probablemente, pero no sería por imposición de Estados Unidos sino por la voluntad del electorado. Era lo predecible,
pues Cuba ni debe ni puede escapar a su destino occidental y latinoamericano. La Isla, como las veinticinco naciones más desarro-
lladas y felices del planeta, debe organizar su vida pública de acuerdo con los principios y métodos democráticos, y su modelo
económico no debe ser otro que el de la libertad de empresa, la
propiedad privada y el mercado, como seguramente decidirían en
las urnas los propios cubanos. Sólo que dentro de ese amplio mar-

co, como ha sucedido en los países del Este de Europa, los viejos comunistas tendrían un ancho espacio para continuar sus vidas con dignidad y sin peligro. Un espacio que ellos nunca les concedieron a sus adversarios.

Finalmente, se abrieron las cárceles. Nunca es mayor la dicha —cantó el poeta— que el día de soltar los prisioneros. En silencio, cabizbajos, cansados, cientos de miles de cubanos regados por todos los rincones del planeta, emprendieron el viaje de regreso. El país se fundió en un abrazo largo, silencioso y apretado. Era como volver a nacer.

Bibliografía

AA. VV. *El presidio político en Cuba comunista*. Obra colectiva. Icosov Ediciones. Caracas, 1982.

Águila, Juan del. *Cuba: Dilemas of a Revolution*. Westview Press. Boulder, Colorado, 1984.

—, «The Cuban Armed Forces: Changing Roles, Continued Loyalties». *Cuban Comunism*. Ninth Edition. Transaction Publishers. New Brunswick y Londres, 1998.

Aguilar León, Luis. *Cuba 1933: Prologue to Revolution*. Cornell University Press. Ithaca, 1972.

—, *Todo tiene su tiempo: Tiempo de llorar, tiempo de reír, tiempo de soñar y tiempo de pensar*. Ediciones Universal. Miami, 1997.

Aguirre, Rafael A. *Amanecer. Historias del clandestinaje: La lucha de la resistencia contra Castro desde Cuba*. Ediciones Universal. Miami, 1996.

Alarcón Ramírez, Dariel y Elisabeth Burgos-Debray. *Memorias de un soldado cubano: Vida y muerte de la revolución*. Tusquets Editores. Barcelona, 1997.

Alberto, Eliseo. *Informe contra mí mismo*. Extra Alfaguara. México, 1997.

Almendros, Néstor y Orlando Jiménez Leal. *Conducta impropia*. Editorial Playor. Madrid, 1984.

Alonso, José F. «The Ochoa Affair and Its Aftermath». En «*Cuban Comunism*». Ninth Edition. Transaction Publishers. New Brunswick y Londres, 1998.

Álvarez Bravo, Armando. *Cabos sueltos*. Ediciones Universal. Miami, 1997.

Amaro, Nelson. «Descentralization, Local Government and Participation in Cuba». *Cuban Comunism*. Ninth Edition. Transaction Publishers. New Brunswick y Londres, 1998.

Amnistía Internacional. *Cuba: Ofensiva renovada contra las críticas pacíficas al gobierno*. AI: AMR 25/29/97/s. Amnesty International. Londres, agosto 1997.

Anderson, Jon Lee. *Che: A Revolutionary Life*. Grove Press. New York, 1997.

Áragón Clavijo, Uva de. *El caimán ante el espejo.* Ediciones Universal. Miami, 1995.

Arcocha, Juan. *Fidel Castro en rompecabezas*. Ediciones Erre. Madrid, 1973.

Baloyra, Enrique A. «Political Control and Cuban Youth». *Cuban Comunism*. Ninth Edition. Transaction Publishers. New Brunswick y Londres, 1998.

Barquín, Ramón M. *El día que Fidel Castro se apoderó de Cuba: 72 horas trágicas para la libertad en Las Américas*. Editorial Rambar. San Juan, 1978.

—, *Las luchas guerrilleras en Cuba de la Colonia a la Sierra Maestra*. Vols. I y II. Editorial Playor. Madrid, 1975.

Batista, Fulgencio. *The Growth and Decline of the Cuban Republic*. Devine-Adair Co. New York, 1964.

Benemelis, Juan F. *Castro, subversión y terrorismo en Africa*. Editorial San Martín. Madrid, 1988.

Bernal, Beatriz. «La administración de justicia.» *40 años de revolución: el legado de Castro*. Ediciones Universal. Miami, 1999.

Betancourt, Ernesto. *Revolutionary Strategy: A Handbook for Practitioners*. Transaction Books. Brunswick, N. J., 1991.

—, «Castro's Legacy». *Cuban Comunism*. Ninth Edition. Transaction Publishers. New Brunswick y Londres, 1998.

Bonachea, Rolando y Nelson Valdés. *Che: Selected Works of Ernesto Che Guevara*. MIT Press. Cambridge, Mass., 1969.

—, y Marta San Martín. *The Cuban Insurrection 1952-1959*. Transaction Books. Brunswick, N. J., 1974.

Bonsal, Philip W. *Cuba, Castro and the United States.* University of Pittsburgh Press. Pittsburgh, 1971.

Breuer, William B. *Vendetta! Fidel Castro and the Kennedy Brothers.* John Wiley. New York, 1997.

Brown, Charles y Lago, Armando M. *The Politics of Psychiatryc in Revolutionary Cuba.* Transaction Publishers. New Jersey, 1991.

Brune, Lester H. *The Cuban-Caribbean Missile Crisis of October 1962.* Regina Books. Claremont, California, 1996.

Bunck, Julie Marie. «The Politics of Sports in Revolutionary Cuba.» *Cuban Comunism.* Ninth Edition. Transaction Publishers. New Brunswick y Londres, 1998.

Burks, David D. *Cuba under Castro.* Foreign Policy Association. New York, 1964.

Calzón, Frank. *Castro's Gulag: The Politics of Terror.* Council for Inter-American Security. Washington, D.C., 1979.

Carbonell, Néstor T. *And the Russians Stayed: The Sovietization of Cuba.* William Morrow & Company. New York, 1989.

Carranza Valdés, Julio. «Economía cubana: Reformas, socialismo y mercado.» *Cuba hoy: Desafíos de fin de siglo.* LOM Ediciones. Santiago, 1995.

Carrillo, Justo. *Cuba 1933 estudiantes, yanquis y soldados.* Instituto de Estudios Interamericanos. University of Miami. Miami, 1985.

Castañeda, Jorge G. *Compañero: Vida y muerte del Che Guevara.* Vintage Español. New York, 1997.

Casuso, Teresa. *Cuba and Castro.* Random House. New York, 1961.

Centro de Estudios de la Economía Cubana. *La economía cubana en 1996: Resultados, problemas y perspectivas.* Universidad de La Habana. La Habana, 1997.

Céspedes, Carlos Manuel. *Érase una vez La Habana.* Editorial Verbum. Madrid, 1998.

Clark, Juan. *Cuba: Mito y Realidad.* Saeta Ediciones. Miami-Caracas, 1990.

Colomer, Josep M. «After Fidel, What?: Forecasting Institutional Changes in Cuba.» *Cuban Comunism.* Ninth Edition. Transaction Publishers. New Brunswick y Londres, 1998.

Conte Agüero, Luis. *Fidel Castro: Vida y Obra*. Editorial Lex. La Habana, 1959.

—, *Los dos rostros de Fidel Castro*. Editorial Jus. México, 1960.

Córdova, Efrén (editor). *40 años de revolución. El legado de Castro*. Ediciones Universal. Miami, 1999.

Crassweller, Robert D. *Cuba and the U.S.: The Tangled Relation-Ship*. Foreign Policy Association. New York, 1971.

Cuesta, Leonel de la. *Las constituciones Cubanas*. Ediciones Exilio. Madrid, 1976.

Debray, Régis. *La guerrilla del Che*. Siglo Veintiuno Editores. México, 1975.

Dewart, Leslie. *Christianity and Revolution: The Lesson of Cuba*. Herder and Herder. New York, 1963.

Díaz-Brisquets, Sergio. «Labor Force and Education in Cuba.» *Cuban Comunism*. Ninth Edition. Transaction Publishers. New Brunswick y Londres, 1998.

Dinges, John. *Our Man in Panama*. Random House. New York, 1990.

Domínguez, Jorge I. «Why the Cuban Regime Has Not Fallen.» *Cuban Comunism*. Ninth Edition. Transaction Publishers. New Brunswick y Londres, 1998.

—, *Cuba: Order and Revolution*. The Belknap Press of Harvard University Press. Cambridge, 1978.

Dorschner, John y Robert Fabricio. *The Winds of December*. Coward, McCann & Geoghegan. New York, 1980.

Dorta-Duque, Manuel. *Alejandro (alias) Fidel*. Ediciones Joyuda, Inc. Puerto Rico.

Draper, Theodore. *Castro's Revolution: Myths and Realities*. Frederick A. Praeger. New York, 1973.

—, *Theory and Practice*. Frederick A. Praeger. New York, 1965.

Duarte Oropesa, José. *Historiología cubana desde 1944 hasta 1959*. Ediciones Universal. Miami, 1974.

Dubois, Jules. *Fidel Castro. Rebel, Liberator or Dictator?* Bobbs-Merrill. Indianapolis, Ind., 1959.

Dumont, René. *Is Cuba Socialist?* Translated by Stanley Hochman. Andre Deutsch. Londres, 1974.

—, *Socialism and Development*. Grove Press. New York, 1970.

Encinosa, Enrique. *Cuba en guerra*. The Endowment of Cuban American Studies. Miami, 1994.

Fagen, Richard R. *Cubans in Exile: Disaffection and the Revolution*. Stanford University Press. Stanford, California, 1968.

—, *The Transformation of Political Culture in Cuba*. Stanford University Press. Stanford, California, 1969.

Falcoff, Mark. «Cuba and the United States: Back to the Beginning.» *Cuban Comunism*. Ninth Edition. Transaction Publishers. New Brunswick y Londres, 1998.

Falk, Pamela. «Political and Military Elites.» *Cuban Comunism*. Ninth Edition. Transaction Publishers. New Brunswick y Londres, 1998.

Fauriol, Georges y Loser, Eva. *Cuba. The International Dimension*. Transaction Publishers. New Brunswick, 1991.

Fermoselle, Rafael. *Política y color en Cuba: la guerrita de 1912*. Editorial Colibrí. Madrid, 1998.

Fernández, Alina. *Alina: Memorias de la hija rebelde de Fidel Castro*. Plaza & Janés. Barcelona, 1997.

Fibla, Alberto. *Barbarie: Hundimiento del remolcador «13 de marzo»*. Rodes Printers. Miami, 1996.

Figueroa, Javier. «Leví Marrero y Manuel Moreno Fraginals ante el Espejo de Clio.» *Apuntes Posmodernos/Postmodern Notes 6*. N.º 2-7, 1996.

Fogel, Jean-François y Rosenthal, Bertrand. *Fin de siglo en La Habana*. Anaya & Mario Muchnik. Madrid, 1993.

Fontaine, Roger W. *Terrorism: The Cuban Connection*. Crane, Russak & Company. New York, 1988.

Franqui, Carlos. *Diary of the Cuban Revolution*. Translated by Georgette Felix, Elaine Kerrigan, Phyllis Freman ando Hardie St. Martin. The Viking Press. New York, 1980.

—, *Family Portrait with Fidel*. Random House. New York, 1984.

—, *Vida, aventuras y desastres de un hombre llamado Castro*. Editorial Planeta. Barcelona, 1988.

Frayde, Martha. *Ecoute, Fidel*. Denoël. París, 1987.

Fuentes, Ileana. *Cuba sin caudillos. Un enfoque feminista para el siglo XXI*. Linden Lane Press. Princeton, 1994.

Fursenko, A. y Timothy J. Naftali. *One Hell of a Gamble: Khrushchev,*

Castro, and Kennedy, 1958-1964. Norton. New York, 1997.

Geyer, Georgie Anne. *Guerrilla Prince: The Untold Story of Fidel Castro.* Little Brown. Boston, 1991.

Giuliano, Maurizio. *El caso CEA: Intelectuales e inquisidores en Cuba.* Ediciones Universal. Miami, 1998.

Golden, Tim. «Health Care in Cuba.» *Cuban Comunism.* Ninth Edition. Transaction Publishers. New Brunswick y Londres, 1998.

Goldenberg, Boris. *The Cuban Revolution in Latin America.* Praeger. New York, 1965.

González, Edward. *Cuba under Castro. The Limits of Charisma.* Houghton Mifflin. Boston, 1974.

—, «Actors, Models and Endgames.» *Cuban Comunism.* Ninth Edition. Transaction Publishers. New Brunswick y Londres, 1998.

—, *Cuba's Dismal Post-Castro Futures.* Rand. Santa Mónica, California, 1996.

—, y David Ronfeldt. *Castro, Cuba and the World.* Rand. Santa Mónica, 1986.

Gouré, León. «War of all the People: Cuba's Military Doctrines.» *Cuban Comunism.* Ninth Edition. Transaction Publishers. New Brunswick y Londres, 1998.

Grupo Cubano de Investigaciones Económicas. *A Study on Cuba.* University of Miami Press. Coral Gables, Florida, 1965.

Gugliotta, Guy and Jeff Leen. *Kings of Cocaine Inside the Medellín Cartel. An Astonishing True Story of Murder, Money and International Corruption.* Simon and Schuster. New York, 1989.

Gutiérrez, Pedro Juan. *Trilogía sucia de La Habana.* Editorial Anagrama. Barcelona, 1998.

Halperin, Ernst. *Castro and Latin American Communism.* Center for International Studies, Massachusetts Institute of Technology. Cambridge, Mass., 1963.

Halperin, Maurice. *The Rise and Decline of Fidel Castro: An Essay in Contemporary History.* University of California Press. Berkeley y Los Ángeles, 1972.

Hernández Miyares, Julio E. *Narrativa y libertad: Cuentos cubanos de la diáspora.* Ediciones Universal. Miami, 1996.

Horowitz, Irving L. «Military Origin and Evolution of the Cuban

Revolution.» *Cuban Comunism*. Ninth Edition. Transaction Publishers. New Brunswick y Londres, 1998.

—, «Political Pilgrimage and the End of Ideology.» *Cuban Comunism*. Ninth Edition. Transaction Publishers. New Brunswick y Londres, 1998.

—, *Cuban Communism*. Third Edition. Transaction Books. New Brunswick, 1977.

James, Daniel. *Che Guevara: A Biography*. Stein and Day. New York, 1969.

Jiménez Leal, Orlando. *8-A. La realidad invisible*. Ediciones Universal. Miami, 1997.

Johnson, Haynes. *The Bay of Pigs: The Leader's Story of Brigade 2056*. W.W. Norton & Company. New York, 1964.

Jorge, Antonio y Robert David Cruz. «Foreign Investment Opportunities in Cuba: Evaluating the Risk.» *Cuban Comunism*. Ninth Edition. Transaction Publishers. New Brunswick y Londres, 1998.

Kalfon, Pierre. *Che. Ernesto Guevara, una leyenda de nuestro siglo*. Plaza & Janés. Barcelona, 1997.

Karol, K. S. *Guerrillas in Power: The Course of the Cuban Revolution*. Translated by Arnold Pomerans. Hill & Wang. New York, 1970.

Kennedy, Robert F. *Thirteen Days: A Memoir of the Cuban Missile Crisis*. Norton & Company. New York, 1969.

Kirk, John M. and Peter McKenna. *Canada-Cuba Relations: The Other Good Neighbor Policy*. University Press of Florida. Gainesville, 1997.

Krushev, Nikita. *Khrushev Remembers*. Little Brown. Boston, 1970.

La Vesque, Jacques. *The U.S.S.R. and the Cuban Revolution: Soviet Ideological and Strategic Perspectives*. Praeger. New York, 1978.

Le Riverend Brusone, Julio. *Economic History of Cuba*. Book Institute. La Habana, 1967.

Leiken, Robert S. *Soviet Strategy in Latin America*. The Washington Papers/93 Volume X. Praeger Publishers and the Center for Strategic and International Studies. New York, 1982.

Levine, Barry B. *The New Cuban Presence in the Caribbean*. Westview Press. Boulder, Colorado, 1983.

López Fresquet, Rufo. *My 14 Months with Castro*. The World Publishing Company. Cleveland, 1966.

Lowenthal, Abraham F. *Partners in Conflict: The United States and Latin America*. The Johns Hopkins University Press. Baltimore, 1987.

Luxenberg, Alan H. «Eisenhower, Castro and the Soviets.» *Cuban Comunism*. Ninth Edition. Transaction Publishers. New Brunswick y Londres, 1998.

Llerena, Mario. *The Unsuspected Revolution: The Birth and Rise of Castroism*. Cornell University Press. Ithaca, 1978.

Mallin, Jay. *Che Guevara on Revolution*. University of Miami Press. Coral Gables, Florida, 1969.

Marrero, Leví. *Cuba: Economía y Sociedad*. 15 volúmenes. Editorial Playor. Madrid, 1976-1990.

Masetti, Jorge. *La Loi des Corsaires. Itinéraire d'un enfant de la révolution cubaine*. Au Vif Stock. 1993.

Masó y Vázquez, Calixto. *El carácter cubano: Apuntes para un ensayo de psicología social*. Ediciones Universal. Miami, 1996.

Matthews, Herbert L. *Fidel Castro*. Simon and Schuster. New York, 1969.

—, *The Cuban Story*. George Braziller. New York, 1975.

Medrano, Mignon. *Todo lo dieron por Cuba*. Fundación Nacional Cubano Americana. Miami, 1995.

Mendoza, Plinio Apuleyo. *La llama y el hielo*. Planeta Colombiana Editorial. Bogotá, 1984.

Mesa Lago, Carmelo. *Revolutionary Change in Cuba*. The University of Pittsburgh Press. Pittsburgh, 1971.

—, *Dialéctica de la revolución cubana: del idealismo crismático al pragmatismo institucionalista*. Biblioteca cubana contemporánea. Editorial Playor. Madrid, 1979.

—, *The Economy of Socialist Cuba*. University of New Mexico Press. Alburquerque, 1981.

—, *La economía en Cuba socialista: Una evaluación de dos décadas*. Editorial Playor. Madrid, 1983.

—, «¿Recuperación económica en Cuba?» *Encuentro de la Cultura Cubana* N.º 3. Madrid, invierno de 1996/1997.

—, «Cuba's Economic Policies and Strategies for the 1990s.» *Cuban Comunism*. Ninth Edition. Transaction Publishers. New Brunswick y Londres, 1998.

—, y June S. Belkin. *Cuba in Africa*. Center for Latin American Studies. University Center for International Studies. University of Pittsburgh. Pittsburgh, 1982.

Miná, Gianni. *Un encuentro con Fidel: Entrevista realizada por Gianni Miná.* Oficina de Publicaciones del Consejo de Estado. La Habana, 1987.

—, *Fidel.* Edivisión. México, 1991.

Montaner, Carlos Alberto. *Informe secreto de la revolución cubana.* Sedmay. Madrid, 1975.

—, *Fidel Castro y la revolución cubana.* Editorial Playor. Madrid, 1983.

—, *Cuba: Claves para una conciencia en crisis.* Editorial Playor. Madrid, 1983.

—, *Cuba, Castro and the Caribbean: The Cuban Revolution and the Crisis in Western Conscience.* Translated by Nelson Durán. Transaction Books. New Brunswick, 1985.

—, *Castro en la era de Gorbachov.* Instituto de Cuestiones Internacionales. Madrid, 1990.

—, *Cuba hoy: La lenta muerte del Castrismo.* Ediciones Universal. Miami, 1996.

—, *Cuba: The country of 13 million hostages.* Internacional Liberal. Madrid, 1996.

Morán Arce, Lucas. *La revolución cubana (1953-1959): Una visión rebelde.* Imprenta Universitaria, Inc. Ponce, Puerto Rico 1980.

Mujal-León, Eusebio. «Higher Education and the Institutionalized Regime.» *Cuban Comunism.* Ninth Edition. Transaction Publishers. New Brunswick y Londres, 1998.

Navarro, Antonio. *Tocayo.* Sharock Publishing Company. Sandown Books. Westport, Conn., 1981.

Nelson, Lowry. *Cuba: The Measure of a Revolution.* University of Minnesota Press. Minneapolis, 1972.

Nuez, Iván de la. *La balsa perpetua.* Editorial Casiopea. Barcelona, 1998.

Oppenheimer, Andrés. *La hora final de Castro. La historia secreta detrás de la inminente caída del comunismo en Cuba.* Javier Vergara Editor. Buenos Aires/Madrid/México/Santiago de Chile/Bogotá/Caracas, 1992.

Orozco, Román. *Cuba roja.* Cambio 16. Madrid, 1993.

Padilla, Heberto. *Fuera del juego*. Ediciones Universal. Madrid, 1999.

Pardo Llada, José. *Memorias de la Sierra Maestra*. N.p. La Habana, 1960.

—, *El «Che» que yo conocí*. Editorial Bedout. Medellín, 1969.

—, *Fidel*. Plaza & Janés. Bogotá, 1976.

Pérez, Louis A. *Army Politics in Cuba, 1898-1958*. University of Pittsburgh Press. Pittsburgh, 1976.

—, *Cuba and United States: Ties of Singular Intimacy*. University of Georgia Press. Athens, Ga., 1997.

Pérez-Firmat, Gustavo. *El año que viene estamos en Cuba*. Arte Público Press. Houston, 1997.

Pérez-López, Jorge F. «Cuba's Socialist Economy: The Mid-1990s.» *Cuban Comunism*. Ninth Edition. Transaction Publishers. New Brunswick y Londres, 1998.

Pflaum, Irving Peter. *Tragic Island: How Communism Came to Cuba*. Prentice-Hall. Englewood Cliffs, N. J., 1961.

Prado Salmón, Gary. *Cómo capturé al Che*. Ediciones B. Barcelona, 1987.

Quirk, Robert E. *Fidel Castro*. W.W. Norton. New York, 1993.

Rabkin, Rhoda. «Human Rights and Military Rule in Cuba». *Cuban Comunism*. Ninth Edition. Transaction Publishers. New Brunswick y Londres, 1998.

Ramos, Marco Antonio. *Panorama del protentantismo en Cuba*. Editorial Caribe. Miami-San José, 1986.

Recarte, Alberto. *Cuba: Economía y Poder (1959-1980)*. Alianza Universidad. Madrid, 1981.

Ripoll, Carlos. *Harnessing the Intellectuals: Censoring Writers and Artist in today's Cuba*. Freedom House. New York, 1985.

Ritter, Archibald R. M. «Challenges and Policy Impreatives to the Economy». *Cuban Comunism*. Ninth Edition. Transaction Publishers. New Brunswick y Londres, 1998.

Robbins, Carl Anne. *The Cuban Threat*. The Cuban Threat. New York, 1983.

Roca, Sergio G. «Managing State Enterprise in Cuba.» *Cuban Comunism*. Ninth Edition. Transaction Publishers. New Brunswick y Londres, 1998.

—, *Cuban Economic Policy and Ideology.* Sage. Beverly Hills, 1976.

Rodríguez, Ana Lázara. *Diary of a survivor.* St. Martin's Press. New York, 1995.

Rodríguez, Carlos Rafael. *Cuba en el tránsito hacia el socialismo 1959-1963.* Siglo Veintiuno Editores. México, 1978.

Rodríguez Menier, Juan Antonio. *Cuba por dentro: El MININT.* Ediciones Universal. Miami, 1994.

Rojas, Marta. *La Generación del Centenario en el juicio del Moncada.* Editorial Ciencias Sociales. La Habana, 1973.

Rojas, Rafael. «La disección del pasado.» *Apuntes Posmodernos/Postmodern Notes 6.* N.º 2-7, 1996.

—, *El arte de la espera.* Editorial Colibrí. Madrid, 1998.

Rojo, Ricardo. *My friend Che.* Traducido por Julian Casart. The Dial Press. New York, 1968.

Roque Cabello, Marta Beatriz y Arnaldo Ramos Lauzurique. *Documentos del Instituto Cubano de Economistas Independientes.* CSA Occasional Paper Series, Vol. 2, N.º 3. University of Miami. Miami, 1997.

Ros, Enrique. *Años críticos: Del camino de la acción al camino del entendimiento.* Ediciones Universal. Miami, 1996.

Roy, Joaquín. *España, la Unión Europea y Cuba: La evolución de una relación especial a una política de gestos y presión.* Cuban Studies Association. Miami, 1996.

Ruiz, Ramón Eduardo. *Cuba: The Makings of a Revolution.* The University of Massachusetts Press. Amherts, Mass., 1968.

Salazar-Carrillo, Jorge. «The Cuban Economy as Seen Through Its Trading Partners.» *Cuban Comunism.* Ninth Edition. Transaction Publishers. New Brunswick y Londres, 1998.

Salinger, Pierce. *With Kennedy.* Doubleday. New York, 1966.

San Martín, Marta y Ramón Bonachea. «Guerrillas at War.» *Cuban Comunism.* Ninth Edition. Transaction Publishers. New Brunswick y Londres, 1998.

Schlesinger, Arthur M. Jr. *Robert Kennedy and his Times.* Houghton Mifflin Company. Boston, 1965.

Smith, Earl, E. T. *The Fourth Floor: An Account of the Castro Communist Revolution.* Random House. New York, 1962.

Smith, Wayne E. *The Closest of Enemies: A Personal and Diploma-*

tic Account of U.S.-Cuban Relations Since 1957. W.W. Norton & Company. New York, 1987.

Solchaga, Carlos. «Cuba: Perspectivas económicas.» *Encuentro de la Cultura Cubana*. N.º 3. Madrid, invierno de 1996/1997.

Solidaridad de Trabajadores Cubanos. *La crisis nacional y el movimiento de trabajadores: Una propuesta económica y social de la Solidaridad de Trabajadores Cubanos*. STC. Caracas, 1997.

Sorel, Julian B. (Pseudónimo). *Nacionalismo y revolución en Cuba 1823-1998*. Fundación Liberal José Martí. Madrid, 1998.

Sorensen, Theodore C. *Kennedy*. Harper & Row. New York, 1965.

Suárez, Andrés. *Cuba: Castroism and Communism, 1959-1966*. MIT Press. Cambridge, Mass., 1967.

Suchlicki, Jaime. *University Students and Revolution in Cuba*. University of Miami Press. Coral Gables, Florida, 1969.

—, *Cuba, Castro and Revolution*. University of Miami Press. Coral Gables, 1972.

—, *Cuba from Columbus to Castro*. Pergamon-Brassey's. Washington, 1986.

Szulc, Tad. *Fidel: A Critical Portrait*. William Morrow and Company. New York, 1986.

The Cuban Economic Research Project. *A Study on Cuba: The Colonial and Republican Periods; The Socialist Experiment; Economic Structure; Institutional Development; Socialism; and Collectivization*. University of Miami Press. Coral Gables, 1965.

Thomas, Hugh. *Cuba: La búsqueda de la libertad*. (3 vúmenes). Grijalbo. Barcelona, 1973.

Travieso-Díaz, Matías F. *The Laws and Legal System of a Free-Market Cuba. A Prospectus for Business*. Quorum Books. Westport, Conn. 1997.

United States House of Representatives, Committee on Foreign Affairs. *U.S. Response to Cuban Government Involvement in Narcotics Trafficking and Review of Worldwide Illicit Narcotics Situation*. U.S. Government Printing Office. Washington, D.C., 1984.

Urrutia Lleó, Manuel. *Fidel Castro & Company, Inc.: Communist Tyranny in Cuba*. Frederick A. Praeger, Publishers. New York.

Valls, Jorge. *Twenty Years and Forty Days: Life in a Cuban Prison*. Americas Watch. New York, 1986.

Vargas Llosa, Álvaro. *El exilio indomable*. Espasa Calpe. Madrid, 1998.

Vázquez Montalbán, Manuel. *Y Dios entró en La Habana*. El País/ Aguilar. Madrid, 1998.

Vives, Juan. *Los amos de Cuba*. Emecé Editores. Buenos Aires, 1982.

Walker, Phyllis Greene. «Political-Military Relations from 1959 to the Present.» *Cuban Comunism*. Ninth Edition. Transaction Publishers. New Brunswick y Londres, 1998.

Weyl, Nathaniel. *Red Star Over Cuba: The Russian Assault on the Western Hemisphere*. The Devin-Adair Company. New York, 1962.

Wiarda, Howard J. «Crises of the Castro Regime.» *Cuban Comunism*. Ninth Edition. Transaction Publishers. New Brunswick y Londres, 1998.

Wilkerson, Loree. *Fidel Castro's Political Programs: From Reformism to Marxism-Leninism*. University of Florida Press. Gainesville, Florida, 1965.

Wyden, Peter. *Bay of Pigs. The Untold Story*. Simon & Schuster, 1979.

Índice onomástico

Los números en *cursiva* remiten a las páginas de ilustraciones